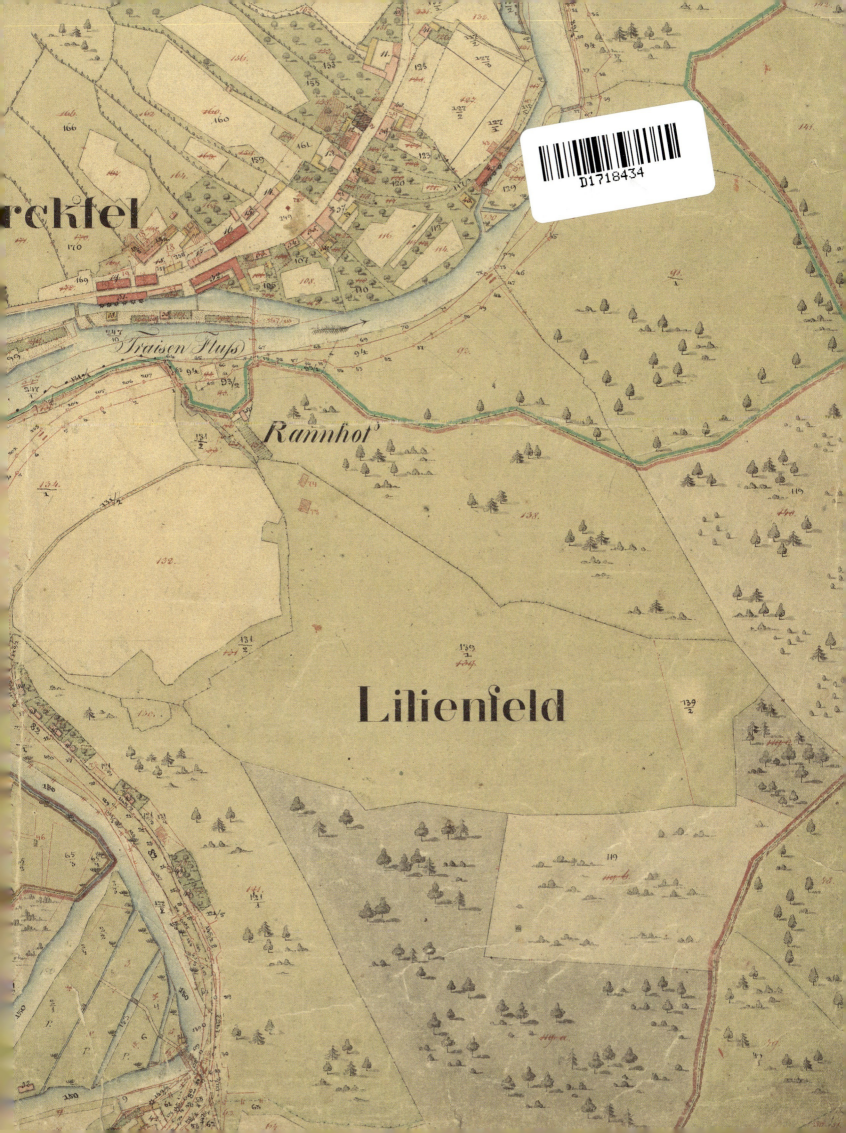

Brandstätter

Brandstätter

LILIENFELD

VON WEISSEN MÖNCHEN UND WEISSEM SPORT

Christian Hlavac

Mit Photographien von Leonhard Hilzensauer

INHALT

Vorwort

VON WEISSEN MÖNCHEN UND WEISSEM SPORT

Dies Haus hab gebaut ich in Lilienfeld,
Weil ichs halte für´s schönste Thal in der Welt.

Diese Zeilen eines Gedichtes standen auf dem ersten Blatt eines Gästebuchs. Es lag im sogenannten Berghof auf, einem Landhaus, das sich der Dichter und Schriftsteller Ignaz Franz Castelli in den 1830er-Jahren in Lilienfeld errichten ließ. Nicht nur er, sondern auch sein Zeitgenosse, der Lilienfelder Abt Ladislaus Pyrker, schwärmte vom „wonnig schönen Thal". Hier befindet sich seit über 800 Jahren ein Kloster, das von Zisterziensern – den weißen Mönchen – bewohnt wird. Es ist seit Jahrhunderten ein wichtiger Halte- und Rastpunkt für Wallfahrer und Pilger auf ihrem Weg nach Mariazell sowie ein kulturelles und wirtschaftliches Zentrum. Eng mit der Geschichte des Klosters hängt die Entwicklung der Gemeinde Lilienfeld zusammen, da das Kloster bis Mitte des 19. Jahrhunderts die Grundherrschaft über Lilienfeld innehatte und in seinen Räumlichkeiten die herrschaftliche Verwaltung untergebracht war. Das Stift war nicht nur Eigentümer riesiger Flächen in und um Lilienfeld, sondern gleichzeitig der wichtigste Arbeitgeber. Dies änderte sich erst ab der zweiten Hälfte des 18. Jahrhunderts mit der Errichtung immer größer werdender Industriebetriebe.

Ab dem letzten Viertel des 19. Jahrhunderts entwickelte sich die Gemeinde Lilienfeld zum Verwaltungszentrum für die Gemeinden des Traisen- und Gölsentals und somit zum Hauptort des gleichnamigen Bezirks. Vor allem die Funktion als Standort wichtiger Behörden führte im Jahr 1974 zur Aufwertung der Marktgemeinde: Sie erhielt den Status einer Stadtgemeinde. Ein Stadtzentrum sucht man in Lilienfeld jedoch vergeblich, was

ursächlich mit der Siedlungsentwicklung zusammenhängt. Im Gegensatz zu anderen niederösterreichischen Bezirkshauptstädten ist Lilienfeld nämlich keine mittelalterliche Handels- und Bürgerstadt, sondern eine Stadt, die hauptsächlich durch das Kloster und die ab dem 19. Jahrhundert boomende Industrie – vor allem in der Katastralgemeinde Marktl – geprägt wurde und wird.

Lilienfeld ist nicht nur für das Zisterzienserstift und die Industrie, sondern zu Recht auch als „Wiege des alpinen Skilaufs" bekannt. Dieses Attribut verdankt die Stadt einem Mann, der sich Ende des 19. Jahrhunderts in der Gemeinde niederließ: dem aus Mähren stammenden Mathias Zdarsky, der mit seinen Tüfteleien den alpinen Skisport – den weißen Sport – revolutionierte. Noch heute gilt der unangepasste Einsiedler als einer der bedeutendsten Skipioniere der Welt.

Das vorliegende Buch mit zahlreichen bisher nicht publizierten Bildern der Lilienfelder Familie Wagner, die 90 Jahre lang den Bezirk photographisch dokumentierte, ist eine Hommage an eine vielschichtige Gemeinde, die so manche Überraschung auf Lager hat. Es richtet sich nicht nur an die einheimische Bevölkerung, sondern an alle Menschen, welche die Stadt mit ihrem Stift und ihren unterschiedlichen Katastralgemeinden, ihrer Industriegeschichte und ihrem Wandergebiet besser kennenlernen wollen.

Kommen Sie mit auf einen Rundgang und lassen Sie sich überraschen!

1

EIN ORT ZUM STAUNEN

Das Zisterzienserstift

Kreuzgang des Stiftes Lilienfeld

Stift und Bahnhof Lilienfeld von Westen aus

Es gibt Institutionen, die seit mehr als 800 Jahren bestehen. In der heutigen Zeit, in der sich scheinbar alles extrem rasch verändert, ist eine solche Beständigkeit mehr als bemerkenswert.

Klöster sind sprichwörtlich Felsen in der Brandung. Im Falle von Lilienfeld gilt Herzog Leopold VI. (1176–1230) aus dem Geschlecht der Babenberger als Setzer dieses Felsens. Er war Anfang des 13. Jahrhunderts für damalige Verhältnisse ein mächtiger Mann und regierte seit dem Jahr 1194 das Herzogtum Steiermark. Nachdem sein Bruder Friedrich I., Herzog von Österreich, überraschend gestorben war, übernahm er zusätzlich die Herzogswürde im benachbarten Österreich. An der gemeinsamen Grenze der beiden Herzogtümer wollte er ein Kloster errichten lassen und entschied sich für die Ansiedlung durch Zisterziensermönche. Diese sollten sich nicht nur dem Beten widmen und Priester stellen, sondern auch die hiesigen Einwohner und fremde Reisende in einem Hospiz betreuen sowie die wirtschaftliche Entwicklung in der Region vorantreiben. Die Verbindungs- und Handelsstraße durch das Traisental mit einem Kloster

aufzuwerten und abzusichern, war sicherlich ein wesentlicher Grund für die Klostergründung durch Leopold VI.

Das Stift Lilienfeld ist kein „Rodungskloster", wie man bei den Zisterziensern vermuten würde. Es entstand nicht weitab einer Besiedelung in einem „Urwald". Und ein nicht geringer Teil der vom Herzog übereigneten Besitzungen war, wie die Erwähnung von Ortschaften und Siedlungen in den beiden Stiftungsbriefen zeigt, schon besiedelt und zumindest land- und forstwirtschaftlich genutzt. Weiters dürfen wir nicht übersehen, dass es schon zwei Pfarren in der Umgebung gab, nämlich Wilhelmsburg und Traisen.

Im Juni 1201 willigte das Generalkapitel des Zisterzienserordens der Errichtung eines neuen Klosters im Grenzgebiet von Niederösterreich und Steiermark ein. Die Mönche sollten aus dem bestehenden Kloster Heiligenkreuz kommen. Die Äbte Marquard von Heiligenkreuz und Bolfing von Zwettl dürften bereits im Jahr 1201 den Bauplatz für das Kloster im Traisental als geeignet befunden haben. Doch es dauerte noch einige Zeit bis zum tatsächlichen Baubeginn, da auch das Generalkapitel der Zisterzienser – wie bei allen Neugründungen – auf Nummer sicher gehen wollte. So wurden der Salemer Abt Eberhard von Rohrdorf und der Abt Konrad von Viktring vom Generalkapitel im Jahr 1205 beauftragt, die Leopoldinische Stiftung in Lilienfeld zu begutachten. Das positive Ergebnis und die Annahme der Stiftung folgten zwei Jahre später. Man nimmt heute an, dass bereits im Jahr 1206 die ersten Mönche aus dem seit 1133 bestehenden Zisterzienserkloster Heiligenkreuz – wo sich die Grablege der Babenberger befand – nach Lilienfeld zogen und dort zuerst in provisorischen Unterkünften wohnten.

Die Stiftungsurkunde datiert mit 7. April 1209 und wurde unter Anwesenheit mehrerer Zeugen in Klosterneuburg nahe Wien unterzeichnet, wobei eine inhaltlich ähnliche Urkunde am 13. April 1209 folgte. Herzog Leopold VI. bestätigte – anscheinend um Streitigkeiten mit regionalen Adelsherren in Hinblick auf die Grenzziehung zu klären – durch diese Pergamentschriftstücke die Stiftung eines Zisterzienserklosters und die Übertragung der Besiedelung an das Kloster Heiligenkreuz. Der Ort, an dem das Stift errichtet werden sollte, sollte künftig nicht mehr „Lienenvelt", sondern zu Ehren Marias „vallem sancte Marie" – frei übersetzt Mariental – genannt werden. Warum Herzog Leopold VI. einen neuen Namen wählte, ist heute umstritten. Ein möglicher Grund: Er wollte nicht, dass seine Klosterstiftung nach den „Herren von Lilienfeld" benannt wird, welche die lokale Macht innehatten. Mit diesem Handstreich hatte er allerdings kein Glück. Auf lange Sicht konnte sich der neue Name nämlich nicht durchsetzen.

Die Leopoldinische Stiftung umfasste nicht nur den Baugrund, sondern auch die umliegenden Wälder bis an die steirisch-niederösterreichische Grenze (Erlaufsee) sowie die Gerichts-, Steuer- und Abgabenfreiheit. Im Februar 1210 bestätigte Papst Innozenz III. dem ersten Lilienfelder Abt Okerus die Stiftung, nahm das Stift unter päpstlichen Schutz und bestätigte auch die Besitzungen und Privilegien, unter anderem die freie Abtwahl. Im Jahr 1212 wurden in einer Urkunde des zuständigen Diözesanbischofs Mangold von Passau dem Stift die Pfarren Wilhelmsburg (Mostviertel), Meisling (Waldviertel) und Drösing (Weinviertel) zugewiesen, wobei man die Einkünfte der Pfarre Meisling zur Erhaltung eines Spitals in Krems zu verwenden hatte.

Statue von Herzog Leopold VI.
beim Stiftskirchenportal

Die Porten sind Reste der einstigen Verteidigungsanlage des Stiftes.

Ende Juni 1217 weihte Bischof Ulrich von Passau in Gegenwart von Herzog Leopold VI. – kurz vor dessen Aufbruch zu einem Kreuzzug – die ersten vier Altäre der Lilienfelder Stiftskirche. Kurz zuvor hatte auch der römisch-deutsche König Friedrich II. die Stiftung des Klosters Lilienfeld schriftlich bestätigt und das Kloster und dessen Besitzungen unter seinen Schutz genommen.

Dass das Kloster ab Mitte des 15. Jahrhunderts von einer Befestigung umgeben war, sieht man nicht nur an der alten Wehrmauer, die große Teile des Stiftsparks umgibt, sondern auch an den sogenannten Porten (vom lateinischen „porta" = Pforte) westlich der Zufahrtsstraße zum Kloster. Bei diesen Porten handelt es sich um ein von zwei Rundtürmen flankiertes Vorwerk des lange komplett von Wehrmauern umgebenen „Klosterbezirks". Das mächtige, zweigeschoßige Hauptgebäude der Porten diente bis ins 20. Jahrhundert als (meist verpachtete) Herberge und sogar als Hotel („Zu den drei Lilien"). Immerhin wird bereits in einer Urkunde aus dem Jahr 1458 ein Gasthaus an der Porten erwähnt. Kaiser Friedrich III. bestätigte im Jahr 1484 dem Abt, dass der Konvent in der Taverne an der Porten den Klosterwein kostenlos ausschenken dürfe; diese Rechtsfreiheit für den Ausschank war anscheinend in

Vergessenheit geraten, da der Wirt zuletzt nur „Kaufwein" ausgeschenkt hatte.

Ob mit dem in einer Urkunde aus dem Jahr 1337 genannten „Dörflein" beim Kloster die Häuser innerhalb oder außerhalb des ummauerten Klosterbezirks gemeint sind, ist schwer zu beantworten. Unabhängig davon ist gesichert, dass seit dem Mittelalter neben dem Portengebäude ein als Spital genutztes Haus stand, welches auch als Siechenhaus oder Hospiz bezeichnet und im späten 19. Jahrhundert abgerissen wurde. An dessen Stelle errichtete das Stift 1899 ein Haus, in dem jahrzehntelang die Post untergebracht war.

DAS KLOSTER WÄCHST

Die erste große Bauphase in der Geschichte des Stiftes Lilienfeld war im Großen und Ganzen im 13. Jahrhundert abgeschlossen. Außer der Kirche und dem Kreuzgang zeugen der Kapitelsaal – der den Namen von der hier stattfindenden täglichen Lesung eines Kapitels aus der Benediktregel hat –, der nicht öffentlich zugängliche sogenannte Rote Gang sowie der Laienbrüdertrakt (Konversenhaus) mit dem Cellarium (Keller) und dem Dormitorium (Schlafsaal) von dieser mittelalterlichen Bauphase. Mit Staunen nehmen wir zur Kenntnis, dass das beeindruckende Laienbrüderdormitorium das einzige noch erhaltene in Österreich ist. Der im Obergeschoß eingerichtete einstige Schlafsaal der Laienbrüder erhielt jedoch erst später sein gotisches Gewölbe mit dem die Jahreszahl 1458 tragenden Schlussstein. Beim Betreten des einstigen Schlafsaals kann man sich nicht vorstellen, dass in diesem zweischiffigen Hallenraum mit 35 Meter Länge, 12 Meter Breite und 5,5 Meter Höhe einst Dutzende Laienbrüder gemeinsam übernachteten.

Das nächste große Bauvorhaben startete im 17. Jahrhundert unter Abt Ignaz Krafft (Abt von 1622 bis 1638): Die 140 Meter lange Südfront des Klosters samt Prälatur entstand. Deren Portal trägt dementsprechend das Wappen dieses Abtes. Erst unter seinem Nachfolger, Abt Cornelius Strauch (Abt von 1638 bis 1650), wurde 1641 die Westfront, der sogenannte Kaisertrakt, mit dem imposanten Westportal fertiggestellt; auch hier finden wir das entsprechende Abtwappen. Wie der Name verrät, dienten große Teile dieses Traktes der Unterbringung der Kaiser und deren Familien, wenn jene das Stift besuchten. Noch heute kann man im Kaisersaal mit seiner Stuckdecke die ehemalige Bedeutung und Funktion der Kaiserzimmer erahnen.

Verantwortlich für die Errichtung des im Nordosten liegenden Konventgebäudes, in dem heute auch die

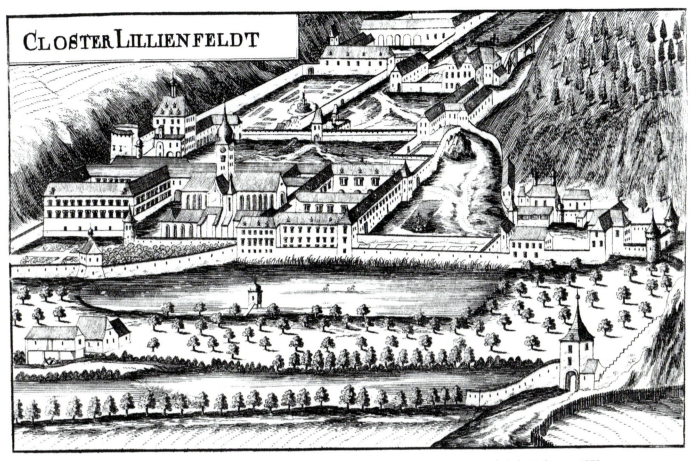

Das Kloster Lilienfeld in einer Ansicht von Georg Matthäus Vischer. Aus: Topographia Archiducatus Austriae Inferioris Modernae, 1672

Gästezimmer untergebracht sind, war hingegen Abt Matthäus Kolweiß (Abt von 1650 bis 1695). Er ließ dieses einstöckige Gebäudegeviert in den Jahren 1666 bis 1674 anstelle des alten Konventgebäudes errichten. Der ausführende Baumeister war Domenico Sciassia (gestorben 1679), der auch in Mariazell und Göttweig gearbeitet hatte. Mit der Beendigung dieser Bauarbeiten war der

Das Cellarium: der einstige Vorratskeller, der heute für Veranstaltungen genutzt wird.

zusammenhängende Klostergebäudekomplex auf eine Grundfläche von 20.000 Quadratmeter angewachsen.

DIE ÖFFNUNG NACH OBEN

Bauliches Zentrum des Zisterzienserstiftes Lilienfeld ist nicht – wie man denken könnte – die Kirche, sondern der Kreuzgang. Er ist sinnbildlich gesprochen das zentral gelegene Vorzimmer, welches eine Verbindung zwischen allen Räumen herstellt. Vom Kreuzgang kommt man in die Kirche, in den Kapitelsaal, in das Refektorium oder in den einstigen Laienbrüdertrakt.

Wann der deutsche Name „Kreuzgang" aufgekommen ist, lässt sich nicht klären. Laut dem Experten Rolf Legler stammt der älteste Nachweis dieses Wortes aus dem Jahr 1524. Es bezeichnet seit jener Zeit im deutschen Sprachraum das überdachte Wegesystem im Bereich der Kernklausur der Mönche. Diese nannten das System aus Wegen „claustrum", was so viel wie „einschließen" bedeutet und eng mit den Wörtern Kloster und Klausur verwandt ist. Woher der Kreuzgang seinen Namen hat, wird in der Forschung seit Langem diskutiert. Heißt er so, weil hier

Der Kreuzganggarten ist der zentrale Freiraum des Klosters.

Prozessionen stattfanden, bei denen ein Kreuz vorange-
tragen wurde, oder weil sich im Hof, den der Kreuzgang
umfasst, die Wege kreuzweise schnitten? Oder gibt es eine
ganz andere Wortherkunft?

Unabhängig von dieser Frage ist der zwischen 1230 und
1260 errichtete Kreuzgang in Lilienfeld mit seinen Außen-
maßen von 41 x 41 Meter der größte eines Zisterzienserstiftes in ganz Österreich. Wie der Kreuzganghof vom
Mittelalter bis zum Ende des 19. Jahrhunderts ausgesehen
hat, muss aufgrund fehlender Quellen weitgehend unbeantwortet bleiben. Er dürfte bis in die 1780er-Jahre auch
als Begräbnisort der Patres gedient haben. Rosensträucher
lassen sich erstmals Ende des 19. Jahrhunderts nachweisen.
100 Jahre später wies dieser Garten nur das noch heute
bestehende schlichte Wegenetz auf, das auf Umbauten in
Vorbereitung der Landesausstellung 1976 zurückgeht. Eine
Aufwertung brachte das Aufstellen von schlanken Tonvasen
mit Kräutern im Kreuzganggarten als Kunstinstallation
im Rahmen der Ausstellung „Cisto" im Jahr 2002. Durch
das Engagement von zwei Stiftsführerinnen blühte im Jahr

2015 diese zentrale Grünfläche im wahrsten Sinne des
Wortes auf. Vor allem Hortensien, Funkien, Lavendel und
zusätzliche Rosen prägen seither den Kreuzganggarten,
der zu Recht als Oase der Stille gilt und eine Verbindung
zum Himmel darstellt. Schwester Fulvia Sieni aus dem
römischen Kloster Santi Quattro Coronati brachte diese
Verbindung mit einer Frage auf den Punkt: Wo hat der
Kreuzgang seinen Ausgang? Nirgends, lautete ihre Antwort.
Er ist in sich geschlossen und hat nur eine große Öffnung in
der Mitte, nämlich nach oben: den Kreuzganggarten.

DIE STIFTSKIRCHE

Heute nehmen wir diese Kirche auf den ersten, schnellen Blick als ein Gebäude wahr, das sprichwörtlich aus
einem Guss entstanden sein muss. Der Bauverlauf,
den man aufgrund der wenigen Quellen nur sehr grob
nachvollziehen kann, spricht jedoch eine andere Sprache.
Der Baubeginn der Kirche, die für die Errichtung eines
Klosters von immanenter Bedeutung war und noch heute
ist, dürfte zwischen 1206 und 1209 erfolgt sein – also

Das Hauptschiff und der Hochaltar der längsten Kirche Niederösterreichs

noch vor oder um den Zeitpunkt der Unterzeichnung der Stiftungsurkunde (1209). Das schlicht wirkende Querhaus und ein Teil des Chorumgangs konnten anscheinend ab 1217 von den Mönchen benutzt werden. Im Jahr 1230 war der Chorumgang fast komplett errichtet; der Bau des Langhauses dürfte zwischen 1230 und 1266 ausgeführt worden sein. Dies bedeutet, dass ein wichtiges Ereignis in der Geschichte Lilienfelds in einer von der Grundfläche her noch kleinen, aber aufgrund der Höhe des Gebäudes doch auffälligen Kirche stattfand: die Weihe am 30. November 1230 durch Erzbischof Eberhard II. von Salzburg. Gleichzeitig erfolgte das Begräbnis des Stifters Leopold VI. Dieser war am 28. Juli 1230 in San Germano (Italien) verstorben und hatte zuvor das Kloster Lilienfeld zu seiner Grablege bestimmt; ein Vorgehen, das für jene Zeit nicht ungewöhnlich war und der politischen Repräsentation eines Herrschers entsprach.

Heute betreten wir durch das Portal eine dreischiffige, spätromanisch-gotische Kirche mit hohem Mittelschiff und niedrigen Seitenschiffen – und sind erstaunt: Die Kirche ist riesig. Dieser Eindruck täuscht nicht, denn die Kirche ist mit 83 Meter die längste Kirche Niederösterreichs. Von der Kubatur her wird sie nur von der Stiftskirche Melk übertroffen.

Trotz der Tatsache, dass zwischen 1730 und 1745 unter Abt Chrysostomus Wieser (Abt von 1716 bis 1747) die Kirche eine barocke Einrichtung (Chorgestühl, Seitenaltäre, Kanzel, Chororgel, Beichtstühle) erhielt, wirkt das Innere nicht erdrückend. Die romanisch-gotische Schlichtheit, wie sie im Mittelalter für Zisterzienserkirchen vorgeschrieben war, kann sich in dieser Kirche gegen den barocken Prunk durchsetzen.

Lange Zeit durften nur die in der Klausur – dem „inneren" Klosterbezirk – lebenden Menschen die Stiftskirche betreten. Alle, die keinen Zutritt zur Klausur hatten, wie die Bewohner der umliegenden Häuser und Orte, Gäste, Bau- und Mitarbeiter sowie Pilger und Kranke, mussten die bei den Porten stehende kleine

Magdalenenkirche nutzen, die bis zu den Josephinischen Reformen der 1780er-Jahre als Pfarrkirche von Lilienfeld fungierte. Erst im Jahr 1478 war es der Bevölkerung erstmals gestattet worden, an hohen Feiertagen die Stiftskirche und den Kreuzgang zu betreten.

DAS FALSCHE GRAB UND DER FALSCHE MARMOR

Lange Zeit glaubte man, dass die Gebeine von Herzog Leopold VI. direkt vor dem barocken Hochalter beigesetzt worden wären. Verstärkt wurde dieser Irrglaube durch das 1746 fertiggestellte barocke Grabdenkmal, welches noch heute mit dem auffälligen Herzogshut vor dem Hochaltar mit dem Gemälde „Mariae Himmelfahrt" des Malers Daniel Gran (1694–1757) steht. So weist zum Beispiel Ferdinand Freiherr von Augustin in seinem 1840 erschienenen Buch *Streifzüge durch die norischen Alpen* darauf hin, dass der Herzog „unter einem mitten in der Kirche vor dem Hochaltare stehenden Sarkophag aus schwarzem Marmor ruht". Dieses Grab war jedoch immer leer. Erst 1974 fand man bei Grabungen des Bundesdenkmalamtes, die im Zuge der Vorbereitung der niederösterreichischen Landesausstellung 1976 stattfanden, das tatsächliche Grab, welches heute mit einer einfachen Inschrift bezeichnet wird. Es befindet sich an der nordöstlichen Balustrade des Altarraums. Laut Pater Alfred Edelbauer (1867–1917) soll bereits im 18. Jahrhundert unter dem erwähnten Abt Chrysostomus Wieser erfolgreich nach dem Grab von Leopold VI. gesucht worden sein. Der Herzog lag laut Edelbauer ohne Schmuck und Waffen in einem Holzsarg in einem ausgemauerten Grabgewölbe abseits des Hochaltars.

Ebenfalls in der Stiftskirche von Lilienfeld begraben wurden Margarethe von Österreich, die älteste Tochter von Leopold VI., und Cimburgis von Masowien. Letztere, Ende des 14. Jahrhunderts in Warschau geboren, wurde durch ihre Heirat mit Herzog Ernst I. zur Herzogin von Österreich. Im Jahr 1429 starb sie in Türnitz, vermutlich auf der Rückfahrt von einer Pilgerreise nach Mariazell.

Nicht nur in Bezug auf die Grablege von Leopold VI. wurde lange Zeit in Publikationen eine Art Legende erzählt. Auch beim Material für das vermeintliche Grab ist Vorsicht geboten. Wie der erwähnte Freiherr von Augustin waren auch andere davon überzeugt, dass dieser barocke Kenotaph aus schwarzem Marmor sei, den man heute noch als „Türnitzer Marmor" bezeichnet. Doch bei diesem schwarzen Stein, der ebenso für die rahmenden Steinsäulen des Hochaltars verwendet wurde, handelt es sich um einen Kalkstein mit weißen Kalkspat-Adern – und nicht um einen (teureren) Marmor. Der in der Stiftskirche verwendete Gutensteiner Kalk wurde früher oft als „Türnitzer Marmor" bezeichnet, denn Marmor galt in der Barockzeit als wertvoller Stein für Bildhauer. Im Falle Lilienfelds wollte man anscheinend die Verwendung eines kostbaren Gesteins vortäuschen. Gewonnen wurde dieser „falsche Marmor" ab zirka 1720 in einem eigenen Steinbruch bei Türnitz, der unter anderem die Steine für die prachtvolle, in Schwarz und Gold gehaltene barocke Ausstattung des Hochalters lieferte.

VOM KELLER ZUM HIMMEL

Jedes Gebäude hat ein Fundament, die meisten haben zudem einen Keller. Dies trifft auch – und gerade – für Klöster mit ihren Stiftskellern zu. Der Himmel am Firmament hat in einem Kloster nicht nur eine religiös-theologische Komponente, sondern man

Der Herzogshut auf dem leeren Grabdenkmal für Leopold VI.

Von außen wird die Stiftskirche vom barocken Kirchturm geprägt.

Das Trichterportal mit der zentralen Figurengruppe der Heiligen Familie

versucht ihn hier im wahrsten Sinn des Wortes baulich zu erreichen: mithilfe des Kirchturms.

Wenn wir heute durch das Westportal – man beachte die Torflügel und Türklopfer aus dem Jahr 1882 – den Kirchenhof betreten, müssen wir den Kopf strecken, um die ganze Fassade der Stiftskirche samt Turm erblicken zu können. Noch im 17. Jahrhundert hätten wir uns nicht so verbiegen müssen, um die gesamte Höhenausdehnung dieser Hauptfront der Kirche betrachten zu können. Denn lange Zeit besaß die Klosterkirche – den Ordensregeln entsprechend – nur einen schlichten Dachreiter über der Vierung, dort, wo einander das Lang- und Querschiff kreuzen. Nachdem dieser Dachreiter baufällig geworden war, ließ Abt Sigismund Braun (Abt von 1695 bis 1716) ihn abreißen und im Jahr 1703 durch einen 54 Meter hohen Turm über dem Eingangsbereich ersetzen. Die Kirchturmspitze war bis zum – später

genauer beschriebenen – Brand im Jahr 1810 von einem großen Zwiebelhelm bekrönt, während sie seit 1883 eine schlichtere, vierstufige Helmform zeigt. Das beeindruckende Trichterportal mit seinen in Summe 64 Säulen samt Knospenkapitellen führt optisch in den Vorraum der Kirche und hat eine Inschrift im Bogenfeld. Diese weist darauf hin, dass die Stiftskirche – wie alle Zisterzienserkirchen – Maria geweiht ist.

Das Trichterportal wird von einer erst im Jahr 1775 fertiggestellten Rahmung umgeben, dessen höchster Punkt von den Statuen der Heiligen Familie – Maria, Jesus und Joseph – eingenommen wird. In erhöhter Lage stehen auf Konsolen links und rechts des Portals zwei für das Stift Lilienfeld wichtige weltliche Herrscher. Auf der linken Seite ist es der Babenberger Leopold III., „der Stifter", mit dem uns vertrauten Kirchenbau in seiner Hand, welcher auf seine zahlreichen religiösen Stiftungen (unter anderem

Heiligenkreuz) hinweist. Rechts steht dessen Urenkel Leopold VI., „der Glorreiche", mit einem Schwert in der Hand. Einige Meter von dieser Statue entfernt befindet sich die Eingangspforte in das Kloster, an jener Stelle, an der sich einst das Parlarium, das Sprechzimmer für die in der Klausur lebenden Mönche, befand.

GLOCKEN: SIE KOMMEN UND GEHEN

Eine Kirche können wir nicht nur sehen, sondern auch hören. Außer vor Ostern, wenn die Glocken für zwei Tage verstummen, sind sie es, die uns die Uhrzeit mitteilen, Unwetter verkünden oder wichtige kirchliche Ereignisse begleiten. Dies war und ist auch bei der Stiftskirche in Lilienfeld der Fall. Doch es gab Zeiten, in denen der Glockenturm schwieg, da einige dieser „Verkünder" abmontiert wurden. Es waren die beiden Weltkriege im 20. Jahrhundert, welche die Stiftskirche verstummen ließen. Im Zuge des Ersten Weltkriegs läuteten am Nachmittag des 17. November 1916 zum letzten Mal die Glocken. Am folgenden Tag wurden die im Jahr 1819 in Krems gegossene Ladislausglocke (1,3 Meter Durchmesser) und die im Jahr 1851 ebenfalls in Krems gegossene St. Annaglocke (0,84 Meter Durchmesser) abgenommen. Zeitgleich montierte man zusätzlich zur Kupferbedachung des Kirchturms auch zwei Glocken der Filialkirche in Traisen und eine Glocke des ehemaligen Posthauses in Marktl ab. Sie alle wurden eingeschmolzen, um Waffen herstellen zu können.

Nach dem Ende des Kriegs hielt die Freude über neue Glocken für die Stiftskirche nicht sehr lange an. Im Mai 1942 mussten wieder, diesmal drei Glocken abmontiert und abgeliefert werden. Nach Ende des Zweiten Weltkriegs kam nur eine Kirchenglocke zurück. Die Freude war daher groß, als am 20. August 1950 drei neue Glocken eingeweiht werden konnten; rund 2.000 Menschen waren bei diesem feierlichen Akt anwesend.

Gegenwärtig umfasst das Geläute des Stiftes sechs Glocken, wobei die Martinsglocke – gegossen im Jahr 1950 von der Wiener Gießerei Pfundner – mit einem Durchmesser von beinahe 1,4 Meter die größte Glocke von Lilienfeld ist.

DAS LILIENFELDER ABENDMAHL

Die meisten Kirchen besitzen eine Sakristei, also einen Raum für den Aufenthalt und das Einkleiden des Priesters sowie das Aufbewahren des Ornats und der Gerätschaften für den Gottesdienst. Manche dieser Räume sind klein und unscheinbar, manche groß und äußerst prunkvoll ausgestattet. Zwischen diesen beiden Polen ist die Sakristei der Stiftskirche Lilienfeld angesiedelt. Hinter einer unauffälligen Tür verbirgt sich ein zwölf Meter langer, rechteckiger Raum, der mit seinen Holzschränken recht einfach wirkt. Im Gegensatz dazu steht das Muldengewölbe in fünf Meter Höhe. Wenn man eintreten darf, lohnt es sich, dieses stuckierte Gewölbe mit seinen Fresken näher zu betrachten. Der im Mittelalter erbaute Raum wurde irgendwann zwischen 1638 und 1650 unter anderem mit dem Versetzen einer Wand und dem Einziehen eines Gewölbes in barocker Manier umgebaut. Die Fresken eines unbekannten Malers entstanden jedoch erst unter Abt Sigismund Braun (Abt von 1695 bis 1716). Die in Summe elf Bilderfelder erzählen – wie nicht anders zu erwarten – Geschichten aus dem Alten und Neuen Testament sowie Legenden aus dem Leben mittelalterlicher Persönlichkeiten. Laut der Kunsthistorikerin Julia Gierse werden hier Warnungen und Gebote an den Betrachter gerichtet: eine Warnung vor der Weigerung, am heiligen Mahl teilzunehmen, und ein Aufruf zu Demut und Gehorsam. Drei eucharistische Wunder und Visionen sollen hier auf die Wirksamkeit des Allerheiligsten verweisen. Alles dreht sich auf den Deckenbildern um die Eucharistie, also das Gebet vor dem Abendmahl respektive das Abendmahl selbst. Die Hostie als „Himmelsspeise" ist, so die Botschaft, körperliche und geistige Nahrung zugleich.

Julia Gierse gibt uns vor dem Verlassen der Sakristei indirekt noch einen Tipp: Sie verweist auf einen mit einer Tasse Kaffee oder heißen Schokolade zu Jesus am Abendmahltisch herbeieilenden kleinen Mohr im zentralen Bilderfeld. Dieser dürfte auf das Wappen des Abtes Sigismund Braun anspielen, das im heraldisch linken Wappenfeld eine Mohrenbüste mit Pfeil in dessen rechter Hand zeigt. Auf diese Art und Weise könnte der Abt auf seine Person als Auftraggeber der Fresken hingewiesen haben.

AUFHEBUNG DES STIFTES UND NEUBEGINN

Aufgrund des sehr hohen Schuldenstands und der von Kaiser Joseph II. initiierten Resignation (Amtsverzicht) des Abtes (1786), dessen Funktion von einem (anscheinend überforderten) benediktinischen Kommendatarabt (kommissarischer Zwangsverwalter) übernommen wurde, ließ der Kaiser das Kloster Lilienfeld im März 1789 aufheben. Die verschiedenen Stiftsgüter konnten von Interessenten erworben werden. Einer unter ihnen war Hofrat Augustin Holzmeister. Er ließ die Magdalenenkirche am Platzl niederreißen, um Bauplätze zu gewinnen. Die Traisenbrücke wurde flussabwärts verlegt, um Reisende direkt zum Porten-Gasthaus zu führen. Der Speisesaal der Mönche dürfte als Schafstall verwendet worden sein.

Das Deckenfresko der Sakristei

Nicht umgesetztes Regotisierungsprojekt des Architekten Dominik Avanzo, 1875/1876

Dieser Zustand hielt nicht lange an. Joseph II. starb im Februar 1790 und sein Bruder Leopold folgte ihm als Monarch. Der nunmehrige Kaiser Leopold II. ließ aufgrund der Bitte einstiger Lilienfelder Mönche die Stiftung am 22. April 1790 wieder aufleben, nur eineinhalb Monate nach seinem Regierungsantritt. Fast alle ehemaligen Mönche kehrten zurück; viele Kunstgegenstände jedoch nicht. Das Stift hatte durch die Aufhebung beispielsweise seine Gemäldegalerie verloren; diese war im Oktober 1789 in Wien versteigert worden. Der heutige Bestand an Gemälden und Kupferstichen stammt daher aus Ankäufen im 19. Jahrhundert. So kaufte zum Beispiel Abt Ambros Becziczka im Jahr 1833 in Summe 52 Ölgemälde als Ersatz für die einst versteigerten Bilder an. In der Amtszeit dieses Abtes war auch der Maler Johann Nepomuk Höfel (1788–1864) für das Stift tätig. Bis 1839 malte er verschiedene Porträts von Äbten und Bildnisse der kaiserlichen Familie für die Kaiserzimmer. Zwischen 1847 bis 1867 erhielt der Porträtist Theodor Petter (1822–1872) mehrere größere Aufträge, etwa für die

heute im Vorsaal der Prälatur aufgehängten Bildnisse von Mitgliedern der Herrscherfamilien Babenberg und Habsburg-Lothringen. Der Wiener Landschaftsmaler Ignaz Dorn (1822–1869) malte hingegen für das Stift eine Reihe von Veduten von der Straße nach Mariazell, welche heute im Vorraum der Stiftsbibliothek hängen.

EIN BRAND UND SEINE FOLGEN

Am 13. September 1810 brach am Heuboden der Stiftsmeierei ein Feuer aus, welches sich rasch ausbreitete und einige Gebäudeteile des Klosters so stark in Mitleidenschaft zog, dass man sich aufgrund des hohen Schuldenstands entschied, die Reste abzutragen und nicht wieder aufzubauen. Darunter waren das mittelalterliche Refektorium (Speisesaal der Mönche) und die Wolfgangskapelle. Der Grundriss dieser im 14. Jahrhundert errichteten Kapelle, die an den Kapitelsaal anschloss, ist nach Grabungen in den 1970er-Jahren mit großen Steinen sichtbar gemacht worden.

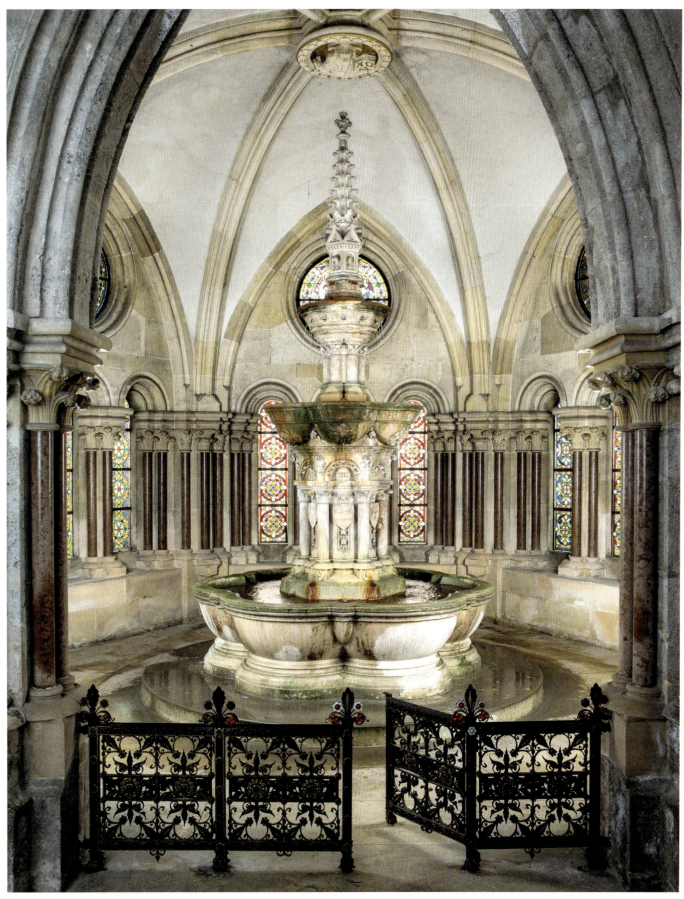

Das Brunnenhaus im Kreuzgang

Um den Wiederaufbau anderer Klosterteile zu finanzieren, verkaufte man im Jahr 1811 den stiftseigenen „Lilienfelderhof" in der Wiener Weihburggasse um 260.000 Gulden. Die Renovierungsarbeiten zogen sich jedoch aufgrund fehlender Geldmittel in die Länge. So konnte erst 1833 unter Abt Ambros Becziczka eine notwendige Innenrenovierung der Stiftskirche vorgenommen werden.

Der Stiftsbrand von 1810 hatte zu relativ großen Verlusten bei der Bausubstanz geführt. Verständlicherweise dauerte es Jahrzehnte, bis alle wesentlichen Renovierungsarbeiten abgeschlossen werden konnten. Entgegen der heutigen Vorgehensweise bei denkmalgeschützten Bauensembles, bei der verschiedene erhaltene Zeitschichten im Bestand erhalten werden, wollte man – hier ist Lilienfeld keine Ausnahme, sondern eher die Regel – alles in einen idealen gotischen Zustand zurückführen. Unter Abt Alberich Heidmann (Abt von 1862 bis 1898) beauftragte man daher den in Köln geborenen Architekten Dominik Avanzo (1845–1910), der von 1870 bis 1873 im Atelier des bekannten Wiener Dombaumeisters Friedrich Schmidt arbeitete, mit den Umbauarbeiten. Avanzo hatte unter Schmidt Erfahrungen bei Restaurierungsarbeiten am Wiener Stephansdom sammeln und so den gotischen Stil verstehen lernen können. Er wurde folglich ab den 1870er-Jahren bevorzugt mit Restaurierungen gotischer Bauwerke und Regotisierungsarbeiten betraut. 22 Jahre lang arbeitete er in diesem Zusammenhang für das Zisterzienserstift Heiligenkreuz. Es dürften seine ersten Arbeiten für dieses Kloster gewesen sein, die ihm 1872 einen Nachfolgeauftrag einbrachten: jenen für Abt Alberich Heidmann in Lilienfeld, welcher ihn mit der Leitung der „Restauration" von Kreuzgang und Kirche betraute.

Ab 1873 wurde ein Teil des Kreuzgangs nach den Vorstellungen Avanzos von einer idealtypischen Regotisierung restauriert. Es folgten der Neubau des Brunnenhauses, des Portals des ehemaligen Refektoriums und des Kapitelsaals. Im Zuge dessen entstanden zum Beispiel ein großes Glasfenster, das von der „Glasmalerei-Anstalt" des Carl Geyling hergestellt wurde, und sieben Glasfenster mit Rosetten für den nördlichen Kreuzgang. Am Ende dieser Bauphase setzte man kostbare alte Glasfenster des 14. Jahrhunderts aus der Wallfahrtskirche Annaberg im nördlichen Flügel des Kreuzgangs ein.

Interessant ist die Geschichte des Brunnenhauses, das im Kreuzgang gegenüber dem einst existierenden Speisesaal situiert ist und beim Brand 1810 zerstört worden war. Zuvor, nämlich bei der zwangsweisen Auflösung des Klosters 1789, hatte man den aus dem 15. Jahrhundert stammenden Bleibrunnen zerschlagen und das Blei als Altmetall verkauft. Bei den ab Oktober 1789 abgehaltenen Versteigerungen nach der Klosteraufhebung wurden vor Ort nicht nur der „Springbrunn mit Kesseln von Bley" und Teile der Bildergalerie sowie der Naturalien- und Kunstkammer angeboten, auch Weine, leere Fässer, Schank- und Kellerrequisiten, „verschiedene Feuergewehre", Haus- und Tafelwäsche sowie Messing-, Zinn-, Kupfer- und Eisengeschirr kamen unter den Hammer.

Spätestens 1833 dürfte der Konvent den Bau eines neuen, viereckigen Brunnenhauses in Auftrag gegeben haben, in dem ein Schalenbrunnen aus rotem Marmor aufgestellt wurde. Avanzo ersetzte dieses Brunnenhaus 1886 durch ein sechseckiges, das laut dem Architekten in der Form des alten hergestellt werden sollte. Er hielt sich dabei anscheinend an die aufgefundenen Reste der polygonalen Anlage. Im Zuge der Baumaßnahmen wurde 1887 jener auffällige dreischalige Brunnen des Wiener Bildhauers Adolf Szily im namensgebenden „Haus" aufgestellt, der noch heute viele Besucherinnen und Besucher beeindruckt. Der Schlussstein des neuen Brunnenhauses zeigt den segnenden Jesus, das farbige schmiedeeiserne Gitter wurde von der Wiener Bau- und Kunstschlosserei J. M. Baierlein geliefert.

Gleichzeitig mit diesem Neubau wurde der vom Kreuzgang eingefasste Garten neu angelegt und in Teppichfelder geteilt. Die gegenüber dem Brunnenhaus liegende Stufenanlage und die Tür zum ehemaligen Refektorium ließ man, „um sie in Einklang mit dem Stile des Kreuzganges zu bringen", umgestalten.

Die puristischen Renovierungspläne Dominik Avanzos waren schon zu seinen Lebzeiten nicht unumstritten. Er forcierte nämlich nicht nur eine „stilreine" Regotisierung, bei der er sogar einzelne Bauphasen des 13. Jahrhunderts nachträglich vereinheitlichen wollte, sondern auch die Entfernung barocker Einbauten. Nicht einmal vor dem um 1703 errichteten Kirchturm machte er Halt; Avanzo wollte diesen durch einen Dachreiter auf der Vierung ersetzen und somit die Zeit um 1260 auferstehen lassen. Mit jenem Plan konnte er sich jedoch nicht durchsetzen.

DAS STIFT ALS KRANKENSTATION

Schon im Mittelalter war in einem Gebäude neben den Porten ein Hospiz untergebracht. Dieses „Stiftkrankenhaus" diente nicht nur der Pflege kranker Mönche, sondern auch kranker Stiftsmitarbeiterinnen und -mitarbeiter sowie Reisender.

Der innere Klosterbezirk aus der Luft betrachtet

War die Krankenpflege über lange Zeit in der Verwaltung des Konventes, kam es im 19. Jahrhundert zu einem immer deutlicheren Engagement der Zivilgesellschaft. So ermöglichte es vor allem die Präsidentin des Roten Kreuzes Lilienfeld, Mathilde von Lindheim-Vivenot (1852–1920), dass im Frühjahr 1897 die Gemeinde eine Krankenpflegestation erhielt. Diese wurde in einem Nebentrakt des Stiftes untergebracht und durch drei Krankenschwestern der Kongregation der Töchter des göttlichen Heilandes und ab 1897 der Kongregation der Barmherzigen Schwestern vom Hl. Vinzenz von Paul Wien-Gumpendorf betreut, die vor allem einen kostenlosen mobilen Pflegedienst gewährleisteten. Dem Zweigverein Lilienfeld des Roten Kreuzes gelang es 1902, für Lilienfeld ein Rettungszweirad und einen noch nicht motorisierten Krankentransportwagen zu organisieren.

Bereits zu Beginn des Ersten Weltkriegs wurde ein Rekonvaleszentenheim für erkrankte und verwundete Soldaten im Stift untergebracht. Der Konvent stellte für 30 Personen drei Schlafsäle, einen Speiseraum und das Bad der Mönche zur Verfügung. Zusätzlich wurden Flüchtlinge aus Mori und Galizien im Stift aufgenommen und 50 Parteien (Anwohnern) Grundstücke zum Anbau von Kartoffeln und Gemüse – als Hilfe zur Selbsthilfe – überlassen.

Es war jene Zeit, in der es an Rohstoffen jedweder Art mangelte. Vor allem für die Frontsoldaten und die Waffenproduktion wurden Sammlungen in der gesamten Monarchie durchgeführt, so auch in Lilienfeld. Im Mai 1915 brachte eine Metallsammlung eines Komitees, dessen Obmann der Lilienfelder Prior Pater Alfred Edelbauer war, in Summe 2.000 Kilogramm ein, wobei Kinder mit kleinen Wagen das gesamte Gemeindegebiet abgeklappert hatten und danach von der Zeitung *St. Pöltner Boten* im damaligen propagandistischen Stil als „kleine Vaterlandsverteidiger" bezeichnet wurden. Im darauffolgenden Oktober sammelten Kinder bei einer „Woll- und Kautschuk-Sammlung" im Gemeindegebiet 3.205 Kilogramm Wolle, Stoffe und dergleichen sowie 165 Kilogramm Kautschuk.

Der Meierhof ist dem inneren Klosterbezirk im Süden vorgelagert.

PFLICHT ZUR SELBSTVERSORGUNG

Bereits Benedikt von Nursia gab im Kapitel 66 seiner Regel für Mönche die Selbstversorgung vor: „Das Kloster soll, wenn möglich, so angelegt werden, dass sich alles Notwendige, nämlich Wasser, Mühle und Garten, innerhalb des Klosters befindet und die verschiedenen Arten des Handwerks dort ausgeübt werden können. So brauchen die Mönche nicht draußen herumlaufen, denn das ist für sie überhaupt nicht gut." Hier wird nicht nur die Abgeschiedenheit angesprochen, sondern auch die Notwendigkeit und Vorgabe für eine Klostergemeinschaft, vom eigenen Grund und Boden und somit aus eigenen Einkünften leben zu können. Um dies zu gewährleisten, statteten adelige Stifter, wie Leopold VI., die Konvente mit Besitzungen (Wald, Weiden, Äckern und Wirtschaftshöfen) aus. Besonders wichtig war die Versorgung mit Fisch, da die Zisterzienser bis ins 15. Jahrhundert auf den Verzehr von Fleisch verzichteten, wobei im Gegensatz zu heute Fisch nicht als Fleisch galt.

Da die Zisterzienserklöster ab dem 12. Jahrhundert für eine relativ große Anzahl an Mönchen ausgelegt waren, konnte der Bedarf an Fisch oft nicht mehr durch den Fang in den natürlichen Gewässern gedeckt werden. Im Falle von Lilienfeld hatte der Stifter dem Konvent die Fischereirechte in den Flüssen Gölsen und Traisen übergeben. Weitere Rechte kamen durch Schenkung oder Ankauf hinzu. Um der angesprochenen Verpflichtung zur Selbstversorgung nachkommen zu können, wurden frühestens im 15. Jahrhundert auch Fischzuchtteiche in der Nähe des Klosters angelegt. In Lilienfeld dürfte es einst fünf Teiche gegeben haben. Im Jahr 1902 wird noch von einem rechts der Höllbachtalstraße liegenden Teich mit „stiftlicher Schwimm- und Badeanstalt" gesprochen. Heute befindet sich die verpachtete Fischzucht des Stiftes auf diesem Areal.

Zur Selbstversorgung der Mönche und der Laienbrüder (Konversen), Handwerker und anderer im Klosterareal lebenden und arbeitenden Menschen dienten auch zahlreiche dem Stift gehörende Wirtschaftshöfe in der Umgebung (Kreisbach bei Wilhelmsburg, Bergau bei Rohrbach und Araberg bei Kaumberg) – und dies bis ins 19. Jahrhundert hinein. Von diesen Höfen bezog man Kälber, Frischlinge, Butter, Schmalz, Eier, Geflügel, Milch, Obers und Rahm.

Was man nicht selbst an Lebensmitteln und Rohstoffen verbrauchte, wurde verkauft, um zum Beispiel Baumaßnahmen nach Unwettern finanzieren zu können.

DER MEIER UND SEIN HOF

Der Name „Meier" – der sich vom lateinischen Wort „maior" ableitet – ist mit seinen verschiedenen Schreibweisen in Österreich weit verbreitet. In Lilienfeld gibt er einem großen, außergewöhnlichen Baukomplex seine Bezeichnung: dem Meierhof. Dieser war Wohnsitz des Meiers, bei dem es sich um den Verwalter der klösterlichen Gutsherren handelte, welcher deren Wirtschaftshof mit seinen zahlreichen Nebengebäuden leitete. Umliegend befanden sich die Wirtschaftsflächen, wozu Weiden, Wiesen, Wälder und Fischteiche zählten.

In den Anfängen des Lilienfelder Zisterzienserklosters hatte der Stiftshof im nahe gelegenen Wilhelmsburg als landwirtschaftliches Verwaltungszentrum und Getreidespeicher gedient; der Meierhof in Lilienfeld selbst – südlich des Konventgebäudes im Höllbachtal gelegen – entstand erst im 14. Jahrhundert. Dieser Wirtschaftshof diente nun vor allem der Eigenversorgung des Stiftes mit Getreide und Fleisch. Er umfasste damals nur den nördlichen Teil des heutigen Meierhofs. Im Laufe der Zeit dehnte sich die Baufläche immer weiter aus. Vor allem unter Abt Cornelius Strauch (Abt von 1638 bis 1650) wurde der Meierhof großzügig ausgebaut. An diese Baumaßnahmen erinnert eine mit der Jahreszahl 1643 versehene, am nördlichen Rundbogenportal angebrachte Steintafel. Unter seinem Nachfolger dürfte der nördliche Trakt in das Geviert mit seinen beiden Innenhöfen integriert worden sein. Im Meierhof gab es nun alles, was man von einem solchen landwirtschaftlichen Komplex erwarten konnte: Ställe für Rinder, Pferde und Schweine, Lagerräume für Getreide, Futter und Geräte sowie einen Wohntrakt.

Der bereits erwähnte Brand im Jahr 1810 war – wie erläutert – am Heuboden ausgebrochen; das Feuer breitete sich rasch auf sämtliche Dachstühle aus. Die Schäden im Meierhof wurden umgehend behoben, um die Versorgung mit landwirtschaftlichen Produkten wiederherzustellen. Im Jahr 1969 war Schluss mit der Eigenversorgung; das Stift stellte den Betrieb des Meierhofs aus betriebswirtschaftlichen Gründen ein. Zu jenem Zeitpunkt waren noch alle Gebäudetrakte vorhanden. Es dürfte jedoch bald zum Abriss des südlichen Quertraktes gekommen sein. 2007 führten Sturmschäden einerseits zum Abbruch des Daches und Obergeschoßes in der südwestlichen Ecke der Anlage. Andererseits begann

Erntedankfest im Meierhof. Ansprache von Pater Chrysostomus Wöss. Aufnahme aus 1931

man im Jahr 2015 mit der Sanierung des Nordtraktes, der seit dem Jahr 2017 Sitz der stiftseigenen Forstverwaltung und seit 2022 der Zentralkanzlei ist. Ein Teil des Südtraktes wurde für einige Jahre als verpachteter Schafstall genutzt. Seit 2001 entwickelt man immer wieder Nachnutzungskonzepte für die ungenutzten Teile des Meierhofs; unter anderem war der Einbau von Wohnungen angedacht. Die Zukunft wird zeigen, ob und wie der in seiner Gesamtheit unter Denkmalschutz stehende, architektonisch noch immer beeindruckende Lilienfelder Meierhof erhalten werden kann.

LILIENFELD IN KREMS UND WIEN

Wie schon erwähnt, schenkten die Stifter oder späteren Gönner der Klostergemeinschaft nicht nur Wald-, Wiesenund Weidegrundstücke, sondern ganze Wirtschaftshöfe, die vom Landesherrn von Steuern befreit und daher Freihöfe genannt wurden.

Die Höfe in den Weinbauregionen, die man als Lesehöfe bezeichnet, dienten ab dem späten Mittelalter der Eigenversorgung der Mönche mit Obst und Wein, der Herstellung von Messwein sowie von Weinen für den Verkauf an Dritte. Diese Wirtschaftshöfe bildeten das Zentrum der grundherrschaftlichen Besitzungen und dienten der Betreuung und Verwaltung der Weingärten. Die meisten Lesehöfe lagen in den großen Weinorten und Weinstädten an der Donau. Selbst am Rande von Wien gab es eine Reihe von klösterlichen Lesehöfen. Besonders hoch ist die Zahl der Lesehöfe in Krems. Diese Stadt entwickelte sich zu einem Zentrum klösterlicher Weinwirtschaft, in dem die auswärtigen klösterlichen Grundherren eine so große Rolle spielten wie in keiner anderen landesfürstlichen

Das Wappen von Abt Georg Premberger am Kremser Lilienfelderhof

Stadt Österreichs. Bis heute ist dies im Kremser Stadtbild deutlich zu sehen, denn die Lesehöfe der Klöster sind zum Teil noch erhalten und im Altstadtbereich von Krems und der heute zu Krems gehörenden Stadt Stein zu finden.

Auch das Stift Lilienfeld hatte Lesehöfe in der Wachau. In Krems lassen sich über die Jahrhunderte gleich mehrere Besitzungen nachweisen. Am bedeutendsten ist jener Hof am östlichen Stadtrand in der Hohensteinstraße, dessen Hauptgebäude noch heute existiert. Das Wappen von Abt Georg Premberger (Abt von 1568 bis 1587) an der östlichen Fassade verweist auf den ehemaligen Eigentümer, welcher den Hof im Jahr 1286 als Geschenk Ortliebs von Hohenberg erhalten hatte. Unter Abt Georg wurde er renoviert respektive umgebaut. Im Jahre 1938 verkaufte das Stift Lilienfeld den Lilienfelderhof samt Weingärten an das Land Niederösterreich, um so Steuerrückstände zu tilgen.

Ebenfalls dem Stift Lilienfeld gehörte der Garstener Hof, wenn auch nur für kurze Zeit: Im Jahre 1379 hatte das Kloster den Herzogs- oder Schlüsselhof von den Herzögen Albrecht III. und Leopold III. gekauft; bereits 24 Jahre später stieß man ihn ab. Wesentlich länger war der nicht mehr bestehende Stiftshof in der Dachsberggasse im Eigentum des Zisterzienserstiftes. Er entstand aus zwei Häusern, die 1437 respektive vor 1536 vom Stift Lilienfeld erworben und in der Folge in einen Komplex zusammengefasst wurden. Seit 1790 ist der Hof nicht mehr im Eigentum des Lilienfelder Konventes.

Im Zuge der Stiftung Leopolds VI. gingen auch Weingärten in Pfaffstätten an der Thermenlinie in das Eigentum des Zisterzienserstiftes über. Später wurde der Freihof mit den Weingärten verpachtet. Im Jahr 1800 umfasste dieser Hof mehrere Weingärten, einen Kraut- und einen Kräutergarten, Wiesen sowie Äcker. Später gehörte auch eine Rebschule zur Aufzucht junger Pfropfreben dazu. Der Lilienfelderhof in Pfaffstätten zählt auch heute noch zum Besitz des Stiftes Lilienfeld, auch wenn er seit 2006 mittels eines Baurechtsvertrags an eine Privatstiftung ausgelagert ist.

Die Lilienfelder Zisterziensermönche vor dem Stiftskirchenportal. Aufnahme um 1937

Aufgrund der Tatsache, dass Wien lange Zeit die Residenzstadt des Hauses Habsburg respektive Habsburg-Lothringen war und die Lilienfelder Äbte dem Prälatenstand angehörten und somit auch eine politische Funktion innehatten, besaß das Lilienfelder Stift immer ein oder mehrere Häuser in Wien. Der erste nachweisbare Hof aus der Zeit des 13. Jahrhunderts befand sich anscheinend zwischen dem Heiligenkreuzer Hof und dem Dominikanerkloster, doch wurde er bereits 1385 an Herzog Albrecht III. verkauft. Kurz zuvor hatte man ein Haus am Alten Fleischmarkt erworben, welches die Rechte und Freiheiten eines Stiftshofs erhielt.

Anscheinend im Zug eines Gegengeschäftes erhielt das Zisterzienserkloster Lilienfeld im Jahr 1622 das Krennberg'sche Freihaus, den ehemaligen St. Pöltner Hof, an der Ecke Weihburggasse/Liliengasse. Unter Abt Dominik Peckenstorfer (Abt von 1747 bis 1786) wurde das Haus neu erbaut. Im Jahr 1773 fertiggestellt, dürfte vor allem die prachtvolle Innenausstattung die bereits hohen Schulden des Stiftes vergrößert haben. Der Stiftsbrand

von 1810 und die Finanzkrise des Staatsfiskus aufgrund der Kriege gegen Frankreich verschärften die Problematik. So wurde im Oktober 1811 der Lilienfelderhof in der Weihburggasse versteigert. Vom einstigen Gebäude hat sich nichts erhalten, da 1911 der damalige Besitzer an seiner Stelle ein sechsstöckiges Mietshaus errichten ließ.

Unter Abt Ambros Becziczka (Abt von 1825 bis 1861) erwarb das Stift 1844 ein großes, aber unscheinbares Haus am Josefstädter Glacis, welches fünf Jahr zuvor für einen Gastwirt errichtet worden war. Da das Gebäude an der Ecke Tulpengasse/Friedrich-Schmidt-Platz außen und innen baufällig wurde, verkaufte man es im 21. Jahrhundert und verwendete den Erlös für die Modernisierung des stiftseigenen E-Werks in Lilienfeld.

Noch heute im Besitz des Stiftes Lilienfeld befindet sich hingegen das Zinshaus Krugerstraße Nr. 4, das 1836 unter Abt Ambros erworben wurde. Der Wiener Architekt Titus Neugebauer baute 1900/1901 im Auftrag des Stiftes den ebenfalls Lilienfelderhof genannten Bau um. Die letzte Renovierung des Wohn- und Geschäftshauses konnte im Jahr 2022 abgeschlossen werden.

AUF UND AB IM KLOSTER

In den letzten Jahrzehnten hat sich das Bild gefestigt, die Anzahl der Mönche und Nonnen in österreichischen Klöstern gehe kontinuierlich zurück und das Leben in diesen katholischen Einrichtungen sei vom Aussterben bedroht. Wie ein Blick auf die Geschichte zeigt, ist die Anzahl der Mönche in Lilienfeld jedoch – wie in anderen Klöstern – von einem steten Auf und Ab geprägt, wobei früher selten zwischen Priestermönchen (Patres) und Laienbrüdern (Fratres oder Konversen, d. h. Mönchen ohne Priesterweihe) unterschieden wurde.

Die Besiedelung des Stiftes Lilienfeld im Jahr 1206 dürfte durch zwölf Mönche erfolgt sein. Die wenigen Daten aus dem Mittelalter lassen keine Abschätzung des Mitgliederstandes zu. Doch spätestens mit der von Martin Luther (1483–1546) initiierten Reformation sank deren Zahl: Für das Jahr 1575 sind neben dem Abt nur zwei Priestermönche und zwei Laienbrüder, für 1587 sechs Mönche im Stift inklusive der beiden Pfarrer von Türnitz und Wilhelmsburg verbürgt. Zuvor, nämlich 1561, hatten sich sieben Konventualen im Stift befunden, von denen vier mit Frauen zusammenlebten und mit ihnen insgesamt sechs Kinder hatten. Damals wurde an den vorgeschriebenen Tagen nicht gefastet, die Messe dem protestantischen Glauben angepasst; kurzum die einstige Disziplin nicht eingehalten. Mit der sogenannten Gegenreformation, dem Zurückdrängen des sowohl politisch als auch institutionell etablierten Protestantismus, vergrößerte sich der Konvent wieder. Bei der Übernahme der Stiftsleitung durch Matthäus Kolweiß im Jahre 1650 gab es 32 Patres im Konvent; im Jahr 1738 waren es 55 Patres und drei Laienbrüder. Der Höchststand dürfte im Jahr 1758 mit 71 Mönchen erreicht worden sein. Im Jahr der Wiedereinrichtung des Klosters (1790) umfasste der Konvent 35 Patres und vier Fratres; im Jahr 1855 waren es 46 Mönche, wobei 29 in der Seelsorge und zwei als Lehrer tätig waren. In Summe wurden damals 17 Pfarren im Bistum St. Pölten, in der Erzdiözese Wien und der ungarischen Diözese Raab betreut. Im Jahr 1876 zählte man 44 Mönche, im Jahr 1902 dann 47 Mönche und im Jahre 1976 in Summe 40 Mönche, die 19 Pfarren betreuten. Im Jahr 2023 umfasste der Konvent 20 Mönche, darunter zwei Fratres.

Auch wenn sich das religiöse Leben eines Zisterziensermönchs in Lilienfeld über die Jahrhunderte in manchen Bereichen geändert hat, gelten die grundlegenden Ordensregeln aus dem Mittelalter noch immer. Diese Kontinuität wird im Falle des Stiftes Lilienfeld auch in der Architektur sichtbar: Die Kirche, der Kreuzgang, der Kapitelsaal, der „Rote Gang" und der Laienbrüdertrakt bilden den größten bis heute erhaltenen mittelalterlichen Klosterkomplex in Österreich; wenn das kein Grund zum Staunen ist!

ORGANSCHAU UND SÄCKCHEN

Apropos Staunen: Durch ein Vorzimmer tritt man in den Hauptraum der Stiftsbibliothek, der – im Vergleich zu anderen Klosterbibliotheken, beispielsweise Admont – nicht durch seine große Dimension beeindrucken kann. Doch durch seine niedrige Raumhöhe ist es leichter möglich, die Fresken am stuckierten Plafond und in den Gewölben genauer anzusehen. Hier sind ausschließlich Heilige und Gelehrte des Zisterzienserordens dargestellt, unter ihnen Otto von Freising, ein Sohn des Markgrafen Leopold III.

Der ursprüngliche Bestand in der Stiftsbibliothek ist aufgrund der im Jahr 1789 erfolgten Aufhebung des Klosters deutlich geschrumpft. Die Bücher wurden damals zum Teil verkauft, zum anderen Teil der Wiener Universitätsbibliothek übergeben. Nach der Wiedereinsetzung durch Kaiser Leopold II. im Jahr 1790 konnten die verlorenen Bücher nicht mehr zurückgeholt werden. Als Ausgleich überließ man dem Lilienfelder Stift die Bestände von zwei anderen aufgelösten Klöstern: den der Paulaner in Wien und den von „Mariazell in Österreich" (Kleinmariazell).

In der Bibliothek und dem Archiv des Stiftes Lilienfeld werden über 40.000 Druckwerke, 75 Inkunabel-Bände mit 79 Drucken und 220 mittelalterliche Handschriften (aus der Zeit bis zirka 1520) aufbewahrt, unter anderem die *Concordantiae caritatis*, eine weltberühmte Bilderhandschrift vom Typus der Laienbibeln aus dem 14. Jahrhundert.

Leider wurde so manche Kostbarkeit aus wirtschaftlichen Gründen in den 1930er-Jahren verkauft; neben Kunstgegenständen aus der Prälatur und Bildern aus der Gemäldegalerie auch wertvolle Bücher, Inkunabeln und mittelalterliche Handschriften. Beispielsweise befindet sich heute ein von Ludwig van Beethoven verfasster Brief, den Abt Theobald Wrba (Abt von 1931 bis 1943) im Jahr 1935 verkaufte, im Beethoven-Haus in Bonn. Sogar die *Concordantiae caritatis* des Ulrich von Lilienfeld versuchte man zu verkaufen, um Steuerrückstände an das Land Niederösterreich zu tilgen. Es kam jedoch nicht zum Verkauf, da stattdessen der Wirtschaftshof in Krems veräußert wurde.

Das medizinische Werk *Catoptrum Microcosmicum* aus dem Jahr 1660

Sogenannte Siegelsäckchen aus Pergament

Jedes Buch in der Stiftsbibliothek kann eine Geschichte erzählen. So zum Beispiel ein Werk aus dem Fachbereich Medizin. Johannes Remmelin, zuerst Arzt in Ulm, dann in Schorndorf und zuletzt in Augsburg, hatte 1619 ein Buch unter dem Titel *Catoptrum Microcosmicum* (Titel der deutschen Ausgabe: *Kleiner Weltspiegel*) herausgebracht. In der Lilienfelder Stiftsbibliothek befindet sich eine im Jahr 1660 in Frankfurt am Main veröffentlichte Ausgabe. Was Remmelins Werk noch heute so besonders macht und nicht nur Medizinerinnen und Mediziner beeindruckt: Es enthält drei anatomische Tafeln mit Kupferstichen, die sich aufklappen lassen. In der vorgegebenen Reihenfolge wird den Betrachtern vor Augen geführt, wo und wie die Organe im menschlichen Körper liegen. Es sind dreidimensionale Darstellungen, entstanden mehr als 350 Jahre vor dem Einzug des Computers in die Alltagswelt.

Ebenso spannend ist die Geschichte einer Holzkiste im Archiv des Stiftes. Sie enthält auf den ersten Blick merkwürdig geformte Papierreste mit handschriftlichen Texten. Warum nur wenige Menschen diese lesen können, ist leicht erklärt: Sie wurden im Mittelalter geschrieben. Obwohl der Inhalt der Holzkiste noch nicht umfassend wissenschaftlich ausgewertet worden ist, steht laut der Stiftsarchivarin Irene König eines fest: Es handelt sich um „Siegelsäckchen" aus Pergament. Geformt wurden diese Schutzhüllen für Siegel aus Textfragmenten mittelalterlicher Handschriften, aus Professzetteln, liturgischen Texten, Urkunden sowie Chroniken. Sie waren einst mit einem Faden um das Siegel genäht und mit einer Art Heu gefüllt. Viele der Säckchen wurden in den vergangenen Jahren von den Siegeln getrennt, um sie wissenschaftlich auswerten zu können. Das Besondere dieser Siegelsäckchen ist nicht nur ihre Art an sich, sondern ihre Seltenheit. Laut Irene König gibt es solche Pergamenthüllen zum Schutz von Wachssiegeln in Österreich sonst nur noch im niederösterreichischen Zisterzienserstift Zwettl.

DER TEUFEL UND SEIN WERK

Auch in und über Lilienfeld gibt es Sagen. Die bekannteste diesbezügliche Geschichte ist jene über den „Spitzbrand", den man früher auch „Spitzebrand" (1821), den „gespitzten Brand" (1824), „Spitzenbrand" (1898) oder „g'spitzten Brand" (1939) nannte und der sich am 729 Meter hohen Spitzbrandkogel südwestlich des Stiftes als Wiesendreieck im Wald zeigt.

Auch wenn sich die Geschichte über die Jahrzehnte geändert hat und mit großer Wahrscheinlichkeit ausgeschmückt wurde, bleibt das Grundgerüst der Sage gleich und ähnelt anderen, deutlich älteren Geschichten über den Teufel, der sich als Helfer bei Bauarbeiten die Seele der jeweiligen Baumeister sichern wollte.

Sehen wir uns die Sage näher an, wobei wir jener Fassung folgen, die Lorenz Herzog 1939 im *Neuen Wiener Tagblatt* veröffentlichte. Demnach gab ein Lilienfelder Pater, „stets zu einem Spaß aufgelegt", einer Besuchergruppe „eine weniger natürliche, ja geradezu verteufelt unheimliche Erklärung des rätselhaften Dreiecks". Ausgangspunkt war laut diesem Pater ein Stein im Kloster mit einer seltsamen Darstellung: Einem Mann aus rötlichem Marmor saß ein sonderbares Vieh, ein Feuerdrache oder etwas Ähnliches, im Genick. Was der Stein wohl bedeute, wurde der Pater gefragt. Dieser „setzte eine wichtige Miene auf" und begann zu erzählen: „Mit dem Mann hat's ein schlechtes Ende genommen. Der Baumeister, der das Stift erbaut hat, ist's, und der Leibhaftige selber sitzt ihm im Genick, wie es sich wirklich zugetragen hat vor siebenhundert Jahren." Der Bau hatte sich damals nämlich zeitlich in die Länge gezogen. Doch der Stifter, Herzog Leopold VI., drohte dem Baumeister: „Wenn zu Maria Himmelfahrt nicht das Kreuz auf dem Turm steht, so wird sein Kopf oben stecken!" Der Angesprochene bekam es mit der Angst zu tun. Er verdoppelte daraufhin die Löhne und trieb seine Leute an. Doch der Termin war nicht zu halten. Dem „Höllenfürsten" meldete man daraufhin: „Eine Seel' wär' zu haben zu Lilienfeld in Oesterreich, ein Baumeister, so einer gehört längst schon her, wo alle unsre Oefen im Zusammenfallen sind!" Der Teufel machte sich sogleich auf den Weg nach Lilienfeld. „Er hatte leichtes Spiel mit dem Unglückseligen. Bald war der Vertrag abgeschlossen: Auf Maria Himmelfahrt wird das Kreuz auf dem Turm stehen durch die Macht des Fürsten der Unterwelt. Und nichts wird zu Lebzeiten des Baumeisters gefordert dafür. Erst nach seinem Abgang von der Welt soll seine Seele dem Partner verfallen sein. Der Mann stand aber in den

Das Kloster birgt auch ein paar „schaurige" Ecken, wie die Portendurchfahrt bei Nacht zeigt.

besten Jahren, und so machte er sich keine schweren Gedanken."

Am Himmelfahrtstag wurden Stift und Kirche eingesegnet und der Baumeister nahm für sein Werk viel Lob entgegen. Alles wäre gut verlaufen, wenn der relativ junge Baumeister nicht einige Jahre danach, an einer Seuche erkrankt, beim Beten in der Kirche verstorben wäre. Im selben Augenblick packte ihn der Teufel und flog mit dem Mann aus dem Gotteshaus, „unter Feuer und Schwefeldampf", Richtung Berg. „Da hat der Teufel zu tragen gehabt, denn der Baumeister war gut bei Leib gewesen, und verdammt steil geht's hinauf. Fürchterlich geblasen hat der Böse, Feuer gespien und mit dem langen Schweif ‚gewachelt'. Und ganz oben auf dem Spitz war die Einfahrt ins höllische Reich. Und heute noch wächst kein Baum auf dem Streifen, über den die Fahrt gegangen ist und wo der Teufel mit seinem Schweif ‚gewachelt' hat."

Der „Spitzbrand" ist das weithin sichtbare Wahrzeichen von Lilienfeld.

In einer anderen Fassung der Sage geht die Geschichte für den Baumeister besser aus. Der Teufel, der bei der rechtzeitigen Fertigstellung des Stiftes geholfen hat, wird um seinen Lohn – nämlich die Seele des Mannes – geprellt. Der Baumeister wandte nämlich eine List an. Laut Vertrag mit dem Teufel hätte seine Seele nach Beendigung der Klosterkirche dem Teufel gehört. Doch der Baumeister ließ einen Stein beim Altar aus; die Kirche war somit nicht fertiggestellt. Aus Zorn über diese List soll der Teufel danach mit seinem feurigen Schweif die charakteristische Dreieckswiese ausgesengt haben, eher er am Gipfel im Erdboden verschwand.

Wie kam es nun wirklich zu dieser markanten dreieckigen Wiese, die zum Wahrzeichen Lilienfelds geworden ist und erstmals 1792 in einer Gouachemalerei des Landschaftsmalers Josef Heideloff (1747–1830) zu sehen ist. War der Teufel tatsächlich dafür verantwortlich? Die Lösung ist ein wenig trivial. Lesen wir, was Abt Ambros Becziczka, wahrlich kein Freund des Belzebubs, im Jahr 1825 über dieses Thema schreibt: Auf dem Berg, „welcher wegen seiner Gestalt den Namen ‚Spitzbrand‘ führt", wurde „ein Theil der Waldung vor mehreren Jahren in Gestalt eines sehr spitzzulaufenden Dreieckes ausgerottet". Dieser Platz bilde „noch jetzt eine Wiese", die sich „gerade auf das Stift zu erstreckt, und daher dessen Lage, noch bevor man das Stift selbst sieht, schon von weitem kennbar macht."

Die dreieckige Wiese entstand, weil das Stift einen Teil des Waldes für – so ist anzunehmen – eigene Zwecke entnahm. Aufgrund der Steilheit wird man die Bäume so gefällt haben, dass sie ohne Schwierigkeiten ins Tal gebracht werden konnten; die Entnahme der Bäume in Form einer spitz zulaufenden Fläche war demnach eine kluge Entscheidung der damals Verantwortlichen. Nicht geklärt werden kann, warum die Fläche danach nicht aufgeforstet wurde, sondern bis heute von natürlich aufkommendem Bewuchs freigehalten wird.

Warum die dreieckige Fläche nicht „Spitzwiese", sondern „Spitzbrand" heißt, könnte mit Brandrodung zu tun haben. Durch diese sehr alte Technik wird noch heute in weiten Teilen der Welt die Vegetationsfläche unter Einsatz von Feuer geschwendet und somit von aufkommendem Bewuchs durch hochwachsende, vom Vieh verschmähte Kräuter sowie Zwergsträucher und Bäume freigehalten.

Doch unabhängig vom Rätsel über die Entstehung der speziellen Form des Spitzbrandes und deren Erhalt seit mehr als 200 Jahren wird die Sage vom Teufel als

Im Stiftsteich spiegelt sich der nordwestliche Turm des Kaisertraktes.

„Baugehilfen" noch heute gerne weitererzählt; wie es einem Wahrzeichen gebührt.

DAS KROKODIL IM STIFTSTEICH

Verwandt mit Sagen sind Legenden und „Gschichtln". Eine solche gab ein unbekannter Journalist im Dezember 1906 in der Wochenzeitung *St. Pöltner Bote* mit einem Augenzwinkern zum Besten. Demnach hätte sich vor einigen Tagen „mit Blitzesschnelligkeit das Gerücht" verbreitet, dass im Stiftsteich ein Krokodil leben würde. „Ein Herr, der sich besonders scharfer Sinnesorgane rühmt, behauptete das ‚Vieh‘ mit eigenen Augen gesehen zu haben, wie es am Teichdamme im Schnee lustwandelte; in der Tat waren dort im Schnee breite Krokodilpratzen abgedrückt zu sehen." Manche würden schwören, dass das Krokodil ein Reh aufgefressen habe, welches eben baden wollte. „Ein neuerlicher Beweis, wie gefährlich es ist, sich neben einem Krokodile zu baden!" Die Herkunft „der Bestie" war laut dem Journalisten leicht zu erklären: „Seit einiger Zeit weilt hier ein Egypter. Wie leicht könnten ihm in Egypten Krokodileier, wenn er nicht aufgepaßt hat, in seine Sachen hineingekommen sein und sich jetzt in der Zimmerwärme entwickelt haben." Es sei nur schade, meint der Schreiber, dass der prosaische Schluss nicht fehle: Dass nämlich „das Krokodil ein Zweifüßler gewesen ist, der den Fischen im Stiftsteiche einen Morgenbesuch abgestattet hat!"

Der Pavillon im Stiftspark

DIE MÖNCHE UND IHR GRÜN

Wer im Frühling, wenn die Bäume schon voll ausgetrieben haben, oder im Herbst mit dem Zug von St. Pölten kommend nach Lilienfeld fährt, wird hinter dem Zisterzienserstift am Fuße des sogenannten Spitzbrandes verschiedene, sehr unterschiedliche Blattfarben im Wald wahrnehmen. Dieses Areal hebt sich vom übrigen Grün rundherum deutlich ab. Unwillkürlich fragt man sich, worauf dies zurückzuführen ist.

Die Antwort ist eine einfache: Ein Abt des Zisterzienserstiftes ist für diese Buntheit verantwortlich. Ort jener „Farbenexplosion" ist der einzigartige Stiftspark, der – obwohl der Pflegezustand zu wünschen übriglässt – nicht nur in Österreich, sondern in ganz Zentral- und Mitteleuropa seinesgleichen sucht. Der Park, welcher südwestlich an den Klostergebäudekomplex anschließt, stellt als Arboretum – einer Sammlung lebender Gehölze – eine Besonderheit dar.

Der heute rund 2,8 Hektar große Stiftspark war lange Zeit ein Tiergarten, in dem Rot- und Damwild gehalten wurde. Diese Nutzung als Tiergarten, das heißt als ummauertes Jagdgelände, lässt sich auch über zwei, 1672 entstandene Ansichten des Stiftes von Georg Matthäus Vischer nachweisen: Im Tiergarten sind Hirsche zu sehen. Ein kleiner Teil des Areals dürfte bereits unter Abt Ignatius Schwingenschlögl (Abt von 1790 bis 1804) als „englische Gartenanlage" gestaltet worden sein.

UMWANDLUNG IN EINEN PARK

Das definitive Ende des Tiergartens kam in den 1820er-Jahren: Auf Veranlassung des ab Juli 1825 amtierenden Abtes Ambros Becziczka (Abt von 1825 bis 1861) wurde beginnend mit 1826 der einstige Tiergarten in einen öffentlich zugänglichen Stiftspark umgewandelt. Das Geld dafür trieb der Abt durch eine Sammelaktion unter seinen Mitbrüdern auf. In einem erhaltenen Schriftstück aus dem Jahr 1826, welches die Vorgehensweise von Abt Ambros bei der Finanzierung zeigt, wird den Lilienfelder Mönchen die „Verschönerung des sogenannten Thiergartens" schmackhaft gemacht. Der Abt meinte nämlich, dass die „Verschönerung dieses Gartens zum allgemeinen Vergnügen" insbesondere der Klosterbrüder abziele. Daher werde sich auch jeder seiner Mitbrüder bereit erklären, etwas zu diesem gemeinsamen Zweck beizutragen, so der Abt. Er argumentierte bei der Geldsammlung unter den Lilienfelder Mönchen also mit dem persönlichen Nutzen für alle Mitglieder des Konventes. Immerhin beteiligten sich nach seiner Werbeaktion – neben ihm selbst – 23 Mönche des Lilienfelder Stiftes mit einem kleineren oder größeren Betrag. Sogar der vormalige Lilienfelder Abt Ladislaus Pyrker soll 200 Gulden beigesteuert haben. Vom gesammelten Geld wurden unter anderem Bäume und ein Eingangstor angekauft.

Dass die Bäume und Sträucher für den anzulegenden Stiftspark aus Hamburg bezogen wurden, liest man erstmals 1902 in einem Buch über Lilienfeld. Es ist nicht abwegig, dass eine Hamburger Reederei ausgefallene Bäume und Sträucher aus Großbritannien oder Nordamerika importierte und dann auf dem Wasser- und Landweg nach Lilienfeld brachte, denn zu dieser Zeit boomte die Nachfrage nach exotischen und bei uns noch unbekannten Gehölzen.

Welche Gewächse unter Abt Ambros im Stiftspark gesetzt wurden, lässt sich aufgrund fehlender Quellen nicht mehr nachvollziehen. Die erste erhaltene Pflanzenliste stammt aus dem Jahr 1868: das *Verzeichniss aller im Parke zu Lilienfeld im Jahre 1868 lebenden, größtentheils exotischer Bäume und Gesträuche*. Sie umfasst in Summe 415 Positionen. Bei jeder ist angegeben, woher die Pflanze ursprünglich stammt. Es finden sich beispielsweise Gehölze aus Nordamerika (zum Beispiel aus Ohio), Griechenland, Mauretanien, Sibirien, Nepal, Japan und Österreich. Zusätzlich existiert eine undatierte Liste von Alpenpflanzen mit in Summe 78 Positionen. Eine weitere Liste mit dem Titel *Parkpflanzen in Lilienfeld* aus den 1890er-Jahren umfasst 81 Pflanzennamen, wobei bei vielen jenes Gebiet angegeben ist, in dem die jeweilige Pflanze entnommen wurde. So ist zum Beispiel *Armeria alpina*, die Alpen-Grasnelke, mit dem Zusatz „Göller 1894", einem bei Wanderern bekannten Berg im Bezirk Lilienfeld, versehen.

LOB FÜR DEN STIFTSPARK

Ab den frühen 1830er-Jahren lassen sich kurze Beschreibungen des Stiftsparks nachweisen, die voll des Lobes

sind. So schreibt Adolf Schmidl in seinem 1831 publizierten Werk *Der Schneeberg in Unteröstreich mit seinen Umgebungen von Wien bis Mariazell* über den Park: „Hat man endlich noch den neuangelegten Ziergarten im ehemaligen Thiergarten besucht, an so mancher exotischer Pflanze, der schönen Rosenflor, und der lieblichen Aussicht über das Thal hin sich erfreut, so wird man Lilienfeld sicher nicht verlassen ohne der genußreichen hier verlebten Stunden gerne zu gedenken." So mancher zeitgenössische Besucher des Stiftes berichtete auch darüber, dass der Abt höchstpersönlich seine Gäste durch den Stiftspark führe und sich über jedes Lob freue.

Am intensivsten widmete sich der Dichter und Dramatiker Ignaz Franz Castelli (1781–1862) Mitte des 19. Jahrhunderts dem Stiftspark, den er von seinem Wohnort aus – dem Lilienfelder Berghof – sehen konnte. 1851 schrieb der Dichter: „Ursprünglich war der ganze Hügel ein mit Felsen (welche jetzt noch an manchen Plätzen riesig hervorragen) abwechselnder Wiesgrund, worauf das Gras nur bei so vortheilhaften klimatischen Einflüssen, wie hier, gedeihen konnte." Castelli bewunderte seinen guten Bekannten Abt Ambros, der seiner Aussage zufolge vieles selbst im Park machte. Ambros musste also einen „grünen Daumen" gehabt haben.

Für die Mithilfe beim Pfropfen, Okulieren und Stecklinge machen hatte der Abt laut Castelli einen Bauernburschen angelernt; die „ganz groben Arbeiten" ließ er jedoch durch bezahlte Taglöhner verrichten. Castelli erwähnt im unteren Bereich des Stiftsparks, der inzwischen verbaut ist, ein großes Parterre. Der einzige ebene Platz im Park sei dazu bestimmt, „durch Verschiedenheit und Farbenschmelz der Blumen das Auge zu entzücken." Laut Castelli fand man dort Rosen, hochstämmige Pelargonien, auffallende Beete von Verbenen in allen Farben, Azaleen, Päonien, Dahlien und verschiedenfarbige Mohnblumen.

EXPERIMENTE UND EIN „CHINESER"

Ein noch heute ungewöhnliches Vorgehen erwähnt Castelli fast beiläufig: Der Abt gehe nämlich im Frühling in die Wälder und pfropfe Zweige ausländischer Bäume auf inländische derselben Gattung. Daher fänden sich auch „exotische" Ahorne und Birken im umgebenden Wald. Angetan hatten Castelli vor allem die Alpenpflanzen im Stiftspark. Er nennt beispielsweise Edelweiß und Alpen-Nelke. Und auch in diesem Fall gab es eine Besonderheit. Denn – so Castelli – ein Mönch des Stiftes unternehme jeden Sommer auf Ersuchen des Abtes eine

Der sogenannte Chineser an der Mauer des Stiftsparks

„Alpenreise" und sammle Pflanzen, um fehlende Arten zu ergänzen und die Flora des Parks durch neue Arten zu vermehren.

Heute ist die Anzahl an Alpenpflanzen im Stiftspark deutlich reduziert; umso mehr fallen zwei Bauten auf. Ein Serpentinenweg führt durch die Anlage ganz nach oben zu einem runden Aussichtsgebäude, das wegen der pagodenartigen Dachform den Namen „chinesisches Lusthaus" respektive „Chineser" erhielt. Die Bezeichnungen lassen sich bis in das Jahr 1832 zurückverfolgen. Dieses Gebäude mit offener hölzerner Galerie – im späten 20. Jahrhundert teilweise mit einem Betonunterbau versehen – geht auf einen ehemaligen Turm der Befestigungsmauer des Stiftes zurück.

Ziemlich in der Mitte des Parks steht der zweite Bau. Es ist ein klassizistischer Pavillon mit einer an eine griechisch-römische Tempelfront erinnernden Säulenstellung.

Es gibt Quellen, die vermuten lassen, dass es an diesem Ort einen Rundtempel als Vorgängerbau gegeben hat.

VANDALISMUS ANNO DAZUMAL
Schon unter Abt Ambros hatte sich gezeigt, dass zahlreiche nicht heimische Pflanzen früh abstarben, weil sie zum Beispiel Frost und Schneedruck nicht vertrugen oder der felsige Untergrund nicht passte. Man hatte bei der Anlegung des Parks die Wuchsbedürfnisse der Pflanzen kaum berücksichtigt. Dies führte dazu, dass im Laufe der Jahrzehnte tausende angepflanzte Bäume und Sträucher, welche mit viel Geld und Mühe gesetzt worden waren, zu Grunde gingen und durch andere Pflanzen ersetzt werden mussten.

Auch eine andere Problematik machte dem Stift zu schaffen, nämlich der Vandalismus. Dies hing damit zusammen, dass der Stiftspark bereits im 19. Jahrhundert

Ein Blatt des Tulpenbaums im Stiftspark

Die markanten Blütenstände von *Aesculus hippocastanum* ‚Schirnhoferi‘

allen Menschen offenstand. Nehmen wir an dieser Stelle wieder den Text Castellis zur Hand: „Für gewöhnliche Gartenspaziergänger ist durch Bänke und Tische an schattigen Stellen gesorgt. Auch finden sie einen Säulentempel und an der obersten Spitze ein chinesisches Lusthaus, wo sie eine herrliche Aussicht geniessen; leider kratzen sie auch hier, wie überall, ihre nichtssagenden Namen auf Mauern und Bänke." Die Tageszeitung *Das Vaterland* schimpfte 1880 auf die „Sonntagsausflügler", die Blumen abpflücken und seltene Pflanzen mit Wurzel ausreißen würden. Ein Autor kritisierte 1902 die „Unverschämtheit" und den „Unverstand der Besucher", welche sich „nicht damit zufriedengaben, dass das Stift dem Publikum den Park geöffnet hat, sondern in vandalischem Übermute so manches, oft seltene Exemplar des Parkes vernichteten." Das schlechte Benehmen mancher Parkbesucher veranlasste daher Abt Justin Panschab (Abt von 1899 bis 1930), einen Teil der unteren Parkanlage abzuschließen.

Unabhängig von den genannten Schwierigkeiten wurden unter Abt Justin neue Bäume von diversen Baumschulen geliefert, so unter anderem zehn Stück Kolorado-Tannen aus Ungarn, eine Japanische Lärche aus Tulln und eine Dreh-Kiefer aus Ybbs an der Donau.

Noch heute existieren auffallend große Baumexemplare im unter Denkmalschutz stehenden Stiftspark, wie beispielsweise eine Weymouthskiefer, ein Tulpenbaum sowie drei strauchförmig wachsende Katsura-Bäume. Wann diese gepflanzt wurden, lässt sich leider nicht mehr feststellen.

EIN MÖNCH UND SEINE KASTANIE

Geboren wurde er 1819 im niederösterreichischen Traiskirchen unter dem bürgerlichen Namen Friedrich Schirnhofer. Bekanntheit über die Grenzen Österreichs hinaus erlangte er jedoch unter dem Namen Gerhard Schirnhofer. Nachdem er nämlich in Wien das Akademische

Gymnasium besuchte hatte, trat er 1838 in das Zister-zienserstift Lilienfeld ein und legte 1841 die Profess ab. Wie beim Eintritt in eine Klostergemeinschaft auch heute noch vorgesehen, legte er seinen alten Vornamen ab und nahm einen neuen Namen an. Nachdem Pater Gerhard Schirnhofer in mehreren niederösterreichischen Pfarren als Kaplan tätig war, schickte ihn der Abt 1858 als Hof-meister nach Wien. Dort war er bis 1893 für die Leitung des Lilienfelder Stiftshofes in der Krugerstraße zuständig. In jenem Jahr zwang ihn ein Augenleiden, diese Funktion und alle Ehrenämter niederzulegen und nach Lilienfeld zurückzukehren, wo er im Dezember 1901 starb.

Gerhard Schirnhofer ist nicht so sehr als Mönch bekannt geworden, sondern als Gartenfachmann, wobei sein Spezi-algebiet die Obstbaumkunde (Pomologie) war. Er gab sein Wissen auf diesem Fachgebiet mittels mehrerer Bücher weiter. Die beiden wichtigsten Schriften lauten *Die Gemein-de-Obstbaumschule und Pflege des Obstbaumes* und *Praktisches Handbuch zur Obstbaumzucht. Ein Leitfaden für Landwirthe und Mittelschulen*. Ehrenamtlich engagierte er sich vor allem bei der k. k. Gartenbaugesellschaft, der heutigen Österrei-chischen Gartenbau-Gesellschaft, in der er zuerst als Gene-ralsekretär und dann als Vizepräsident tätig war. An der ver-einseigenen Gärtnergehilfenschule, welcher er von 1883 bis 1893 als Direktor vorstand, lehrte der Mönchspriester von 1872 bis 1884 „Obstkulturlehre" (Obstbaumzucht).

Wer heute auf den Spuren Schirnhofers in Lilienfeld wandeln will, kann den Friedhof unweit des Stiftes aufsuchen. Dort sind im, den Mönchen vorbehaltenen Teil seine sterblichen Überreste begraben. Wer vom Grab zurück zum Stift geht, wird an der Südfassade des

Klosterkomplexes zwei große Bäume entdecken. Rechts steht eine Echte Kastanie (*Castanea sativa*), links davon eine große, besondere Rosskastanie. Ein Schild weist sie als *Aesculus hippocastanum* ‚Schirnhoferi‘ aus. Doch wie kam dieser Baum zu seinem Namen?

Die Antwort führt nach Albern an der Grenze zwischen Wien und Schwechat. Dort befand sich zu Lebzeiten Schirnhofers das riesige Gelände der Rosenthal'schen Baumschule. Deren Eigentümer Conrad Bernhard Johann Baptist Rosenthal war nicht nur ein bekannter Baumschulist, sondern war auch langjähriges Mitglied der k. k. Gartenbaugesellschaft. In dieser Baumschule Rosenthal in Albern selektierte man eine Rosskasta-nie mit gelbroten, gefüllten Blüten, und der Eigentümer benannte im Jahr 1882 diese „Spielart" nach dem schon damals hochverdienten Fachmann Schirnhofer. Zu jener Zeit stand der heute nicht mehr existierende Mutterbaum als Geschenk Rosenthals bereits im Stiftspark Lilienfeld. Ein weiteres Exemplar blühte in einer Freifläche beim Stiftsgebäude. Dieses Exemplar dürfte in Folge von Artilleriebeschuss am Ende des Zweiten Weltkriegs einige Jahre später eingegangen sein. Durch Zufall stellte sich in den 1980er-Jahren heraus, dass sich in Albern noch ein Exemplar der Schirnhofer-Kastanie aus der Zeit Rosen-thals erhalten hatte. Die Gartenbauschule in Schönbrunn und die Wiener Stadtgärten vermehrten daraufhin diese Kastaniensorte. Anlässlich einer Fachexkursion von Gärtnern wurde eine Schirnhofer-Kastanie am 23. Mai 1987 bei regnerischem Wetter vor die südliche Stifts-fassade gepflanzt, wo sie heute jedes Jahr prächtig blüht und an den bedeutenden Lilienfelder „Garten-Mönch" Gerhard Schirnhofer erinnert.

Die Schirnhofer-Kastanie prägt die Südseite des Klosters.

2

UM ZEHN KRONEN AUF DIE REISALPE

Sommerfrische und Bergtourismus

Blick vom Muckenkogel zum Ötscher

In den 1960er- und 1970er-Jahren war Lilienfeld bei Auswärtigen vor allem als Wintersportort bekannt. Das lag an den Skiliften und dem Muckenkogel-Sessellift. Der Sommertourismus spielte hingegen eine untergeordnete Rolle. Dabei war die Gemeinde Lilienfeld bereits ab Mitte des 19. Jahrhunderts eine Sommerdestination. Zahlreiche „Sommerfrischler" nahmen in Lilienfeld Quartier, und dies – wie damals üblich – gleich für mehrere Wochen. So konnte man zum Beispiel im „Berghof" Wohnungen in der Sommersaison (Anfang Mai bis Ende Oktober) mieten. Im Februar 1865 gab der Eigentümer des Berghofs im *Fremden-Blatt* per Inserat bekannt, dass die „in dem reizenden Gebirgsthale Lilienfeld gelegene Villa Berghof" für die ganze Sommersaison oder für einzelne Wochen zu vermieten sei. Man konnte als Gast zwei, drei oder sechs Zimmer im ersten Stock nehmen. Näheres erfuhren die Interessierten beim Hausbesorger des Hauses Am Graben Nr. 6 in Wien. Damit kennen wir auch die wichtigste Zielgruppe für die Sommerfrische in Lilienfeld: die Städter – vor allem aus der Reichshaupt- und Residenzstadt Wien. Diese konnten damals mit der Eisenbahn nach St. Pölten fahren, von wo pro Tag vier Postkutschen nach Lilienfeld verkehrten. Die Fahrzeit von Wien nach Lilienfeld betrug vier Stunden.

Dass Lilienfeld als Sommerfrischeort der Großstädter galt, wird beim Lesen zahlreicher Reiseführer deutlich. Beispielsweise notierte Josef Rabl in seinem 1884 veröffentlichten Führer über das Traisen- und Pielachtal: „Lilienfeld ist vermöge seiner ebenso schönen als gesunden Lage vorzugsweise zur Sommerfrische für Wiener geeignet." Anerkennend heißt es 1893 im *Wiener Salonblatt*, dass sich die Gemeinde „zwar inzwischen zu einer modernen Sommerfrische der Wiener umgewandelt" habe, „aber sein unendlicher Liebreiz ihm geblieben ist."

Lilienfeld war also zuerst als Ort der Sommerfrische geschätzt und wurde erst Ende des 19. Jahrhunderts für sein Wintersportangebot bekannt. Dies wird auch in einer Meldung der *Allgemeinen Sport-Zeitung* Ende 1898 deutlich. Der Redaktion wurde nämlich mitgeteilt, dass sich in Lilienfeld, „der bekannten Sommerfrische und Durchzugsstation nach Mariazell", soeben ein Skiverein gebildet habe. Doch trotz der zunehmenden Angebote für Skifahrer, ausgelöst vor allem durch die Aktivitäten Mathias Zdarskys, blieb Lilienfeld noch einige Zeit für seine Sommerfrische bekannt. Darauf wies nicht nur der ortsansässige Zisterzienserpater Alfred Edelbauer in seinem 1902 erschienenen *Führer durch Lilienfeld und Umgebung* hin. Auch der Verein für Landeskunde von Niederösterreich führte in seiner 1903 gedruckten *Topographie von Niederösterreich* die „Sommerfrischler" an, welche am

Bewerbung von „Lilienfelder Hochquell-Siphon und Kracherl" um 1912

liebsten den Stiftspark besuchen würden. Im *Illustrierten Wegweiser durch die österreichischen Kurorte, Sommerfrischen und Winterstationen* aus dem Jahre 1909 heißt es über Lilienfeld: „Ansehnlicher, reizend gelegener Markt, als Perle des Traisentales bezeichnet [, …] ziemlich besuchte Sommerfrische, als Luftkurort geschätzt." Dass der Wintersport inzwischen eine große Rolle eingenommen hatte, zeigt der daran anschließende Satz: „Im Winter ist Lienfeld die Zentrale des Schilaufsportes, und an schönen Wintersonntagen kann man hunderte, von verschiedenen Seiten herbeigeeilte Schisportsmen sich auf den ‚schnellen Bretteln' an den prächtigen Berglehnen in Lilienfelds Umgebung vergnügen sehen."

In einer kurz vor dem Ersten Weltkrieg erschienenen Werbebroschüre der Gemeinde wird die „Sommerfrische Lilienfeld an der Traisen" angepriesen: „Der Ort hat eine Reihe guter Gasthöfe und Sommerwohnungen für bescheidene wie für verwöhnte Ansprüche. Lilienfeld hat Post, Telegraph, Telephon, mehrere Ärzte, eine Apotheke, ein Röntgeninstitut, mehrere Kaufleute, Lebensmittelhändler, ein Schwimm- und Wannenbad, einen Tennisplatz, eine Buchhandlung, eine Volksbücherei." Weiter heißt es zu Lilienfeld: Es „ist ein landschaftlich wie

Im Haus des Bäcker- und Müllermeisters Anton Schindl konnte man auch übernachten. Aufnahme um 1927

klimatisch gleichbevorzugter Ort, fast völlig vom Walde eingeschlossen, windgeschützt; trotz der sonnenreichen Lage sind die Nächte erquickend kühl." Laut der Werbebroschüre bot Lilienfeld den Sommerfrischlern ausreichend Möglichkeiten zum Gehen: „Des Schönen ist soviel in nächster Nähe, daß auch ein Naturfreund, der sich nicht für weite oder anstrengende Ritte auf Schusters Rappen zu begeistern vermag, in vollen Zügen genießen kann. Das Gemeindegebiet ist reich an markierten Wegen, die auch in größerer Entfernung vom Orte mit Ruhebänken versehen sind." Im angehängten Verzeichnis der „Sommerwohnungen" werden in Summe 45 Adressen angeführt; die meisten davon in der Katastralgemeinde Dörfl. Die Angebote umfassten Wohnungen mit ein bis acht Zimmern in Privathäusern, Villen, Gasthöfen oder sogar Geschäftshäusern. In letzterer Kategorie finden sich unter anderem ein Zimmer samt Kabinett beim aus Böhmen stammenden Bäcker- und Müllermeister Anton Schindl (1836–1916) in Dörfl Nr. 14 (heute Jungherrntalstraße Nr. 5), der 1891 seine Bäckerei in Lilienfeld

gegründet hatte, und ein Zimmer im Geschäftshaus des Schuhmachermeisters Josef Kohberger in Dörfl Nr. 51. Die Preise wurden in der Werbebroschüre pro Sommersaison oder pro Monat angegeben; tageweise übernachten konnte man hingegen nur im Gasthof „Zum weißen Hahn", im Hotel „Zu den drei Lilien" (Porten) und im Gasthof des Franz Poitzi.

Der gute Ruf Lilienfelds führte vor allem im letzten Viertel des 19. Jahrhunderts und um die Jahrhundertwende zum Bau von Villen und großzügig ausgestatteten Sommerhäusern. An erster Stelle ist die noch heute existierende und durch ihre Architektur sowie Lage etwas oberhalb der Jungherrntalstraße auffallende Villa Jungherrnegg zu nennen. Sie wurde im Jahr 1902 nach einem Entwurf des Architekten Eugen Sehnal (1851–1910) für die Familie des Bezirkstierarztes Dr. Karl Mucha erbaut und in den Anfangsjahren immer wieder von dessen Vater Dr. Viktor Mucha senior, dem Direktor des Wiener Allgemeinen Krankenhauses, für längere Sommeraufenthalte genutzt.

Villa Jungherrnegg

Das Gasthaus Neumeister am Platzl; links das Kaufhaus K. Engel mit der Zapfsäule. Aufnahme aus 1932

EIN ENGEL IN LILIENFELD

Nicht nur Übernachtungsmöglichkeiten waren für die Sommergäste wichtig, sondern auch die Versorgung mit Gütern für den täglichen Bedarf und anderen Waren. Dafür sorgte unter anderem das „Kaufhaus K. Engel" mit der Adresse Platzl Nr. 10. An der Stelle dieses Hauses befand sich einst der im Jahre 1789 aufgelassene Lilienfelder Friedhof. Das Ehepaar Josef und Maria Glan(n)inger errichtete dort 1828/1829 ein Wohn- und Geschäftshaus mit einem „Materialwaren- und Provianthandel". Im Jahr 1890 übernahmen der im schlesischen Hotzenplotz geborene Karl Engel (1864–1934) und seine in Brünn geborene Ehefrau Charlotte Karoline (1874–1933) das Geschäft, das nun als Gemischtwarenhandlung unter dem Namen „K. Engel" lief. In einem Inserat aus dem Jahr 1902 wird die Bandbreite der verkauften Waren ersichtlich. Das Paar bot an: „Touristen-Ausrüstungs-Artikel", „Export der Lilienfelder Patent-Ski", „Eisen-, Spezerei-, Galanteriewaren", „k. k. Pulverschleiss, Waffen u. Munition", „Umgebungs- und Generalstabskarten",

„Ansichtskarten", „Schinken, Würste, Käse, Gebäck" sowie kostenlose touristische Auskünfte. Dem immer stärker aufkommenden Automobilverkehr trug man im Jahr 1926 durch das Aufstellen einer Tanksäule vor dem Geschäft Rechnung.

Nachdem die Eltern gestorben waren, übernahm zuerst Sohn Karl Wolfgang (1894–1943) und nach dessen Tod seine Schwester Erika (1910–1948), verheiratete Thakur, den Betrieb. Als nächster Geschäftsinhaber folgte ihr Sohn Motiram Thakur (1929–1987), der das Warenprogramm umstellte und zum Beispiel ab 1953 Ölöfen verkaufte und im Jahr 1974 „Eisen, Farben, Heizöl, Hausrat und Feinkost" anbot. Im Jahr 1979 übersiedelte die Eisen- und Farbwarenabteilung in das Geschäftshaus Platzl Nr. 5; im Stammhaus verblieb die Feinkostabteilung mit Imbissstube. Auch wenn die Firma „K. Engel" in dieser Form nicht mehr besteht, betreibt die Familie Thakur auch im 21. Jahrhundert einige Standorte in Lilienfeld als Café, Gaststätte und Lebensmitteleinzelhandel, darunter auch

Bergstation des Sesselliftes auf den Muckenkogel

am Platzl. „Engel-Thakur" ist somit eines der ältesten Unternehmen in der Stadtgemeinde Lilienfeld.

Unweit des Kaufhauses K. Engel existierte lange Zeit im 1794 errichteten Haus Platzl Nr. 4 eine Apotheke, von der es im Jahr 1840 heißt, sie diene vor allem „zur Hülfe für die erkrankten Pilger". Bekannt wurde die „Kronenapotheke" (einstige „Stifts-Apotheke") unter Louis Grellepois (1866–1935), der von 1900 bis 1919 auch Bürgermeister von Lilienfeld war. In einem Inserat bewarb er 1902 nicht nur den „Cistercienser – diätetisch-hygienischen Liqueur, nach altem Klosterrezepte bereitet", sondern interessanterweise auch Jamaika-Rum, französischen Cognac, Kakao sowie russischen und chinesischen Tee. Nicht nur zahlreiche Sommerfrischler werden sich über dieses Angebot gefreut haben.

DER FREMDENVERKEHR WANDELT SICH

Ende des 19. Jahrhunderts steckte das Skifahren sowie der Wintersport im Allgemeinen in ganz Österreich und somit auch in Lilienfeld noch in den Kinderschuhen. Daher

verwundert es nicht, dass damals nur die Sommergäste gezählt wurden. Der *St. Pöltner Bote* vermeldete Ende September 1893, dass nun der „Schluss der Sommersaison" gekommen sei und die letzten Sommergäste – „alle aus Wien" – Lilienfeld verlassen hätten. In Summe wären in dieser Sommersaison an die 1.000 Personen hier gewesen. Detaillierter berichtete dieselbe Zeitung im Oktober 1903 über die „Fremdenbewegung von Mai bis September". Die angeführte Statistik: „182 Personen nahmen Saisonaufenthalt, 57 Personen verweilten 2 Monate, 25 Personen weilten hier zu einmonatlichem Aufenthalte, 26 Personen hielten sich 14 Tage und 48 Personen 8 Tage auf. 406 Besucher nahmen nur kurzen Aufenthalt." In Summe wären es 744 Personen gewesen, wobei zusätzlich 7.200 Personen als Wallfahrer von der Redaktion angeführt wurden.

Auch in der Zwischenkriegszeit war der Sommertourismus bei Einheimischen und Auswärtigen stärker in den Köpfen verankert als der Wintertourismus. In der um 1935 in Wien veröffentlichten Publikation *Heimatkundliche Wanderungen Lilienfeld* wird Lilienfeld vor allem als „eine bekannte Sommerfrische" bezeichnet. Und dies trotz der angespannten Lage auf dem Immobilienmarkt. Die Redaktion des *St. Pöltner Boten* hatte bereits im Sommer 1927 in einer Kurzmitteilung unter dem Titel „Lilienfeld als Sommerfrische" auf die Problematik hingewiesen. Demnach beherberge man hier „im besten Fall 100 Sommergäste, von denen 60 in den Gasthäusern untergebracht sind." Der Grund, warum in Lilienfeld „trotz der reizvollen Umgebung die Zahl der Sommergäste so gering ist", liege in der großen Wohnungsnot und somit in einer hohen Nachfrage der Einheimischen nach Zimmern.

40 Jahre später – bedingt durch den Bau von Infrastruktur für das Skifahren – hatte sich die Eigenpositionierung der Gemeinde deutlich gewandelt. In einem Inserat des Fremdenverkehrsvereins und des Gemeindeamtes aus dem Jahr 1965 wurde Lilienfeld mit der Überschrift „Sommerfrische und Wintersportplatz" beworben. Zwei Jahre zuvor hatte man 3.655 Gäste mit 7.977 Übernachtungen vermeldet, im Jahr 1972 waren es bereits 28.489 Übernachtungen.

In den 1990er-Jahren wandelte sich die Situation von Neuem. Die Schlepplifte des einstigen Skigebietes Muckenkogel wurden abgebaut; seit 2015 ist der Sessellift nur mehr im Sommer in Betrieb. Im Winter heißt es nun bei guter Schneelage für Einheimische und Gäste, auf Tourenski oder mit Schneeschuhen in der Landschaft unterwegs zu sein. Heute hat der Sommer seine einstige Bedeutung wiedergewonnen, auch wenn der Anteil der Ausflügler im Laufe der Jahrzehnte angestiegen ist und jener der im Gemeindegebiet übernachtenden „Sommerfrischler" – auch aufgrund des sinkenden Angebotes an Übernachtungsmöglichkeiten – abgenommen hat.

Statt Gästen aus der Großstadt, die im Sommer gleich für einige Wochen in Lilienfeld blieben, finden wir heutzutage

Pilgerinnen und Pilger auf der Via Sacra Richtung Mariazell und auf der Romea Strata Richtung Rom sowie Radfahrerinnen und Radfahrer, die auf dem Traisental-Radweg unterwegs sind. Dieser 111 Kilometer lange Radweg führt von Mariazell über St. Aegyd am Neuwalde, Lilienfeld und St. Pölten bis zur Donau bei Traismauer. Er ist eine von zahlreichen touristischen Infrastruktureinrichtungen, die vom Tourismusverband Traisen-Gölsental betreut werden; einem Verband, dem Lilienfeld im Jahr 1972 als Gründungsmitglied beigetreten ist, als dieser noch Fremdenverkehrsverband Traisen-Gölsental hieß.

OHNE ANSTRENGUNG

Apropos Radwege und Radfahren in Lilienfeld: Im letzten Viertel des 19. Jahrhunderts fand das damals neue Verkehrsmittel Fahrrad – auch Bicycle respektive Velociped genannt – immer mehr Verbreitung. Das *Badener Bezirks-Blatt* berichtete im September 1883 über die damalige und zukünftige Bedeutung dieses gerade in ländlichen Gebieten noch selten anzutreffenden Fortbewegungsmittels. Der Redakteur sprach die Hoffnung aus, dass „das Velocipéde auch in Oesterreich endlich den ihm zukommenden Platz im öffentlichen Verkehre einnehmen werde als das, was es ist, als eines der neuesten und besten Verkehrsmittel. Bisher aber hat man sich begnügt die unbequeme Neuerung, deren Aufnahme ‚Umstände' bereitet hätte, einfach abschaffen zu wollen." Doch er sah einen merkbaren Fortschritt in der Nachbarschaft, und zwar in Lilienfeld. Warum dies? Weil bereits dort der Briefträger „seinen Berufspflichten auf dem Bicycle" nachkam. Zu jenem Zeitpunkt handelte es sich bei diesem Fahrrad mit sehr hoher Wahrscheinlichkeit noch um ein Hochrad. Zwölf Jahre später hatte die Nutzung des Fahrrads in Lilienfeld eine neue Dimension erreicht, denn Ende Mai 1895 gründete sich der „Radfahrer-Club Lilienfeld".

Der Traisentalradweg ist seit seinem Bestehen eine wichtige Freizeit- und Tourismuseinrichtung.

Seit Jahren ist der Muckenkogel auch ein Areal für Mountainbiker.

Warum sich dieser bereits im März 1900 aufgrund eines Beschlusses der Generalversammlung auflöste, lässt sich nicht klären. Am Fahrrad als energieeffizientem Verkehrsmittel – die Niedrigräder, wie wir sie heute kennen, hatten die Hochräder inzwischen komplett ersetzt – wird es eher nicht gelegen sein. Wie schrieb der Redakteur des *Badener Bezirks-Blattes* 1883 zu diesem Thema: Beim Bicycle handle es sich um eine „Maschine, mit der man ohne Anstrengung unter sonst gleichen Umständen das Fünffache eines tüchtigen Fußgängers leistet". Das Fahrrad, welches von vielen Menschen damals noch als reines Sportgerät gesehen wurde, eroberte Ende des 19. Jahrhunderts langsam aber sicher auch den Berufsverkehr. Der Briefträger von Lilienfeld war in dieser Hinsicht einer der Vorreiter.

Die Reisalpe liegt an der Grenze der beiden Gemeinden Lilienfeld und Kleinzell.

MIT ZEHN KRONEN AUF DIE REISALPE

Wer in der Gemeinde Lilienfeld die Berge besteigt, wird keinen Bergführer brauchen. Doch halt! In einem Büchlein über Lilienfeld heißt es: „Führer für alle Bergtouren der Umgegend" könne man in Lilienfeld bei „Glaningers Neffe" am Platzl erfragen. In diesem Geschäft gebe es auch die Ausrüstung für Bergtouren.

Das Rätsel lässt sich leicht lösen, wenn wir den Verfasser und das Erscheinungsdatum kennen. Das kleine Buch *Führer durch Lilienfeld und Umgebung* erschien 1879 und wurde von Josef C. Liebenwein, dem Inhaber der Gemischtwarenhandlung „Glaningers Neffe", verfasst. Der Autor machte in der Publikation nicht nur Werbung für die Bergführer vor Ort, sondern riet auch allen „Nicht-Ortskundigen", die den Muckenkogel besteigen wollten, „sich jedenfalls eines Führers zu bedienen". Verwundert nimmt man ebenfalls zur Kenntnis, dass es zu jener Zeit im Bezirk Lilienfeld eine Bergführerordnung gab. Die Bezirkshauptmannschaft hatte bereits Anfang 1877 im Rahmen dieser Bergführerordnung autorisierte Führer bestellt und Bergführertarife fixiert. Wie hoch diese Tarife damals waren, ist unbekannt. Erst für das Jahr 1902 kennen wir aufgrund der Angaben des Lilienfelder Paters Alfred Edelbauer den Namen eines Bergführers und dessen Tarife. Der auf der Gaisleiten wohnende Franz Marischka bot Touren zum Parapluie oder Berghof für 1,2 Kronen, eine Rundwanderung zum Wasserfall, auf den Kolm und die Klosteralpe um zwei Kronen, nach Kleinzell um zwölf Kronen und auf die Reisalpe um zehn Kronen an. Im Vergleich dazu kostete die Fahrt eines Lohnkutschers von Lilienfeld nach Türnitz ebenfalls zehn Kronen.

Das Tragen des Gepäcks des Gastes – bis zu einer Grenze von zehn Kilogramm – war im Preis des Bergführers Franz Marischka inkludiert. Eigens verwies Pater Edelbauer mit mahnenden Worten auf diese Beschränkung: Es sei doch „im Interesse aller Touristen, die einen Bergführer benötigen", ratsam, diese Grenze nicht zu überschreiten, „da die Führer […] früher ermüden und missmutig ihrem Dienste obliegen".

DAS WANDERGEBIET RUND UM DEN MUCKENKOGEL

Der Muckenkogel ist quasi der Hausberg von Lilienfeld. Zu diesem Status trägt auch die Existenz des gleichnamigen Sessellifts bei, welcher 1964 eröffnet wurde. Optisch hebt sich der 1.247 Meter hohe Berg einerseits durch die 1978 errichtete Richtfunkstation hervor. Andererseits bietet er einen besonderen Ausblick: Bei gutem Wetter und mit scharfem Blick sieht man von hier nämlich mehrere Klöster. Vom sogenannten Klösterpunkt aus sind das Benediktinerstift Melk, das Kloster Herzogenburg der Augustiner-Chorherren, das Benediktinerstift Göttweig und selbstredend das Zisterzienserstift Lilienfeld zu erblicken. Dieses Panorama zeigt, welche Rolle Klöster noch heute in Österreich spielen, und dies nicht nur in der Landschaft.

Geht man von der Bergstation des Sesselliftes nicht zum Klösterpunkt, sondern nach Westen, kommen zahlreiche Alpengipfel in den Blick, unter ihnen der markante Ötscher.

Der Muckenkogel mit seinem Sessellift ist ein guter Ausgangspunkt für Wanderungen in verschiedene Richtungen. Man überquert zahlreiche Almflächen und ist unter Umständen darüber erstaunt; immerhin befinden wir uns hier im waldreichsten Bezirk Österreichs.

Beliebt ist bei den Wanderinnen und Wanderern der Weg von der Bergstation des Sesselliftes zur Traisnerhütte oder zum Almgasthaus Klosteralm. Der „Mathias Zdarsky Panoramaweg", benannt nach dem Skipionier, führt von der Bergstation über den Muckenkogel zur Traisnerhütte (auch Schutzhaus Hinteralm genannt), hinunter zur Klosteralm und dann zurück zur Bergstation. Am kurzen „Mathias Zdarsky Erfinderweg" bei der Klosteralm sind seine wichtigsten Erfindungen anhand von Schautafeln und originalgetreuer, vergrößerter Modelle dargestellt. Der „Wasserfallsteig" beginnt hingegen bei der Lilienfelderhütte am Gschwendt und führt über den Kleinen und den Großen Wasserfall zur Talstation des Sesselliftes. Der „Jägersteig" bietet stattdessen eine Überquerung: Von der Lindenbrunntalbrücke im Höllbachtal, nahe der Talstation, geht es hinauf auf die Lilienfelderhütte und dann bergab nach Freiland. Gemütlicher ist hingegen der „Pater Exinger Weg", der unweit des Friedhofs beginnt und entlang des Stiftsparks bis zum Stillen Tal führt. Im Gegensatz dazu steht der „Mathias Zdarsky Rundwanderweg", denn dieser bedingt Kondition und frühes Aufstehen. Der Startpunkt ist beim Museum Lilienfeld. Vorbei am Krankenhaus geht es ins Stille Tal, hinauf zur Lilienfelderhütte

und weiter zur Klosteralm. In einem Bogen wandert man zur Traisnerhütte und auf den Muckenkogel. Zurück geht es über die Lilienfelderhütte, wo man zum Almgasthaus Billensteiner abbiegt. Über einen Kamm gelangt man zum Gut Habernreith und somit zum einstigen Lebensmittelpunkt Zdarskys. Über Marktl und die Gaisleiten geht es zurück zum Museum Lilienfeld.

SEHENSWÜRDIGKEITEN ANDERER ART

Das Leben auf der Alm war lange Zeit abgeschieden und kaum eine Nachricht in einer Zeitung wert. Wenn etwas publiziert wurde, musste es sehr wichtig oder ein Kuriosum sein. Dies galt anscheinend auch für einen außergewöhnlichen Ziegenbock, dem die Wochenzeitung *St. Pöltner Bote* im Frühherbst 1861 eigens einen kurzen Text widmete. Demnach wurde der Redaktion aus Lilienfeld berichtet, dass sich über den ganzen Sommer im Bereich des Muckenkogels unter dem Almvieh auch ein Ziegenbock befand, „ohne daß derselbe bisher Störungen unter demselben angerichtet hätte. Der Bock ist ein wahres Prachtthier, und von Weit und Breit strömen Leute zu, um ihn zu sehen und zu bewundern." Das stattliche Tier sehe

Lilienfeld vom sogenannten Klösterpunkt unterhalb des Muckenkogels

Blick vom Muckenkogel zum Hohenstein

wie ein zwei- oder dreijähriges Kalb aus, hieß es. Daher riet der *St. Pöltner Bote*: „Wer in die bezeichnete Alpengegend kömmt, möge ja nicht versäumen, sich selbst zu überzeugen, und das Thier zu besichtigen." Apropos stattlich. In der *Österreichischen Forst-Zeitung* findet man im Spätherbst 1886 unter dem Titel „Riesentanne" den Hinweis auf einen besonderen Baum: Am Weg zum Muckenkogel, ungefähr 250 Schritte hinter der Almhütte auf der Lilienfelder Klosteralm, stehe eine Tanne, die – einen Meter vom Boden gemessen – einen Umfang von 6,5 Meter habe und zwischen 32 und 35 Meter hoch sei. Bei solchen Superlativen kommt man ins Grübeln, ob die Almen beim Muckenkogel einen besonderen Boden haben oder alles nur Zufall ist.

ALPINE STÜTZPUNKTE

Neben dem Muckenkogel ist die Reisalpe der bekannteste Berg in Lilienfeld. Doch obwohl die Reisalpe scheinbar so nahe ist, liegt der Berg nur zum Teil im Gemeindegebiet von Lilienfeld. Das markante, im Herbst 1898 eröffnete Schutzhaus des Österreichischen Touristenklubs auf

1.390 Meter Seehöhe steht – acht Meter von der Gemeindegrenze entfernt – auf Kleinzeller Gemeindegebiet.

Eindeutiger ist die Lage der Traisnerhütte auf der Hinteralm unweit des Muckenkogels. Das Schutzhaus des Naturfreunde-Vereins wurde auf Pachtgrund des Stiftes von 1920 bis 1922 erbaut. Den ersten Bauabschnitt – ein Blockhaus mit Vorraum, Küche und Gastzimmer sowie ein Matratzenlager für 30 Personen – eröffnete im August 1922 einer der Begründer der Naturfreundebewegung, Alois Rohrauer. Die auf 1.313 Meter Seehöhe liegende Hütte vergrößerte man in den 1920er-Jahren gleich zwei Mal. In den ersten Jahren wurde sie noch ehrenamtlich von Naturfreundemitgliedern betreut, ab 1931 verpachtete man das Haus. Von 1934 bis 1956 war die Traisnerhütte enteignet. Zuerst gehörte sie dem der Vaterländischen Front angegliederten Verein „Bergfreunde", nach dem „Anschluss" an das Deutsche Reich dem Deutschen Jugendherbergsverband. 1940 kaufte sie die Direktion der Feinstahlwerke Traisen als „Gefolgschaftshaus". Erst im Jahr 1956 wurde die Naturfreundegruppe Traisen wieder der rechtmäßige Eigentümer der Schutzhütte. Übrigens

Traisnerhütte der Naturfreunde

gibt es seit 1910 auch eine Naturfreundegruppe in Lilienfeld. Deren Gründungsversammlung fand im Dezember 1910 im Gasthaus von Josef Utz in Marktl statt.

Mit dem Aufkommen des Umweltschutzgedankens änderte sich so manches auf der Traisnerhütte. Nach der 1984 erfolgten grundlegenden Renovierung wurde im Lauf der folgenden Jahrzehnte unter anderem die äußere Eternitverkleidung entfernt und durch Schindeln aus Zedernholz ausgetauscht sowie eine Nutzwasserzisterne errichtet, welche das Regenwasser sammelt. Nach der Umsetzung zahlreicher Maßnahmen erhielt die Traisnerhütte das „Österreichische Umweltzeichen für Schutzhütten".

Eine weitere Schutzhütte in Lilienfeld wurde vom Österreichischen Gebirgsverein errichtet. Sie befindet sich an jenem Wanderweg, der über die Klosteralm zur Talstation des Sessselliftes führt. Es ist die auf 952 Meter Seehöhe liegende Lilienfelder Hütte am Gschwendt. Heutzutage stehen fünf Betten und 20 Schlafplätze in einem Matratzenlager zur Verfügung. Errichtet wurde sie Mitte der 1920er-Jahre als Skihütte des Zweigvereins

Lilienfeld des Österreichischen Gebirgsvereins. Ab dem Winter 1926/1927 konnten zehn Personen gleichzeitig hier übernachten. An Sonn- und Feiertagen und deren Vortagen war die Hütte „einfach bewirtschaftet", wie die Vereinszeitschrift *Der Gebirgsfreund* berichtete. Gleich in der Nähe gab es auch die Möglichkeit, an „einer kleineren und einer erstklassigen großen Schanze" zu üben. Die Lilienfelder Hütte dürfte aufgrund der steigenden Anzahl an Skifahrern erbaut worden sein, welche zuvor – ab Anfang des 20. Jahrhunderts – die stiftseigene Klosteralmhütte als Schutzhütte nutzen durften; das Stift hatte damals dem Alpen-Skiverein diese kostenlos zur Verfügung gestellt.

Wie das Reisalpen-Schutzhaus steht auch das Otto-Kandler-Haus hart an der Grenze; in diesem Fall jedoch auf Lilienfelder Gemeindegebiet, wobei die Grenze zur Gemeinde Kirchberg an der Pielach nur sieben Meter entfernt ist. Aufgrund der Lage am Gipfel des Hohenstein (1.192 Meter Seehöhe) sieht man die seit 1905 existierende Schutzhütte des Österreichischen Alpenvereins (Sektion St. Pölten) von vielen Punkten aus. Ursprünglich wurde sie von der 1895 gegründeten alpinen Gesellschaft

Lilienfelderhütte des Österreichischen Gebirgsvereins

„D'Ennsecker" errichtet und betreut, welche die Hütte nach ihrem Gründungsobmann Otto Kandler benannte. 1955 verkaufte der Verein die Hütte an den Alpenverein.

Bau der Schutzhütte am Gschwendt (heutige Lilienfelderhütte). Aufnahme aus 1926

RAUSCHEN UND RUHEN

Manche Gemeinde in Österreich kann mit einem großen Wasserfall protzen, so zum Beispiel die Gemeinde Krimml im Salzburgischen. Lilienfeld kann dies nicht, da mächtige Wasserfälle schlichtweg fehlen. Trotzdem gibt es einen „Wasserfallweg", der von der Bergstation des Muckenkogel-Sesselliftes über die Klosteralpe und die Lilienfelderhütte zum Kleinen und Großen Wasserfall führt und nach rund zwei Stunden Gehzeit bei der Talstation endet. Der größere der beiden war lange Zeit auch als Lindenbrunner Wasserfall respektive Fallbach- oder Pfahlbachwasserfall bekannt.

Der Dichter und Redakteur des *Oesterreichischen Morgenblatt* Nicolaus Oesterlein aus der in Lilienfeld tätigen Unternehmerdynastie gibt uns 1838 in einer Fußnote eines seiner Beiträge die Information, dass der damals amtierende Abt Ambros Becziczka „in unermüdeter Sorgfalt die Bergsteige nach dem Lindenbrunn im besten Stande" hält. Bedauernd hält Oesterlein fest, dass „noch immer nicht durch Anlegung einer kleinen Klause für

Der sogenannte Große Wasserfall im Winter 1923

Ort. Für einen Redakteur der Tageszeitung *Die Presse* war dies „abermals eine ernste Mahnung für alle Touristen, Bergpartien auf ungekannten Wegen nicht ohne Führer zu unternehmen." Ebenfalls tragisch ging eine Wandertour im Oktober 1925 aus: Ein 22-jähriger Drucker machte sich damals mit einem Freund zu einer Tour auf die Reisalpe auf. Bei der Rückkehr nahmen sie den Wasserfallweg. Dort suchten sie getrennt nach dem Weg. Der Drucker stürzte beim Wasserfall ab und blieb bewusstlos liegen. Er verstarb noch vor der Einlieferung in das Krankenhaus Lilienfeld an seinen inneren Verletzungen.

Wer keine langen Wanderungen und Bergtouren machen will, findet in Lilienfeld einfache, kurze Wanderwege und kann dabei so manches interessante Eck entdecken. Ein solcher, heute etwas versteckt liegender Ort, der einst sehr bekannt war, ist die „Schrittwieserruhe". Zu ihr gelangt man am kürzesten Weg vom Torturm in Dörfl, in dem das Museum untergebracht ist. Vorbei am Museumseingang geht es über eine Stiegenanlage und einen Steig weiter hinauf, bis man rasch auf einem kleinen Plateau angelangt ist. Von diesem hatte man einst einen interessanten Ausblick auf das Stift und die Traisen. Im 19. Jahrhundert wurde dieser Platz von Malern und Zeichnern genutzt, um das Kloster mit seiner Umgebung festzuhalten. Heute verdeckt von Frühling bis Herbst das Laub der Bäume und Sträucher diese Aussicht. Nur eine Tafel auf einem Baum weist noch auf die Schrittwieserruhe hin. Benannt ist sie nach einem Lilienfelder Arzt, der auch den Abt Josef Markl (Abt von 1804 bis 1811) medizinisch betreute und dem das Grundstück gehört haben soll. In den Jahren, in denen Ladislaus Pyrker (Abt von 1812 bis 1819) dem Kloster vorstand, machte Schrittwieser den Aussichtspunkt durch die Anlage eines Weges zugänglich und errichtete dort ohne fremde Hilfe einen kleinen Garten mit einer Gloriette sowie Bänke entlang des Weges, der noch heute vom Ruheplatz weiter Richtung Westen führt.

VOM VERSCHÖNERUNGSVEREIN ZUM TOURISMUSVERBAND

Ab Mitte des 19. Jahrhunderts entstanden in Österreich immer mehr „Verschönerungsvereine". Einer der bekanntesten wurde 1876 in Baden bei Wien gegründet. Laut den 1877 publizierten Statuten des *Verschönerungs-Vereines des Cur-Rayons Baden* war sein Zweck, „die Verschönerung des Curortes und der Umgebung zu fördern, öffentliche Wege zu reguliren und Bäume an denselben anzupflanzen, sowie zu sonstigen zur Bequemlichkeit der Curgäste dienenden Anlagen und Bauten beizutragen". Ein ähnliches Aufgabenfeld kann man für den im Jahr 1884 gegründeten Lilienfelder Verschönerungsverein annehmen, wobei es sich

beständigen Wasservorrath gesorgt ist, wodurch das Schauspiel eines schönen Wassersturzes auch für die trockenen Tage des Sommers erhalten bliebe". Die Idee, den Wasserfall durch Schleusen künstlich anschwellen zu lassen, geht auf Becziczkas Vorgänger als Abt, Ladislaus Pyrker, zurück, wie uns Rudolph von Jenny in seinem Bericht *Mein Ausflug auf die Lilienfelder-Alpe am 10. Juny 1824* mitteilt. Laut Jenny sagte sein ortskundiger Begleiter, dass Pyrker beim Wasserfall „durch Schleusen der Natur zur Hülfe kommen, und auf diese Art dem Wanderer eine Tage-Reise von der Residenz ein herrliches Schauspiel bereiten" wollte, aber die ökonomische Lage des Stiftes die Ausführung verhindert hätte. An dieser Situation hatte sich bis 1838 nichts geändert; das Projekt wurde nie umgesetzt.

Dass der Wasserfallweg nur von geübten Wanderern begangen werden sollte, zeigt nicht nur eine Begehung in unseren Tagen, sondern auch ein Blick zurück. Ein Mitarbeiter der Lilienfelder Apotheke stürzte im Juni 1880 beim Abstieg vom Muckenkogel auf einem Jägersteig in der Nähe des oberen Wasserfalls ab und verstarb noch vor

Filmaufnahmen bei der Schrittwieserruhe durch Astor Pamela Film (Wien). Aufnahme um 1930

Blick über die Klosteralm Richtung Südwesten

hier bei den Gästen um Sommerfrischler und nicht um Kurgäste handelte. 1893 saßen im Vorstand unter anderem der Apotheker Louis Grellepois, der Bürgermeister Josef Kregczy, der Zisterzienserpater Matthäus Kurz, der Stiftsgärtner Josef Perner und der Gemischtwarenhändler Josef C. Liebenwein. Da sich keine Unterlagen des Vereins erhalten haben dürften, lässt sich seine Tätigkeit nur bruchstückhaft nachvollziehen. Sie war wohl schon früh auf den Fremdenverkehr ausgerichtet, denn man zählte kontinuierlich die „Fremden", die in Lilienfeld übernachteten. Es waren in der Saison 1895 in Summe 969 Gäste. Der Vorstand ließ in jenem Jahr ein Plakat erstellen, das in verschiedenen Bahnhöfen auf die Vorzüge Lilienfelds hinweisen sollte, so auf 100 Kilometer Spazier- und Wanderwege mit 56 Orientierungstafeln und 28 Bänken. Auch der Promenadenweg mit einer teils dreireihigen Allee entlang der Traisen in Dörfl war und ist ein Werk des Verschönerungsvereins, das heute größtenteils nicht mehr existiert.

Interessanterweise galt die Aufmerksamkeit des Vereins bereits in den ersten Jahren nicht nur den Spazier- und Wanderwegen, sondern auch der Badekultur. Denn dank

des Vereins konnte im Juli 1886 erstmals in Lilienfeld ein „Voll-, Schwimm- und Wannenbad" eröffnet werden. Das im Eigentum des Verschönerungsvereins stehende Bad lag an jener Stelle, an der es sich noch heute befindet: unterhalb des Berghofs. Die Bassins wurden durch eine auf einem Grundstück des damaligen Berghof-Eigentümers entspringende Quelle und ab 1901 zusätzlich durch die Gemeindewasserleitung mit Wasser versorgt. Die Verwaltung erfolgte durch den Verschönerungsverein selbst. Im Sommer 1887 zählte man täglich zwischen 70 und 100 Besucher, und an der Wende vom 19. zum 20. Jahrhundert wurden in der Saison (1. Juli bis 15. September) durchschnittlich 1.000 Kaltbäder, 100 Wannenbäder und 200 Schwimmlektionen verzeichnet sowie 100 Zuschauerkarten abgegeben.

Die Zahl der Sommergäste in Lilienfeld und der Vereinsmitglieder dürfte in der Zwischenkriegszeit relativ konstant geblieben sein. Man zählte zwischen 800 und 900 Sommergäste und 210 bis 240 Mitglieder. Im Jahr 1934 gingen vom Verein erstellte Prospekte zur Bewerbung Lilienfelds anscheinend weg wie die sprichwörtlichen Semmeln. Stolz verkündete der Vorstand bei der

Das Lilienfelder Sommerbad

Generalversammlung, dass 21.000 Prospekte angefordert worden waren. Das angedachte Projekt eines neuen Tennisplatzes wurde hingegen zurückgestellt. Immerhin gab es seit 1893 in Lilienfeld einen Lawn-Tennisplatz im Park des Berghofs. Lawn-Tennis – also das Tennisspielen auf einer kurzgeschnittenen ebenen Rasenfläche samt „Tenniskoffer", der das gesamte Spielzubehör wie die Bänder zur Spielfeldmarkierung, das Netz samt Verankerung, Schläger und Bälle beinhaltete – war seit der Erfindung durch einen englischen Major ab den frühen 1870er-Jahren ein zunächst mondänes Freizeitvergnügen.

In den 1930er-Jahren lag das Hauptaugenmerk des Verschönerungsvereins in Lilienfeld vor allem darauf, bestehende Wege zu pflegen, Orientierungstafeln aufzustellen und die vereinseigenen Sitzbänke kontinuierlich zu erneuern. Mit dem „Anschluss" Österreichs an das Deutsche Reich 1938 war Schluss mit dieser Arbeit; der Verein wurde zwangsaufgelöst. Sein Erbe trat der am 27. Jänner 1955 gegründete „Fremdenverkehrsverein Lilienfeld" an, der die Agenden des Verschönerungsvereins

übernahm und in den 1960er-Jahren über 500 Mitglieder zählte. Ein Ziel blieb dabei gleich, nämlich die Erschließung der Gemeinde durch ein Netz an Wanderwegen. Zuerst hatte man jedoch die Schäden des Weltkriegs zu beheben und die durch den Krieg bedingte fehlende Pflege nachzuholen. Die Promenaden, Wege und Steige im Ortsbereich und in der Umgebung mussten wieder instandgesetzt werden. Auf der Ulreichshöhe, von der man einen schönen Blick ins Traisental hat, errichtete der Verein eine neue Aussichtswarte. Schon viel früher, spätestens 1840, war von unbekannter Hand ein „Parapluie" oberhalb der Gaisleiten erbaut worden. Es handelt sich dabei um eine Säule mit einem Schirmdach, welche von einer hölzernen Brüstung umgeben ist und die – wenn auch neu errichtet – bis heute besteht. Die Erhaltung eines Freibades gehört – im Gegensatz zum einstigen Verschönerungsverein – nicht zu den Tätigkeiten des Fremdenverkehrsvereins. Diese Aufgabe hat die Gemeinde schon vor langer Zeit übernommen. Bereits 1949/1950 kam es zum Neubau des Freibades, das inzwischen immer wieder modernisiert wurde und Teil des Freizeitangebotes im Sommer ist.

Kinowerbung für den Lilienfelder Fremdenverkehrsverein aus der Zeit nach dem Zweiten Weltkrieg

3

VOM SPLEEN ZUM MASSENPHÄNOMEN

Zdarsky und der Wintersport

Skisprungschanze in Lilienfeld. Aufnahme um 1930

Tüftler, Apostel des Skilaufs, Eigenbrötler, Begründer des modernen Skilaufs, Nationalheld, Einsiedler, Genie, Lebensreformer, Vater des österreichischen Skilaufs … Die Liste an Bezeichnungen für den Wahl-Lilienfelder Mathias Zdarsky ist lang. Viel ist über seine Person geschrieben worden, vor allem über seine Rolle bei der Entstehung des alpinen Skilaufs. Und doch ist einiges unklar. Woher hatte er – um ein Beispiel zu nennen – das Geld, ein Bauerngut in Lilienfeld zu kaufen und dort als Privatier zu leben? Doch der Reihe nach!

Mathias Zdarsky wurde am 25. Februar 1856 im mährischen Kozichowitz (tschechisch: Kožichovice) als Sohn des Müllermeisters Johann Zdarsky und der Müllermeistertochter Josefa Eigl geboren, als jüngstes von zehn Kindern. Über seine frühen Lebensjahre sind nur wenige Details bekannt. Immerhin wissen wir, dass er in Iglau (tschechisch: Jihlava) von 1870 bis 1874 die Landes-Oberrealschule besuchte.

Mathias war, wie sein Bruder Franz, ein guter Turner. Erstmals bekannt wird dies einer breiteren Öffentlichkeit Mitte 1879, als die Tageszeitung *Neue Freie Presse* vom Wiener Männer-Turnverein berichtete. Dieser gab nämlich an einem Samstagabend in einem Restaurant zu Ehren ihrer Sieger beim sogenannten Gauturnen in

Porträt von Mathias Zdarsky aus der Zwischenkriegszeit

St. Pölten ein Fest: neben Eduard Krupetz gehörten die Brüder Franz und Mathias Zdarsky zu den Geehrten. Beide waren zu jener Zeit bereits als Lehrer in Wien tätig. Ihr älterer Bruder Johann hatte diesen Beruf ebenfalls ausgeübt, bis er im Jahr 1877 bei einer Jagd erschossen wurde.

Mathias Zdarsky arbeitete spätestens ab 1879 als provisorischer Unterlehrer für Turnen in der gemischten Volksschule Gerhardusgasse (Wien-Brigittenau) und ab 1881 in der Mädchen-Volksschule Darwingasse (Wien-Leopoldstadt). Seine Karriere als Lehrer hätte positiv verlaufen können, wenn sein auch später bekannter Drang, Dinge unverblümt beim Namen zu nennen, nicht so stark ausgeprägt gewesen wäre. Und so kam es am 13. Juli 1881 zu einem kleinen Eklat. Bei der Schlussfeier des 13. Schuljahrs am städtischen Lehrer-Pädagogium ereignete sich durch seine „Tactlosigkeit" ein „unliebsamer Zwischenfall", wie die Tageszeitung *Die Presse* am nächsten Tag berichtete: Der städtische Unterlehrer Mathias Zdarsky hatte im Namen der in Ausbildung befindlichen Lehrer eine Rede gehalten und die Mitglieder des Wiener Gemeinderates für die Pensionierung des Direktors kritisiert. Nicht nur bei zahlreichen Anwesenden hatte dies einen lautstarken Protest hervorgerufen. Drei Tage später kam der Lehrerverein des 2. Bezirks zu einer Sitzung zusammen, in welcher eine „Resolution gegen den Collegen" verfasst werden sollte. Außerdem kostete Zdarsky seine Rede die kurz zuvor ausgesprochene Beförderung vom provisorischen zum definitiv angestellten Unterlehrer. In der Sitzung des Wiener Gemeinderates am 15. Juli 1881 bekam Zdarsky sprichwörtlich die Rechnung präsentiert: Auf Empfehlung des gemeinderätlichen Schulausschusses wurde im nicht öffentlichen Sitzungsteil die – bisher dem zuständigen Landesschulrat noch nicht angezeigte – Ernennung Zdarskys zum definitiven Unterlehrer einstimmig rückgängig gemacht.

Trotz dieses Eklats deutet einiges darauf hin, dass Mathias Zdarsky zumindest zeitweise weiterhin in Wien-Leopoldstadt als Lehrer gearbeitet hat. Dazwischen dürfte er die Maler- und Bildhauerschule in München (Akademie der Bildenden Künste) besucht, zwei Semester Maschinenbau am Polytechnikum in Zürich studiert und Vorlesungen auf der medizinischen und theologischen Fakultät in Wien belegt haben. Diese anscheinend nie offiziell abgeschlossenen Ausbildungen prägten sein Leben. So haben sich beispielsweise Dutzende Zeichnungen von seinen Reisen ins Atlasgebirge, nach Bosnien, Italien und in Österreich sowie einige wenige Bildhauerarbeiten erhalten.

Zeichnungen von Mathias Zdarsky, die in Grein an der Donau entstanden.

ZDARSKY ZIEHT NACH LILIENFELD

Im Jahr 1889 änderte sich das Leben von Mathias Zdarsky. Er wechselte seinen Wohnsitz. Zdarsky zog sich – wie er später einmal schrieb – in eine Bergeinsamkeit zurück, um seine „wissenschaftlich-künstlerischen Ideen ungestört leben zu können." Für seine Einsamkeit wählte er das 49 Hektar große Bauerngut „Haberlreith" in der Lilienfelder Katastralgemeinde Marktl, welches er am 11. Mai 1889 von einem Leopoldstädter Schreibmaterialienhändler um 7.000 Gulden erwarb. Im Kaufvertrag gab er seinen Beruf mit „Maler" an. Woher es das Geld hatte, bleibt unklar. Hatte er die 7.000 Gulden von einem Verwandten geerbt? Infrage käme der drei Jahre zuvor verstorbene Mann einer seiner Cousinen, der als Industrieller tätig war.

Das Gut „Haberlreith", welches heute unter dem Namen „Habernreith" bekannt ist, umfasste neben Wald-, Weide- und Wiesenflächen ein aus dem 17. Jahrhundert stammendes Bauernhaus mit einem Ausgedinge- und einem Wirtschaftsgebäude. Der handwerklich äußerst geschickte Mathias Zdarsky baute sich ab zirka 1905 ohne große Hilfe anderer Personen das Ausgedingehaus zu seinem neuen

Wohnhaus um. Der Kern des Gebäudes blieb bestehen und wurde durch einen zweigeschoßigen Eisenbetonbau ergänzt. Erst viele Jahre später, 1927, baute er mit seiner Bekannten Karoline Pittner abseits des Wohnhauses einen Heustadel, der längst abgerissen worden ist.

Mathias Zdarsky auf seiner Baustelle in Habernreith. Aufnahme um 1910

In den ersten Jahren nach dem Kauf des Bauerngutes dürfte Mathias Zdarsky teilweise noch in Wien gelebt haben. Auch das Turnen in Wien gab er nicht auf. So leitete er im August 1890 beim vierten „Deutschen Sängerbund-Fest" in Wien ein Schauturnen mit rund 1.000 Burschen.

TÜFTLER UND NICHT ERFINDER

Als Mathias Zdarsky 1889 das Bauerngut Habernreith gekauft hatte, waren Ski in Mitteleuropa nur ganz wenigen Menschen bekannt. Dies änderte sich durch den Norweger Fridtjof Nansen (1861–1930). Dieser hatte im Jahr 1888 Grönland mit Skibrettern durchquert und darüber das Buch *Paa ski over Grønland* geschrieben, das drei Jahre später auch in deutscher Sprache unter dem Titel *Auf Schneeschuhen durch Grönland* erschien. Zdarsky las diese Publikation und ließ sich ein Paar norwegischer Ski mit der sogenannten Rohrstaberlbindung (Rohrbügelbindung) zusenden. Sein notwendiges Übungsgelände lag praktischerweise vor der eigenen Haustür, denn um seinen Wohnsitz herum gab es damals mehrere Wiesen zum Skifahren: die Prälatenwiese, die Hängerbauerwiese und die Kirchenwiese.

Beim Ausprobieren der sehr langen Norweger-Ski (2,94 Meter Länge und acht Zentimeter Breite) wurde ihm rasch klar, dass diese für das Langlaufen in der Ebene gut, aber aufgrund der Länge und Bindung für das alpine Gelände nicht geeignet waren. Die „Norweger-Bindung" gab dem Fuß kaum seitlichen Halt; eine Richtungsänderung im steilen Gelände war somit kaum möglich. Dem handwerklich begabten Zdarsky ließ dieses Manko keine Ruhe. Er übte nach eigenen Angaben sechs Jahre lang das Skifahren, verwendete verschiedene Ski und bastelte mehr als 200 verschiedene Bindungen. Und dies ohne Vergleich, denn er selbst kannte keine anderen Skifahrer und konnte sich daher mit niemandem zu dem Thema austauschen.

Eine Lilienfelder Skibindung des Mathias Zdarsky im Museum Lilienfeld

Mathias Zdarsky, der heute noch immer fälschlicherweise als „Erfinder des alpinen Skifahrens" bezeichnet wird, wehrte sich bis ins hohe Alter gegen diese Zuschreibung. Im Jahr 1933 meinte er: „Wie oft mußte ich mir sagen lassen, daß ich die alpine Skifahrart ‚erfunden' habe. Nein! Ich habe sie nicht erfunden, sondern habe sie mühsam in Tausenden von Versuchen ‚erforscht'."

Seine seitenstabile Bindung und die gekürzten Ski (1,7 bis 2,3 Meter Länge) aus Eschenholz ermöglichten nun das sichere Fahren im alpinen Gelände. Ein einzelner Stock aus Bambus und mit einer Eisenspitze unterstützte das Fahren im Bogen. Nur beim Skifahren im Flachen und bei mäßigem Gefälle konnte man aus seiner Sicht zwei brusthohe Stöcke verwenden.

Er nannte seine Fahrtechnik, die auf dem Vorlageschwung statt dem norwegischen Rücklagebogen basierte und mit der er auch im steilsten Gelände einen Bogen an den anderen reihen konnte, „Schlangenschwung".

Nicht nur dem Skifahren widmete er um die Jahrhundertwende seine Zeit, sondern auch dem Skispringen. Er dürfte im Laufe der Jahre auf seinem eigenen Grundstück in Habernreith drei Sprungschanzen errichtet haben, wobei sein weitester Sprung mit 22 Meter überliefert ist. Eine Teilnahme bei einem Skispringen ist zumindest für Jänner 1900 am Semmering nachgewiesen; übrigens ein Springen, das er gewann.

LILIENFELDER SKIFAHR-TECHNIK

Im Jänner 1897 erschien in einem Hamburger Verlag sein erstes Buch: *Die Lilienfelder Skilauf-Technik. Eine Einleitung für Jedermann, in einigen Wochen den Ski vollkommen zu beherrschen.* Es entwickelte sich zu einem Bestseller. Zwischen 1897 und 1925 erschienen unglaubliche 17 Auflagen. Wurde die zweite und dritte Auflage noch unverändert nachgedruckt, war die vierte Auflage (1908) gänzlich überarbeitet und neugestaltet worden; auch den Titel hatte er zu *Lilienfelder Skifahr-Technik* verändert. Bereits bei der zweiten Auflage fügte Zdarsky das Attribut „Alpin" hinzu, um eine vom Gelände her notwendige Differenzierung von der norwegischen Fahrweise vorzunehmen. Und er betonte im Laufe der Jahre immer wieder, dass seine „Alpine Technik" es jedermann erlaube, in „zwei bis sechs Tagen den Ski so zu beherrschen, daß er jedes Gelände bezwingt".

Zdarskys Buch mit eigenen Zeichnungen und Bildern des Scheibbser Photographen Theodor Mark gilt heute als erstes schriftliches Werk, das eine systematisch und

Bewerbung von Zdarskys Buch in der Zeitschrift *Oesterreichische Buchhändler-Correspondenz* in der Ausgabe vom 6. Dezember 1899

methodisch durchdachte Skifahrtechnik für alpines Gelände präsentiert. Mathias Zdarsky nahm sich dabei kein Blatt vor den Mund, wenn er beispielsweise gleich im Vorwort schreibt: „Durch Bequemlichkeit, Faulheit, Genusssucht, Ausschweifung, durch Indolenz, durch Einseitigkeit und durch Stubenhockerei verkümmerte Menschen nennen sich so gerne ‚Kulturmenschen'." Schnell wird beim Lesen klar, dass der Autor kein Anhänger des Wettkampfsportes im klassischen Sinn war: Sport, in der „Auffassung, dass die höchstmögliche Leistung erzielt werde, und zwar ohne Rücksicht, ob Gesundheit oder sogar das Leben hintangesetzt werden, solcher ‚Sport' ist als Verirrung zu bekämpfen und als Ausschweifung zu verachten." Dementsprechend sollten seiner Meinung nach Skivereine in erster Linie die Aufgabe haben, „ihren Mitgliedern ein für Jedermann erlernbares, sicheres Fahren beizubringen, das Pflegen von Höchstleistungen jedoch dem Privatfleisse des Einzelnen zu überlassen." Am Ende des Buches zitierte er einen Spruch, der sein Prinzip „Lernen durch Denken und Tun" deutlich macht:

Leicht irrt, wer nach Wahrheit strebt,
Wer sie nicht sucht, lebt im Irrtum.

SKIPRODUKTION
Bereits in der ersten Auflage des Buches *Die Lilienfelder Skilauf-Technik* (1897) wurden die „Zdarsky-Ski"

beworben. In einem Inserat unter dem Titel „Erzeugung und Export der k. k. priv. Lilienfelder Ski und Bremse" gab der Lilienfelder Gemischtwarenhändler Karl Engel bekannt, dass bei ihm die in vielen Staaten patentierte – also mit einem Privileg versehene – „Skibefestigung und Skibremse" sowie Ausrüstungsartikel für Skifahrer gekauft werden könnten. Ausdrücklich verwies Engel darauf, dass diese Produkte „genau nach den in diesem [von Zdarsky verfassten] Buch enthaltenen Angaben in der solidesten Weise angefertigt" seien. Interessant ist, dass Mathias Zdarsky dem Lilienfelder Kaufmann und ehemaligen Schiffskapitän Karl Engel die technische Herstellung, Patentierung und den Vertrieb der von ihm entworfenen Bindung übertrug. Im März 1896 reichte Engel in Wien beim Privilegium-Departement des k. k. Handelsministeriums das Patentansuchen für eine „Metallsohlenbindung" ein, dem in der Folge – auch für Norwegen – entsprochen wurde. Die „Lilienfelder Ski" waren im darauffolgenden Jahr bei der „Internationalen Ausstellung neuer Erfindungen" auf dem Gelände von „Venedig in Wien" im Prater ausgestellt.

Obwohl anscheinend Karl Engel das Patent hielt und nicht Mathias Zdarsky selbst, fühlte Letzterer sich offenkundig in seiner Ehre gekränkt, wenn aus seiner Sicht gegen dieses verstoßen wurde. So reichte er im August 1909 gegen einen Drechslermeister aus Leibnitz eine entsprechende Klage ein. Einige Monate später folgte eine zweite Klage. Oberst Georg Bilgeri (1873–1934) aus Vorarlberg hatte – so die Argumentation Zdarskys – nur vorgeblich eine eigene Skibindung konstruiert. Denn: Mit Ausnahme einer speziellen Federung hatte Bilgeri kaum etwas an der Bindungskonstruktion verändert. Trotzdem verkaufte Bilgeri diese unter seinem eigenen Namen – und damit ohne die Patentrechte Engels respektive Zdarskys zu beachten. Der Patentstreit wurde erst 1910 beendet, als Zdarsky gegen Bezahlung die Lizenz zur Herstellung erteilte. Georg Bilgeri war zu diesem Zeitpunkt schon längst kein Unbekannter mehr. Als Kommandant der Skiabteilung der Kaiserjäger hatte er bereits 1903 für Militärangehörige einen ersten Skikurs abgehalten. Gemeinsam mit der Salzburger Schulbehörde führte er vor allem in den Jahren 1905 und 1906 eineinhalbtägige Skikurse für Lehrerinnen und Lehrer verschiedener Schultypen durch. Einen wesentlichen Unterschied zu Zdarsky, der ebenfalls Skikurse durchführte, gab es jedoch: Bilgeri setzte zwei Stöcke ein und legte die Bewegung und den Schwung in die Beine; er entwickelte somit den Stemmschwung. Durch sein 1910 erschienenes Lehrbuch *Der alpine Skilauf* und seine Tätigkeit im Ersten Weltkrieg wurde das Doppelstockfahren sukzessive vom Heer übernommen – und setzte sich später auch im Freizeitbereich durch.

Mathias Zdarsky inspizierte immer genau die Schneeverhältnisse vor Ort.
Aufnahme um 1905

Der Alpen-Skiverein brachte die Vereinszeitschrift *Der Schnee* heraus.
Ausgabe vom 7. März 1908

INTERNATIONALER ALPEN-SKIVEREIN

Der erste Skiverein im Bereich der österreichisch-unga-rischen Monarchie, der „Erste Wiener Ski-Club", war am 31. Oktober 1891 gegründet worden und löste sich bereits zwei Jahre später auf. Das Übungsgelände befand sich in Neuwaldegg bei Wien.

Mathias Zdarsky gründete im Dezember 1898 im Hotel „Zu den drei Lilien" den „Lilienfelder Skiverein", der laut eigener Angabe als „eine Schule für Skiläufer" zu betrachten war. Bei den Skikursen des Vereins sollte vor allem ein „fahrsicheres, sturzfreies Laufen" – ohne jede unnütze Zeitvergeudung – „im schwierigsten, mit Hin-dernissen aller Art reich durchsetzten Terrain erlernt" werden. Ende 1900 wurde der „Lilienfelder Skiverein" aufgelöst und stattdessen am 5. Dezember 1900 mit Zdarsky als Proponent der „Internationale Alpen-Ski-verein" in Wien gegründet, welchen man im Septem-ber 1904 auf eigenen Wunsch in „Alpen-Skiverein"

umbenannte. Hatte der Verein im Jahr 1906 über 500 Mitglieder, waren es am Beginn des Ersten Welt-kriegs beachtliche 1.889 Mitglieder. Mathias Zdarsky war von Anfang an gewählter „Erster Fahrwart" des Vereins, der den Skisport nach den Regeln der Lilienfelder Ski-lauftechnik weithin bekannt machen sollte.

Vereinsmitglieder konnten nur bereits geübte Skiläufer werden, die durch einen der Fahrwarte vorgeschlagen wurden. Ungeübte Personen durften hingegen als Teil-nehmer beitreten und erhielten durch die Lehrwarte Unterricht. Der Wiener Übungsplatz lag auf der Hacken-bergwiese in der Nähe des Wiener Bahnhofs Hüttel-dorf-Hacking. Ferner erteilte man bereits im ersten Winter an Sonntagen Unterricht auf dem Semmering und in Lilienfeld; dort durch den Fahrwart Mathias Zdarsky. Dieser erklärte im März 1908, warum Lilien-feld zu Recht „die Zentrale des Skisports in Österreich" genannt werde: Erstens aufgrund der „unvergleichlich abwechslungsreichen Gegend" und zweitens aufgrund des Umstands, dass „der größte Skiverein Österreichs, der Alpen-Skiverein, in Lilienfeld die Ausbildung seiner Vereinsangehörigen übernimmt." Zdarsky legte gleichzeitig seine Finger in sprichwörtlich offene Wunden: „Es ist ein weit verbreiteter Irrtum, daß in Lilienfeld die Einheimischen besonders den Skisport pflegen und daß der Ort als solcher sich bemüht, das Skilaufen zu fördern. Von diesen beiden Annahmen ist absolut gar keine Spur vorhanden. Diesbezüglich unterscheidet sich Lilienfeld von so vielen anderen Orten unbedingt durch gar nichts. Das muß sich der Fremde vergegenwärtigen, damit er bei der Ankunft in Lilienfeld nicht eine arge Enttäuschung erlebt."

Die Termine des Alpen-Skivereins und die aktuelle Schneelage in Lilienfeld und anderen Übungsgebieten wurden nicht nur über die ab Oktober 1905 herausgegebene Vereinszeitschrift *Der Schnee* bekannt gemacht, sondern auch über Tageszeitungen. In der Anfangszeit existierte in Wien auch eine Aushangtafel in der Geschäftsauslage der Sesselfabrikationsfirma „Gebrüder Thonet" in deren Haus am Stephansplatz. In Lilienfeld selbst gab es ein eigenes Klublokal im „Café Bahnhof" vis-à-vis der Eisenbahnstation. Dort hatte der Verein ein Skidepot und eine Garderobe.

Ab dem Winter 1907/1908 stand Mathias Zdarsky den Vereinsmitgliedern nicht mehr uneingeschränkt als Skilehrer zur Verfügung, denn auf Einladung des Kriegsministeriums übernahm er die Leitung des fünfwöchigen Skiausbildungslehrgangs für das Heer in Bad Gastein. Bereits im Februar 1902 hatte Zdarsky einen Kurs für die Skifahrer-Patrouille des k. k. 24. Landwehr-Infanterie-Regimentes aus Wien und Znaim und ab 1903 gelegentlich Skikurse für Offiziere in Lilienfeld abgehalten. Dies waren jedoch nicht die ersten hiesigen Ausbildungskurse für Soldaten gewesen. Schon im Februar 1899 hatte der Fahrwart Karl Engel, der ab Februar 1897 jeden Sonntag kostenlose Skilauftouren anbot, einen mehrtägigen Skikurs für zwölf Mann des 21. Landwehr-Infanterieregimentes in Lilienfeld geleitet.

DER TORLAUF VON 1905

Zdarsky war kein Befürworter von Skiwettkämpfen, bei denen nur die schnellste Zeit eine Bedeutung hatte. Für ihn zählten Ausdauer, Standsicherheit (also sturzfreies Fahren), Eleganz *und* Schnelligkeit. Dies wird beim „Torlauf" am Muckenkogel deutlich, den er mit seinen Vereinskollegen für den 19. März 1905 ausschrieb und der aus heutiger Sicht einem Riesenslalom

(Riesentorlauf) ähnelte. Erstmals in der Geschichte mussten nummerierte „Fahrmale" gemäß einem schriftlichen Regelwerk, den „Wettfahr-Bedingungen", durchfahren werden. Die Strecke wurde laut den Regeln „nur an einzelnen Punkten durch paarweise aufgestellte Fähnchen, Fahrmale, welche Hindernisse darstellen, in einer Breite von 2 bis 4 Metern abgesteckt" und war 1.950 Meter lang. Sie war mit 85 Torpaaren bestückt, verlief über den heute bewaldeten Nordhang des Muckenkogels bis zum Fuß des Kolmwalds und wies einen Höhenunterschied von 490 Meter bei einem Gefälle von bis zu 45 Grad auf. In Summe nahmen 24 Personen an diesem Torlauf teil, darunter der spätere Berufsphotograph Willi Wagner, der laut Ergebnisliste jedoch aufgab, und eine Frau, nämlich Mizzi Kauba, die schneller war als so mancher Mann. Sie ist heute unter ihrem Mädchennamen Mizzi Langer und als einstige Eigentümerin des ältesten Sportgeschäftes Wiens noch immer bekannt.

Kein Teilnehmer kam bei diesem Rennen sturzfrei ins Ziel. Zdarsky kommentiert dies als „Platzleiter der Wettfahrt" mit den Worten: „Diese Stürze besagen, besonders in Bezug auf die besseren Fahrer, daß noch vielfach die Begriffe ‚Schnelligkeit' und ‚Hast' nicht auseinander gehalten werden." Und wir lesen von seinem Credo: Alle Wettfahrten sollten „unter solchen Bedingungen durchgeführt werden, daß niemals Disharmonie zwischen Kraft und Schönheit, zwischen Leistungsfähigkeit und Gesundheit eintritt".

Am 25. März 1906 veranstalteten Zdarsky und der Ski-Verein eine weitere Wettfahrt in Lilienfeld, diesmal am sogenannten Spitzbrand. Von der Streckenführung her glich diese Wettfahrt eher einem heutigen Slalom als einem Riesentorlauf. Es kamen etwa 200 Skifahrer aus Wien nach Lilienfeld, wobei sich 51 Personen zum Wettkampf anmeldeten, unter ihnen acht Frauen. Auch bei dieser Fahrt war die „Fahrbahn" durch paarweise Fähnchen abgesteckt. Die Teilnehmer mussten jeden Fahnenzwischenraum durchfahren. Alle Fahrarten waren erlaubt, nur stürzen durfte niemand. Wie Zdarsky später schrieb, galt jene sturzfreie Person als Sieger, die „kein Fahrmal ausgelassen und in einer kürzeren Zeit unten ankommt als der Fahrwart, der die Strecke in mäßigem Tempo als erster durchfahren wird". Die 303 Meter lange Strecke mit 175 Höhenmetern wies 35 Fähnchen auf. Nach fünf Minuten und 50 Sekunden langte Zdarsky als Fahrwart sturzfrei im Ziel ein; von den 14 sturzfreien Teilnehmern, darunter drei Frauen, war niemand schneller als Mathias Zdarsky. Somit gab es keinen Sieger.

Vor dem Start zum Torlauf am 19. März 1905. Nachgestelltes Photo

Zdarsky als „Erster Fahrwart" des „Internationalen Alpen-Skivereins" hatte bereits am 24. Februar 1901 auf dem Sonnwendstein in der Nähe des Semmerings ein „Skiwettlaufen" organisiert, bei dem aber noch keine Fahrtore verwendet, sondern von Zdarsky nur rote Papiertafeln als Warnungszeichen bei Felsen, Abgründen und anderen Hindernissen aufgestellt worden waren. Der „Laufplatz" – so die damalige Bezeichnung – wies eine Höhendifferenz von etwas mehr als 600 Meter auf. Die „Wettläufer" hatten zunächst gemeinschaftlich im „Touristentempo" (40 Skischritte in der Minute) die Strecke zu erklimmen. Das zeitlich gestaffelte Herabfahren werde – so das *Neue Wiener Abendblatt* vorab – nicht so sehr Kraft als vielmehr die „feine Beherrschung" der Ski, eine kluge Ausnutzung des Geländes und „kühne Entschlossenheit bei scharfen Wendungen auf schmalen, oft mehr als 40 Grad geneigten Flächen" erfordern. Die Teilnahme war – wie auch bei späteren Wettfahrten des Vereins – gratis, und es gab keine Preise. Noch Jahre

später hielt Zdarsky die Verteilung von Wertgegenständen und „Ehrenpreisen" für „Unfug".

Die Wettfahrt begann aufgrund eines Wetterumschlags statt von der Spitze des Sonnwendsteins von der Flanke des benachbarten Erzkogels. Dies führte dazu, dass auf der tatsächlichen Strecke keine Warnungszeichen standen und die Fahrt auf dem nun unbekannten Terrain immer wieder durch Zdarsky unterbrochen werden musste. Da es damals noch keine externe Jury und keine Zeitnehmung im heutigen Sinne gab, kam es einige Tage nach dem Wettlauf zu einem Streit, der mittels in Zeitungen abgedruckter Briefe geführt wurde – und nicht ohne Polemik von beiden Seiten auskam. Ein sehr junger Teilnehmer des parallel bestehenden „Österreichischen Ski-Vereins", dem Zdarsky im Herbst 1904 beigetreten war, kritisierte den Lilienfelder, da dieser ihm vorgeworfen hatte, zu oft gestürzt zu sein. In der Kritik des jungen Skifahrers ging es unter anderem darum, dass Zdarsky Teilnehmer und gleichzeitig Wettkampfrichter war. Mathias Zdarsky, der nie um ein Wort verlegen war, konterte mit spitzen Worten. So lud er die „Herren dieses Vereins" ein, „mit mir sich doch im Skilauf, nicht im Skipurzeln messen zu wollen." Er schloss seinen Brief mit fordernden Worten: „Haben die Herren nur einen Funken von sportlichem Ehrgefühl, dann kämpfen Sie mit mir!" Emanuel Bratmann vom Österreichischen Ski-Verein meinte in seiner Gegendarstellung unter anderem: „Wenn man für solche Verunglimpfungen keinen anderen Zeugen hat, als sich selbst, so darf man nicht so heftig über einen unbequemen Concurrenten herfallen." Es war übrigens nicht das erste Mal, dass sich die fast schon verfeindeten Skivereine gegenseitig die Kompetenz absprachen.

RÜCKZUG AUS DEM ALPEN-SKIVEREIN

Die Arbeit des Vorstands des Alpen-Skivereins dürfte nicht immer harmonisch abgelaufen sein. In einer außerordentlichen Hauptversammlung im Jänner 1909 wollte man Aufklärung darüber, warum Zdarsky entschlossen war, die Fahrwartstelle niederzulegen. Der Grund dürfte in länger andauernden gröberen Differenzen zwischen Zdarsky und einigen Vorstandsmitgliedern gelegen sein. Da diese anscheinend nicht überwunden werden konnten, hatten im Dezember 1908 in Summe 13 Personen, darunter Generalstabsmajor Theodor von Lerch, ihre Vorstandsfunktion zurückgelegt. Der Streit endete mit einer weiteren außerordentlichen Hauptversammlung (Februar 1909), bei der man Zdarsky zum Vereinsobmann wählte.

Im Jänner 1912 gab Zdarsky in der Wochenschrift des Alpen-Skivereins bekannt, dass er als Obmann und „erster Fahrwart" zurück- und aus dem Verein austrete und keine Skikurse mehr in Lilienfeld abhalten werde. In einem abgedruckten Brief erklärte Zdarsky diesen Schritt: Er werde nämlich demnächst in einer Schrift „eigentümliche österreichische Einrichtungen" näher beleuchten. „Da ich weder Protektion noch Mitkämpfer oder Parteibildungen brauche, ziehe ich mich vollkommen von allen österreichischen Vereinen zurück, um in jeder Beziehung unabhängig zu sein." Gleichzeitig kam das Gerücht auf, er spiele mit dem Gedanken, auszuwandern.

HANDWERKLICH MEHR ALS BEGABT

Die „Lilienfelder Ski" hatte Mathias Zdarskys nach eigenen Aussagen nie erfunden. Anders lag dies bei einem Ausrüstungsgegenstand für Skifahrer, den er tatsächlich um 1905 entwickelt hatte und der seinen Namen trägt: das ein Kilogramm schwere „Zdarsky-Zelt". Bei diesem wird die dem Körper entströmende Wärme in einem luftdichten leichten Sack aus Gummibatist aufgefangen. Dieser schützt auch in einem Schneesturm vor dem Erfrieren. Auch Werkzeuge im weitesten Sinn des Wortes gehen auf Zdarsky zurück, die er alleine und ohne fremde Hilfe einsetzen konnte. So entstand eine Zugsäge für Einmannbetrieb. Schwere Baumstämme beförderte er mit seinem „Quadratwagen", der anstatt runder einfache quadratische Räder besaß, um ein Wegrollen im steilen Gelände zu verhindern. Alle diese nur privat genutzten Erfindungen und Einrichtungen entsprachen seinem Grundsatz: „Bei jeder Arbeit zuerst überlegen, dann handeln. Damit erspart man sich viel Zeit. Denn der stärkste Muskel ist das Gehirn, nicht der Bizeps." Zdarsky ging es immer darum, sich sein eigenes Leben durch praktische Hilfen bis ins hohe Alter zu erleichtern.

So nutzte Mathias Zdarsky auch beim Umbau seines Hauses in Habernreith sein Gehirn, um Kraft und Energie zu sparen, ebenso bei der Errichtung seines eigenen Schwimmbads, das 1907 unterhalb des Wohnhauses entstand. Das Freibad bestand nach der Fertigstellung aus einem Badehaus aus Eisenbeton sowie einem 20 Meter langen und vier Meter breiten Becken. Eine aus Beton hergestellte Einlaufrinne ermöglichte durch Vorwärmen des Wassers durch die Sonnenbestrahlung eine entsprechend hohe Wassertemperatur. Zdarsky hatte eine Solarheizung eingesetzt, die genaugenommen gar keine war, denn außer der richtig geneigten Vorwärmrinne brauchte es nichts für diese genial einfache „Heizung". Am Dach des Badhauses existierte ein Sprungpfosten, der ein Viermeter-Sprungbrett ersetzte. Aus der Tür konnte man ein Federbrett herausziehen, das als Zweimeter-Sprungbrett diente. In der Türfüllung befestigte Zdarsky eine Reckstange. Eine solche gab es auch im Wohnraum des Hauses. Beide dienten ihm zum Turnen.

Sein Bauerngut in Habernreith war nicht nur Einsatzort für seine Erfindungen, sondern auch ein Ort für Kunst. Über einer Quellfassung montierte er einen von ihm modellierten Löwenkopf aus Beton, der im Laufe der Zeit seine beide Ohren verlor. Das kleine Brunnenhaus unterhalb der Quelle in Habernreith zierte eine große Tafel, die sich im Museum Lilienfeld erhalten hat und die einen Sinnspruch aus der Feder Zdarskys enthält: „Das einfache Leben schleicht. Das üppige Leben stürmt: In den Tod! 1936. M. Z." (vgl. Abbildung auf S. 69)

VORTRAGSTÄTIGKEIT UND SKIKURSE IM AUSLAND

Obwohl er anscheinend gerne in Habernreith – abseits des Trubels – arbeitete und wohnte, nahm er immer wieder

Mathias Zdarsky in seinem selbst gebauten, noch unfertigen Schwimmbad in Habernreith. Aufnahme aus 1907

Einladungen zu Vorträgen an. So hielt er im November 1908 in einem Wiener Restaurant einen zum Thema „Der Skifahrer im Krieg und Frieden mit der Natur", im Februar 1911 einen in Breslau – anlässlich eines Skikurses im Riesengebirge – und Ende Dezember 1925 einen im großen Saal der Urania zum Thema „Körpersport einst und jetzt". Im Laufe der Jahre gab Zdarsky immer wieder Skikurse außerhalb Österreichs. So hielt er beispielsweise im Jänner 1906 einen mehrtägigen Skikurs in Lemberg (damals Galizien) und einen in Mährisch-Ostrau ab. Im Winter 1911/1912 folgten Kurse in Berchtesgaden (Bayern), Engelberg (Schweiz), Oberammergau (Bayern), in der Tatra und im Riesengebirge. Ein Jahr später konzentrierte er sich auf Skikurse in Bayern.

EIN BRAND IN HABERNREITH

Nicht nur durch das Skifahren gelangte Mathias Zdarsky in die Schlagzeilen. Zeitungen berichteten, dass in der Früh des 28. April 1913 in der Katastralgemeinde Zögersbach durch Unvorsichtigkeit beim „Schlagbrennen" ein Brand entstanden war, der in kurzer Zeit auf den benachbarten, dem Stift Lilienfeld gehörenden Wald übergriff. Bergarbeiter des nahen Bergwerks und die Holzarbeiter des Stiftes waren rasch zur Stelle, um die entsprechenden Sicherungsarbeiten vorzunehmen. Auch die freiwilligen Feuerwehren von Hohenberg, Furthof, Freiland, Lilienfeld (1875 gegründet) und Traisen sowie die Fabriksfeuerwehr von Marktl (1882 gegründet) waren bald erschienen. Gegen Abend gelang es ihnen, den Brand einzudämmen. In den Nachmittagsstunden hatte jedoch

ein Teil der Feuerwehren von diesem Brandplatz in die Katastralgemeinde Marktl abberufen werden müssen. Denn auch hier war ein Waldbrand ausgebrochen. Auslöser war Zdarsky, der auf seinem Besitz hohes dürres Gras entzündet hatte. Infolge der anhaltenden Trockenheit griff das Feuer auch auf den benachbarten Jungwald des Stiftes über und vernichtete diesen, was zu Verstimmungen zwischen dem Abt und Mathias Zdarsky führte.

DER UNFALL

Das Leben von Mathias Zdarsky änderte sich mitten im Ersten Weltkrieg. Er, der wegen Erblindung eines Auges nie als Soldat gedient hatte und trotzdem Alpinreferent in der 10. Armee war, wurde ersucht, als Lawinensachverständiger an die Kärntner Front zu kommen. Immerhin hatte er kurz zuvor ein Büchlein mit dem Titel *Elemente der Lawinenkunde* für das Militär verfasst, welches ergänzt und im Umfang erweitert im Jahr 1929 als *Beiträge zur Lawinenkunde* beim Alpen-Skiverein in Wien als Buch erschien. Seine Erfahrung mit der Entstehung von Lawinen, deren Verhalten und Auswirkungen führte zu einer markanten Einschätzung: „Der so unschuldig weiße Schnee ist nicht ein Wolf im Schafpelz, sondern ein Tiger im Lamperlfell." Zdarsky hatte dies am 28. Februar 1916 am eigenen Leib erfahren. In einer ersten Zeitungsmeldung hieß es, dass er an jenem Tag im Kärntner Gailtal in eine Lawine geraten sei. Als diese nach 500 Metern zum Stillstand gekommen sei, wäre er – wie durch ein Wunder – an die Oberfläche gelangt. Mathias Zdarsky wurde nach Pörtschach überführt, wo ihn ein Stabsarzt in Behandlung nahm. Obwohl

Sinnspruch von Mathias Zdarsky

Mathias Zdarsky (rechts) mit einer Dame und einem Herrn mit ihren Einstöcken. Aufnahme um 1910

Die nächste Generation: Ski-Wettläuferinnen am Platzl mit dem Stift im Hintergrund. Aufnahme um 1930

es anfangs hieß, die Verletzungen Zdarskys seien nicht ernster Natur, sodass er bald wiederhergestellt sein dürfte, stellte sich das Gegenteil heraus: An die 80 Knochenbrüche führten zu Schmerzen, einer stark eingeschränkten Beweglichkeit und dazu, dass er nur mehr sehr selten Ski fuhr. Nach dem Lawinenunglück wurde er mit den Bezügen eines Hauptmannes und einer Verwundungszulage pensioniert.

Aufgrund seines eisernen Willens und konsequenter Übungen schaffte es Zdarsky jedoch, seinen Bewegungsapparat wiederherzustellen. Und so machte er laut einem Augenzeugen noch mit 79 Jahren einen Salto rückwärts vom Sprungbrett seines Badehauses in Habernreith.

DIE WIDERSPRÜCHLICHE PERSON ZDARSKY

Mathias Zdarsky kann als ein ambivalenter Mensch gesehen werden. Auf der einen Seite war er zu sich und anderen streng, neigte zu polemischen und schroffen

Worten, war ein Individualist und Asket, dessen Lebenswandel den klassischen bürgerlichen Ansprüchen sicher nicht entsprach und der manchmal unnahbar auf andere Menschen wirkte. Er trank keinen Alkohol und rauchte nicht. Zum Rauchen meinte er gegenüber seinem Bekannten Erwin Mehl: „Es raucht nur, wer keinen Verstand hat, nämlich der Kamin!" Solch eine Aussage passte zu seinem sachlich trockenen Humor und seiner Schlagfertigkeit.

Andererseits gab Mathias Zdarsky – vor allem jüngeren Menschen – gerne Rat, half selbstlos mit, wenn Hirn und Muskelkraft gefragt waren. Der gastfreundliche Zdarsky kannte – wie Hugo Gröger 1926 meinte – keine Klassengegensätze, „zu ihm kommt der Arbeiter wie der Universitätsprofessor". Titel und Gehabe zählten für ihn nicht.

Er arbeitete zum einen ehrenamtlich bei der Errichtung des Heimes „Fichtenfels" mit, deren Betreiber der

Mathias Zdarsky mit Besuch vor seinem selbst gebauten Wohnhaus in Habernreith. Aufnahme aus 1926

katholischen Jugendbewegung Quickborn angehörten, nahm zum anderen im Oktober 1938 eine Auszeichnung durch die NSDAP an; der Partei, der er laut NSDAP-Ortsgruppenkartei seit 1. Mai 1938 als Mitglied angehörte. Zdarsky reiste für die Übergabe extra aus St. Pölten, wo er im hohen Alter bei der Familie Pittner wohnte, nach Lilienfeld. Dort übergab ihm im Sitzungszimmer des Amtshauses der Gemeinde, deren Ehrenbürger er seit 1926 war, der NSDAP-Sportführer – der Salzburger Gauleiter und spätere Kriegsverbrecher Friedrich Rainer – im Auftrag des NSDAP-Reichssportführers die höchste Auszeichnung des Reichsbundes für Leibesübungen. Bereits 1931 hatte Zdarsky – in demokratischen Zeiten – für seine bahnbrechenden Tätigkeiten bei der Einführung des Skilaufs in den österreichischen Alpen vom Bundespräsidenten das Goldene Ehrenzeichen für Verdienste um die Republik erhalten.

Es scheint, dass er sich einerseits wechselnden politischen Systemen anpassen konnte oder wollte. Auf der anderen Seite lassen seine Schriften den Schluss zu, dass er sich nicht stromlinienförmig einer Mehrheit anpasste. Er schwamm meist gegen den Strom. Dies wird unter anderem in seinem 1925 erschienenen Buch *Das Wandern im Gebirge* deutlich, welches mit dem Motto „Die meisten Menschen belächeln das, wovon sie keine Ahnung haben!" beginnt. Im Text wird deutlich, dass für Zdarsky das Wandern im Gebirge nicht Bergsport war. Er kritisiert den „Alpinismus", welcher „von allen freiwilligen Betätigungen der Menschen" die meisten Opfer an Gesundheit und Leben fordere; „erstens durch die Gefahren, die den Bergen innewohnen und zweitens durch die Unkenntnis und Unbeholfenheit der Menschen, besonders derer, die diese Eigenschaften durch Dreistigkeit zu ersetzen wähnen. Aber auch das Großtun mit alpinen Leistungen hat viel Unheil angerichtet und hat die unerfahrene, den richtigen Ehrgeiz noch nicht einschätzende Jugend verführt, sich auf dieselben Abwege zu stürzen. Leider so oft im vollsten Sinne." Für Mathias Zdarsky war das

Das Grab Mathias Zdarskys in Habernreith

Wandern im Gebirge ein „Labsal für Geist und Körper“. Dies würden die Spießbürger nicht begreifen und die Bergfexe verachten. Besonders vielen Städtern warf er Ahnungslosigkeit vor. Sie wüssten nicht, dass „ihr Gehen entartet ist, indem er [der Städter] nur fast ausschließlich auf gepflasterte Wege und auf das Stiegensteigen eingestellt ist.“ Auch wenn Zdarsky in seinem zivilisationskritischen Ansatz die Großstädter in seinen Schriften scharf angriff, waren seine Publikationen und Skikurse auf diese Zielgruppe ausgerichtet. Skifahren begriff er als Freizeitaktivität für alle Menschen, insbesondere für die unter Bewegungsarmut leidenden Großstädter. Es sah sich als Volkserzieher und gesundheitlicher Ratgeber.

Übrigens: Mathias Zdarsky unterrichtete gratis und verlangte keinen Ersatz für Fahrt- und Aufenthaltskosten, noch nahm er Geschenke an. Doch mit der Geldentwertung in der Inflationszeit verarmte Zdarsky, wodurch er folglich vor allem vom Heu- und Holzverkauf und seiner Pension lebte.

EIN LEBEN GEHT ZU ENDE

Von Weihnachten 1939 an wohnte Mathias Zdarsky in St. Pölten im Hotel der Familie Pittner. Diese kümmerte sich um ihn bis zu seinem Tod am 20. Juni 1940. Vier Tage später wurde er auf einer heute eingezäunten Fläche oberhalb seines Wohnhauses in Habernreith begraben. Das Gebäude und die Grundstücke in Habernreith erbte die Familie Pittner, welche diese an einen Manager der Firma Fried. v. Neuman verkauften.

Was Mathias Zdarsky in seinen letzten Lebensjahren nicht ahnen konnte: Dass das Skifahren einige Jahrzehnte später zu einem Massenphänomen werden sollte. Ob ihm dies gefallen hätte? Diese Frage muss unbeantwortet bleiben. Was aber zweifelsfrei festgehalten werden kann: Mathias Zdarsky war der erste Skifahrer in alpinem Gelände, der sowohl theoretisch als auch praktisch sein Metier beherrschte.

Lassen wir ihn am Schluss noch einmal kommentarlos zu Wort kommen: „Ich habe immer als die oberste

Aufgabe des Wintersports die erblickt, dafür zu sorgen, daß nicht eine Handvoll jugendlicher, vorzüglich ausgebildeter Menschen aus meiner sogenannten Schule hervorgeht, sondern ich habe mein Hauptaugenmerk darauf gerichtet, daß große Massen der Menschen, und zwar ohne Rücksicht, ob Herren oder Damen, jung oder alt, die Natur im Winter genießen können, und zwar in menschenwürdiger Form genießen können."

EIN DENKMAL FÜR ZDARSKY

Es konnte nicht ausbleiben, dass die Gemeinde Lilienfeld dem berühmten „Wahl-Lilienfelder" und Ehrenbürger Mathias Zdarsky ein Denkmal setzt, und dies im wahrsten Sinne des Wortes. Zur Umsetzung wurde auf Anregung des Zdarsky-Biographen Erwin Mehl ein Zdarsky-Denkmal-Ausschuss in Lilienfeld gegründet, der Vertreter von Behörden, Bergsteiger- und Skifahrervereinigungen, Mitglieder der am 26. Juni 1958 in Wien gegründeten Zdarsky-Gesellschaft sowie interessierte Privatpersonen umfasste. Spätestens 1962 war man sich einig, dass das Denkmal am sogenannten Forsthausspitz, nahe dem Bahnhofsübergang bei den Porten, aufgestellt werden sollte. Mit der Ausführung wurde die akademische Bildhauerin Iris Hahnl-Faerber aus St. Pölten betraut. Ihre Bildhauerarbeit war bereits 1963 fertiggestellt. Nicht näher bekannte Schwierigkeiten verzögerten jedoch die Aufstellung und somit die offizielle Enthüllung am inzwischen genau festgelegten Ort, dem nach dem Sponsor benannten Sparkassenpark.

Am 24. Oktober 1965 war es endlich so weit. Das Denkmal wurde im Rahmen einer großen Feier enthüllt. Das auf einem großen Podest stehende dreiseitige Prisma aus Mannersdorfer Muschelkalk zeigt auf jener der Zdarskystraße zugewandten Seite ein überlebensgroßes Halbrelief des Kopfes Zdarskys. Die westliche Seite ist dem Torlauf vom 19. März 1905 gewidmet. Die dritte Seite des Prismas hat das von ihm erfundene Biwakzelt zum Thema. Eine etwas abseits auf einem Felsen montierte Gedenktafel aus Bronze, ausgeführt vom Wiener Bildhauer Viktor Hammer, ergänzt seit 1967 das Denkmalensemble, das heute von Bäumen und Sträuchern umgeben ist.

WINTERSPORTORT

Ende des 19. Jahrhunderts hätte es Verwunderung ausgelöst, wenn man im Fremdenverkehr, der heute Tourismus genannt wird, von einer Wintersaison in Lilienfeld gesprochen hätte. Lilienfeld war ein Ort der

Das Denkmal für Mathias Zdarsky in Lilienfeld

Sommerfrische, nicht für Wintersport. Dies änderte sich Anfang des 20. Jahrhunderts mit dem „Internationalen Alpen-Skiverein" und seinem „Ersten Fahrwart" Mathias Zdarsky. Sie boten spätestens ab Anfang 1901 Skikurse in Lilienfeld an, die sich immer größerer Beliebtheit erfreuten. Die Anreise der vor allem aus Wien stammenden Skifahrer erfolgte per Bahn, wobei man in St. Pölten umsteigen musste. Dem Verein respektive Zdarsky gelang es, dass die k. k. Staatsbahnen ab 14. Jänner 1906 einen sogenannten Sportzug anboten. Dieser Schnellzug verkehrte jeden Sonn- und Feiertag zwischen Wien und Lilienfeld ohne das für Skifahrer lästige Umsteigen in St. Pölten. Abfahrt war um 6.05 Uhr am Wiener Westbahnhof, Ankunft in Lilienfeld um 8.15 Uhr. Retour ging es um 19.20 Uhr. Der Sportzug verkehrte mit Ausnahmen – vor allem während des Ersten und Zweiten Weltkriegs – bis ins Jahr 1991 und wertete das Wintersportangebot auf. *Cook's Welt-Reise-Zeitung* verpasste Lilienfeld 1906 sogar den Titel „Mekka der österreichischen Skifahrer".

Mit dem Sportzug wurden aus Wien nicht nur Skibegeisterte ins südöstliche Mostviertel gebracht, sondern auch Rodelfans. Dies geht unter anderem aus einem Bericht der *Arbeiter Zeitung* von Februar 1910 hervor. Demnach kamen an einem Tag eine Kaufmannsgattin aus Wien-Mariahilf und ein Bankvertreter aus Wien-Alsergrund beim Rodeln in Lilienfeld zu Sturz. Sie brach sich den linken Unterschenkel, er zog sich einen Riss der linken Kniegelenkskapsel zu. Beide dürften die im Jänner 1909 eröffnete, zwei Kilometer lange Rodelbahn benutzt haben.

Neben den beiden Wintersportarten Skifahren und Rodeln bot Lilienfeld sehr früh auch Skispringern eine Bühne. Im Laufe der Zeit existierten mehrere Schanzen im Gemeindegebiet, deren genaue Lage zum Teil nicht mehr bekannt ist. Die erste nachweisbare „öffentliche" Skisprungschanze hatte der im Herbst 1925 gegründete „Wintersportverein Lilienfeld" in der Nähe des Kolmbauer-Gehöftes errichtet. Auf ihr fand am 1. Februar 1926 der niederösterreichische Landeswettbewerb im „Skisprunglauf" statt. Sie wurde zumindest im ersten Winter nach Kriegsende noch verwendet. Spätestens Anfang 1933 dürfte es in der Nähe der Alm „Am Himmel" ebenfalls eine kleine Schanze gegeben haben. In deutlich niedriger Lage existierte ab den 1920er-Jahren eine 20-Meter-Anlage im Rabenhofbachtal

Der Sportzug bei der Einfahrt in den Bahnhof Lilienfeld. Aufnahme um 1932

(Marktl), die in der Saison 1936/1937 vom Wintersportverein Lilienfeld komplett neu und größer erbaut wurde. Dort sprang unter anderem in den 1950er- und 1960er-Jahren Erich Teischl, der mit 45 Meter Sprungweite den Schanzenrekord hielt.

HOCH HINAUS

Als Mathias Zdarsky und andere am Beginn des 20. Jahrhunderts im Rahmen des „Internationalen Alpen-Skivereins" die ersten Skikurse gaben, unterschied sich das Skifahren nicht nur im Fahrstil von heutigen Verhältnissen. Technische Aufstiegshilfen, präparierte Pisten oder Lawinenpiepser gab es nicht. Aus heutiger Sicht kann man es pointiert so formulieren: Zdarsky hatte in Lilienfeld das Skitourengehen eingeführt. Mit eigener Kraft gingen die Teilnehmer auf den Berg, von wo sie – oft im Tiefschnee – durch Wälder, über Wiesen oder Weiden ins Tal abfuhren.

Im Zuge des Wiederaufbaus nach dem Zweiten Weltkrieg und der anschließenden Zeit des sogenannten Wirtschaftswunders änderten sich die Rahmenbedingungen beim Skifahren. So wurden die ersten, recht

Skispringen am Gschwendt. Aufnahme um 1927

einfach konstruierten Schlepplifte in den niederösterreichischen Alpen errichtet. Lilienfeld war in dieser Hinsicht keine Ausnahme, sondern zählte sogar zu den Vorreitern. Man kaufte 1954 einen sogenannten Pendelschlepplift der Firma STEMAG (Steiermärkische

Gedächtnisfeier für Mathias Zdarsky in Lilienfeld. Aufnahme vom 19. März 1980

Der STEMAG-Schlepplift auf der Portenwiese. Aufnahme um 1955

Maschinen und Apparate Gesellschaft) und stellte ihn auf der Portenwiese nahe dem Stiftspark auf. Die Aufstiegshilfe, mit deren Unterstützung viele Kinder das Skifahren erlernen konnten, war bis 1965 in Betrieb. Im 1962 von der Gemeinde herausgegebenen Büchlein *Lilienfeld und seine Umgebung* wurde die Portenwiese mit dem 200 Meter langen Schlepplift als „ein beliebtes Übungsgelände der Schifahrer" bezeichnet.

Drei Jahre nach Errichtung des Portenwiesen-Schleppliftes beschloss die Gemeinde den Bau eines Sesselliftes, der auf den Muckenkogel führen sollte, wobei die genaue Streckenführung noch unklar war. Die Wochenzeitung *Erlafthal-Bote* kam im Dezember 1959 unter dem Titel „Skilifte in Niederösterreich" ins Schwärmen: „In naher Zukunft werden [...] interessante Projekte auf dem Lift- und Seilbahnsektor

Eröffnung des Sesselliftes auf den Muckenkogel am 27. Juni 1964

in Niederösterreich in Angriff genommen werden. Man plant von Lilienfeld aus eine drei Kilometer lange Seilbahn auf die Klosteralpe zu bauen." Doch es dauerte und dauerte. Dieselbe Zeitung meinte im März 1962, dass demnächst in Lilienfeld mit dem Bau des „Großsessellifts" begonnen werde. Doch bevor dieser Sessellift eröffnet werden konnte, ging im Winter 1963/1964 ein Schlepplift auf der Klosteralm in Betrieb. Erst am 27. Juni 1964 drückte der niederösterreichische Landeshauptmann Leopold Figl den Einschaltknopf: Der etwa 2,1 Kilometer lange Einser-Sessellift Muckenkogel der Korneuburger Firma „Brüder Girak" (Fabrik für Drahtseilbahnen), der 660 Höhenmeter überwindet und damals eine Mittelstation am Kolm aufwies, war somit eröffnet. Er diente nun den Wanderern im Sommer und den Skifahrern im Winter als Aufstiegshilfe. Seine Bergstation wurde jedoch nicht am Gipfel des 1.247 Meter hohen Muckenkogels, sondern unterhalb, auf einer natürlichen Terrasse errichtet. Jahrzehntelang brachte man mit

dem Lift Skifahrer (und Skitourengeher) ins kleine Skigebiet, das über die Jahre gewachsen war. Neben dem bereits erwähnten Schlepplift auf der Klosteralm und dem ab 1965 projektierten „Muckenkogel-Schlepplift" ging am Beginn der Wintersaison 1968/1969 der „Schlepplift Kesselboden" und am Beginn der Saison 1987/1988 der „Schlepplift Almboden" in Betrieb. Letzterer diente als Verbindungslift zwischen der Bergstation des Klosteralm-Schleppliftes und der Bergstation des Muckenkogel-Sesselliftes.

Bereits im Jahr 1974 bewarb die Gemeindeverwaltung Lilienfeld als „Wintersportort […] mit einem Sessellift und vier Schleppliften sowie einer Skischule". Besonders stolz war man auf den 1964 eröffneten Schlepplift, der vom Kolm auf die Klosteralm führte und mit einer Länge von 801 Meter der längste Schlepplift Niederösterreichs war. Das Angebot eines Sesselliftes und mehrerer Schlepplifte pries man auch noch zu Beginn der 1990er-Jahre an.

Schlepplift Kesselboden mit Blick zur Reisalpe. Aufnahme vom 31. Dezember 1968

Im Jahr 1994 wurde der Einser-Sessellift auf den Muckenkogel komplett renoviert und Anfang Juli 1995 wieder in Betrieb genommen. Doch die Zeiten hatten sich inzwischen geändert. Vor allem die weitläufigen Skiarenen wurde immer größer, und die kleineren Skigebiete konnten kaum noch wirtschaftlich bestehen. Der sich bereits andeutende Klimawandel tat das Übrige. Und so standen ab der Wintersaison 1995/1996 nur mehr zwei Lifte zur Verfügung, und seit 2015 gibt es nur mehr einen Sommerbetrieb auf dem einzigen noch existierenden Einser-Sessellift in Niederösterreich. Die Fahrt auf ihm ist ein besonderes Erlebnis, denn man fühlt sich Jahrzehnte zurückversetzt. Die Schlepplifte sind hingegen längst abgebaut worden. So ist Lilienfeld gleichsam wieder zu seinen Wurzeln, dem Skitourengehen, zurückgekehrt.

Schlepplift mit dem Gasthaus Klosteralm. Aufnahme aus 1966

4

ALLES IM FLUSS

Lebensader Traisen

Der Traisenfluss ist ein Wasserband,
welches das Tal und die Gemeinde prägt.

Die aufgestaute Traisen auf der Höhe des Gemeindehauses

Die Traisen als namensgebender Fluss eines Tals ist seit Jahrtausenden Lebensader. Sie entspringt im Bereich der niederösterreichischen Kalkalpen und wird aus zwei großen Bächen gebildet, die bei der Ortschaft Freiland zusammentreffen: die Türnitzer Traisen und die Unrecht Traisen. Erstere kommt – wie der Name bereits aussagt – aus dem Gemeindegebiet von Türnitz, Zweitere aus jenem von St. Aegyd am Neuwalde. Ab ihrem Zusammentreffen fließt die Traisen in nordnordöstlicher Richtung durch Lilienfeld zuerst ins Gemeindegebiet von Traisen, wo die Gölsen einmündet, dann über St. Pölten bis nach Traismauer. Dort mündet das Fließgewässer in die Donau. Der Name der Traisen könnte aus dem Keltischen stammen und sich vom Begriff „Tragisama" (lateinisch: tragisamum) ableiten, was so viel wie „schnell fließend" bedeuten soll.

Die hohe Geschwindigkeit des Gewässers und der Holzreichtum am Oberlauf machten die Traisen ab Mitte des 15. Jahrhunderts immer interessanter für den Transport von Holz, vor allem in die großen Städte St. Pölten und Wien. Es war billiger und einfacher, Holzstämme und Holzscheiter über den Fluss zu transportieren als über

Fahrwege, vor allem weil Straßen im heutigen Sinn nicht vorhanden waren. Neben der Nachfrage nach Holz als Baumaterial stieg die Bedeutung des Wasserlaufs für die immer größer werdende lokale Eisenverarbeitung. Sie wies einen hohen Verbrauch an Holzkohle auf und benötigte zusätzlich die kleinen und großen Fließgewässer zum Antreiben der Hämmer. Die Kraft des Wassers diente somit gleichzeitig den lokalen Eisenverarbeitungsbetrieben und der Versorgung außerregionaler Bauholzabnehmer.

Konkurrenzstreitigkeiten zwischen den verschiedenen Nutzern konnten nicht ausbleiben. So wehrte sich das Stift Lilienfeld anfangs immer wieder gegen die Holzschwemme und -trift auf dem Fluss, da diese – so das Stift – nicht nur einen allmählichen Mangel des Rohstoffs Holz bewirken, sondern auch die Fischerei beeinträchtigen würden. Die Fische waren damals nicht nur ein relevantes Nahrungsmittel für die Mönche, sondern auch eine bedeutende Einkommensquelle für den Stiftskonvent. Franz Xaver Schweickhardt schrieb 1836 in seiner *Darstellung des Erzherzogthums Oesterreich unter der Ens*, dass sich bereits Mitte des 15. Jahrhunderts das Stift Lilienfeld erfolgreich gegen

Ein freier Flussuferabschnitt der Traisen in Lilienfeld

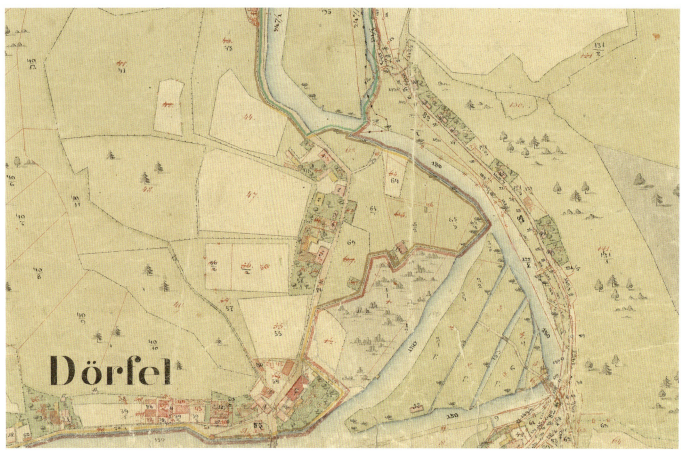

Die Holzrechenanlage im Traisenbogen, dargestellt im historischen Kataster (Urmappe) aus dem Jahr 1820

die Holzschwemme nach St. Pölten gewehrt habe. Der Stiftskonvent führte damals laut Schweickhardt an, dass „aus der Holzschwemme allmälig Holzmangel entspringet, und daß solche auch der Ruin der Fischerei sei, auf welche man immer sehr viel Rücksicht nahm, weil den Mönchen in den damaligen Zeiten noch der Fleischgenuß untersagt war".

Doch langfristig konnte und wollte das Stift den Holztransport auf der Traisen nicht verhindern. Dies hing auch mit der steigenden Nachfrage und der dementsprechenden wirtschaftlichen Bedeutung für das Stift zusammen. Denn im 18. Jahrhundert stieg der Holzbedarf besonders in Wien rasch an, und das Stift war in Spitzenzeiten Eigentümer von rund 35.000 Hektar Fläche zwischen der Ortschaft Traisen im Norden und dem Erlaufsee im Süden, die vor allem aus Wald bestand.

DIE EVANGELISCHEN KOMMEN

Um die Streitigkeiten zwischen verschiedenen Nutzern zu verringern, wurde das „Schwemmprivilegium" – also die Berechtigung, Holz auf dem Fluss zu transportieren – ab

dem 18. Jahrhundert nur mehr an ein Unternehmen vergeben. Dieses verpflichtete sich, eine Mindestmenge aus den Stiftswaldungen nach Wien zu liefern. Die Holzschwemme für den Traisenfluss schrieb die niederösterreichische Landesregierung öffentlich im September 1767 aus und hoffte, einen „geschickten und verläßlichen Entrepreneur" für diese Unternehmung zu finden. Die Sache dürfte im Sand verlaufen sein. Von der angedachten großen Lösung blieb anscheinend nur eine stiftseigene Holzschwemme auf der Traisen bis nach St. Pölten im Umfang von 300 Scheiterklafter pro Jahr übrig.

Die Fabriksbesitzer und die Hammerwerksmeister waren nicht begeistert gewesen, dass fast alle potenziellen Waldflächen für die Holzschwemme vorgesehen waren. Sie dachten an jenen Zeitpunkt, an dem ihre eigenen Wälder ganz abgestockt sein und keine „neuen" Wälder mehr zur Erzeugung von Holzkohle zur Verfügung stehen würden. Die Unternehmer dachten auch an die dadurch für sie steigenden Preise für Holzkohle, die ihren Gewinn schmälern oder einen gewinnbringenden Betrieb verunmöglichen würden. Da jedoch der Transport von Holz auf der Traisen – auch aufgrund fehlenden Fachwissens – nicht intensiv betrieben wurde, blieb die Situation entspannt. Das Stift ließ aus seinen Waldungen das Holz bis Lilienfeld zu einem Rechen schwemmen. Ein Teil des Holzes wurde zum eigenen Gebrauch verwendet, der andere an die Donau verführt und von da bis nach Wien befördert.

Eine wesentliche Änderung trat erst in den 1810er-Jahren ein. Der im Fachgebiet Schwemmen und Triften von Holz äußerst erfahrene, im Jahr 1755 in Gosau geborene Georg Huebmer bemühte sich nämlich 1815 um die Einrichtung einer Holzschwemme auf der Traisen. Mit dem Stift Lilienfeld und anderen Waldbesitzern schloss er Verträge zum Fällen von Bäumen ab und suchte um ein Schwemmprivilegium für die Traisen an, welches er im Jahr 1816, unterschrieben von Kaiser Franz I., erhielt. Huebmer verpflichtete sich, pro Jahr 7.000 Scheiterklafter Holz aus den Lilienfelder Stiftswäldern an der Traisen, der Gölsen und dem Halbach nach Wien zu liefern. Die „Huebmerische Schwemmgesellschaft" bestand immerhin über 40 Jahre. Sie wurde vom ältesten Sohn Georg Huebmers geleitet und nach dessen Tod durch zwei seiner Schwiegersöhne. Die jährliche Menge an zu triftendem Holz lag am Ende zwischen 15.000 und 20.000 Scheiterklafter pro Jahr. Das über die Traisen und die Donau bis nach Wien transportierte Holz wurde unter anderem von einem Schiffmeister aus St. Georgen auf einem Holzplatz in der Roßau (heute Teil des 9. Bezirks) verkauft.

Da der schon seit Längerem bestehende Holzfang bei Lilienfeld für Georg Huebmer und seine Holzmengen viel zu klein war, entstand ab 1816 eine neue und große Rechenanlage, welche der Unternehmer beim Traisenbogen auf Höhe des Stiftes erbauen ließ und die im Franziszeischen Kataster aus dem Jahr 1820 sehr gut zu erkennen ist. Die im natürlichen Flussbett fließende Traisen wurde durch einen Stichkanal quasi abgeschnitten. Die dadurch entstandene Insel ergab die Fläche für den Rechenplatz. Nach kleineren Erweiterungen umfasste die Anlage fast die gesamte Fläche innerhalb des Bogens der Traisen, von der Flussbrücke beim Torturm und entlang des Stiftsteiches bis zu jener Stelle, an welcher der Stichkanal in die Traisen einmündete.

Die Arbeit der „Huebmerischen Schwemmgesellschaft" hatte nicht nur Auswirkungen auf den Waldbestand im Bezirk Lilienfeld, sondern auch auf das religiöse Leben vor Ort: Georg Huebmer und die von ihm eingesetzten Holzknechte waren Protestanten aus dem Salzkammergut. Der Lilienfelder Pater Ambros Becziczka hielt im Jahr 1825 dazu fest: „Seit einigen dreyßig Jahren hat die Zahl der Akatholiken in der Gebirgsgegend mit jedem Jahre zugenommen. Einen neuen Vorschub zu seiner

Fischerparadies Traisenfluss

Ausbreitung erhielt der Protestantismus durch die neu errichtete Hubnerische Holzschwemme, die größten Theils von Glaubensverwandten der augsburgischen Confession betrieben wird, und den ganzen Schwemmbach entlang, über Dürrnitz und Lilienfeld hinaus protestantische Ansiedelungen veranlaßt hat." Bis heute finden sich protestantische Gläubige an der Traisen. Augenfällig wird dies beispielsweise durch die vom damals noch unbekannten Wiener Architekten Josef Hoffmann geplante evangelische Pfarrkirche in St. Aegyd am Neuwalde.

Ambros Becziczka machte im Jahr 1825 auf ein aus damaliger Sicht weiteres Problem aufmerksam: Die „Schwemm-Unternehmung" habe auch für den Staat in politischer und moralischer Beziehung einen nachteiligen Einfluss, weil durch das Unternehmen „viele Hände dem Nähr- und Wehrstande entzogen werden. Die kräftigsten, tüchtigsten und brauchbarsten Burschen verlassen den Pflug und ergreifen die Holzhacke, welches Geschäft für sie einen zu mächtigen Reiz hat." In den Holzschlägen könnten sie frei und ungebunden leben, „tief verborgen vor jedem Späherauge". So fände so mancher „Deserteur Sicherheit und der Wildschütze die beste Uebungsschule".

DAS ENDE DER HOLZSCHWEMME NAHT

Die „Huebmerische Schwemmgesellschaft" stellte 1861 ihren Betrieb ein. Drei Jahre später erwarb das Stift Lilienfeld selbst das Privileg zur Holztrift und nutzte es bis 1895. Die Holzmengen waren aber deutlich geringer geworden, und das Stift verwendete das bis Lilienfeld geschwemmte Material vor allem für den lokalen Gebrauch. Jenes Holz, das bis nach Wien transportiert wurde, lagerte auf dem stiftseigenen Holzlagerplatz bei

Reste des einstigen großen Sägewerks im Traisenbogen

Arbeitende Holzknechte. Wandmalerei im ehemaligen
Pfarrhaus Josefsberg

Wien außerhalb der Westbahnlinie vor dem Schmelzer Friedhof. Dort konnte man, wie einem Inserat aus 1867 zu entnehmen ist, „alle Gattungen Brennhölzer" erwerben. Sieben Jahre später wurden „fichtene und tannene Scheiter" mit einer Länge von 36 Wiener Zoll (entspricht 95 Zentimeter) angepriesen.

Die Rechenanlage war Ende des 19. Jahrhundert nutzlos geworden, die Kraft der Traisen jedoch nicht. Nachdem ab 1900 alle Triftanlagen entfernt worden waren, errichtete das Stift im Bogen der Traisen im Jahr 1902 ein Elektrizitätswerk (Neubau 2005) und zwei Jahre später ein mit Strom betriebenes Sägewerk. Dieses ersetzte die alte, inzwischen zu kleine Brettsäge bei der Stiftsmühle im Hölltal und ein kleines Sägewerk in Gstettenhof (Türnitz). Das Ende April 1945 im Zuge von Kampfhandlungen abgebrannte Stiftssägewerk wurde wieder aufgebaut und dabei vergrößert. Mitte der 1960er-Jahre arbeiteten immerhin 35 Beschäftigte in diesem Betrieb, von dem heute nur mehr ein auffälliger Bau im Bogen des Traisenflusses übrig geblieben ist.

Von der Holzschwemme und der Rechenanlage hat sich nichts bis in unsere Tage hinein erhalten. Nach dem Ende der Schwemme diente das aufgeschüttete Gelände unter anderem als Holzlagerplatz und als Standort des Betriebshofs des Sägewerks. Sukzessive wurde das Areal mit Wohnhäusern verbaut. Und so fragt man sich unwillkürlich, ob den Bewohnerinnen und Bewohnern jener Häuser im Flussbogen der Traisen bewusst ist, dass sie auf dem einstigen Gelände des Holzrechens wohnen. Ihre Häuser sind im übertragenen Sinn des Wortes auf Wasser gebaut.

Übrigens: Wer die anstrengende Arbeit der Holzknechte in den Wäldern sehen und verstehen will, wie aus diesen das geschlägerte Holz mittels Bächen, Flüssen, kleinen Kanälen, Holzriesen und Schlitten vor allem nach Wien gebracht wurde, sollte sich Photos aus der Mitterbacher Kastastralgemeinde Josefsberg ansehen. Im selten zugänglichen ehemaligen Pfarrhaus brachte nämlich der ab 1828 amtierende Pfarrer, der Lilienfelder Zisterziensermönch Chrysostomus Sandweger, im Speisezimmer Al-secco-Wandmalerei an. Sie zeigt noch heute beeindruckende Szenen aus dem Arbeitsleben der Holzknechte: Arbeiten im Holzschlag, den Transport zum Schwemmbach und die Holzschwemme.

EIN HEILIGER AN DER TRAISEN

Es existiert mit großer Wahrscheinlichkeit in jeder österreichischen Gemeinde eine Darstellung des Brückenheiligen Johannes Nepomuk. Doch es gibt wenige so eindrucksvolle wie jene vor dem Gemeindehaus Lilienfeld, direkt am Traisenfluss. Verwundert stellt man jedoch fest, dass eine dazugehörende Brücke in unmittelbarer Nähe fehlt. Die nächste Brücke ist flussabwärts, rund 75 Meter entfernt. Was ist hier passiert? Die Antwort ist einfach: Die Brücke wechselte den Standort, die Nepomuk-Figurengruppe blieb.

Die auffällige Skulptur geht auf einen Auftrag des Lilienfelder Konventes unter Abt Sigismund Braun (Abt von 1695 bis 1716) zurück. Anfang des 18. Jahrhunderts schuf der Wilhelmsburger Bildhauer Christoph Brändl (um 1653–1718) die Bildhauerarbeit aus Zogelsdorfer Kalksandstein, welcher einst in der Gegend von Eggenburg (Weinviertel) gebrochen wurde. Das Errichtungsdatum ergibt sich aus den Chronogrammen am rechteckigen Sockel. Dort findet man nämlich auf allen vier Seiten je einen lateinischen Text mit hervorgehobenen Buchstaben, die zugleich römische Zahlzeichen sind. Addiert ergeben diese auf jeder der vier Inschriftentafeln das Jahr 1712.

Nepomuk-Figurengruppe beim Gemeindehaus

Die außergewöhnliche Skulptur zeigt den böhmischen Priester Johannes Nepomuk – der bereits im 17. Jahrhundert stark verehrt, aber erst 1729 heiliggesprochen wurde – in jenem Moment, in dem er von einer Brücke in die Moldau gestoßen wird. Der hinter ihm stehende Henker versetzt ihm gerade den Todesstoß. Zwei Engel stehen bereit, den Märtyrer in den Himmel zu tragen.

Dass die zur Nepomuk-Figurengruppe gehörende Holzbrücke später versetzt wurde, hat mit der Aufhebung des Zisterzienserstiftes 1789 und dem damit erfolgten, staatlicherseits auferlegten Verkauf von klostereigenen Immobilien an einen Privatier zu tun. Zu jener Zeit konnte man vom Torturm (auf der linken Uferseite) nur durch die Porten auf das sogenannte Platzl (auf der rechten Uferseite) mit seinen umliegenden Gebäuden gelangen. Um die vom neuen Besitzer am Platzl eingerichteten Geschäfte attraktiver und leichter erreichbar zu machen, ließ er im Norden des Platzls ein Gebäude entfernen und flussabwärts eine neue Brücke über die Traisen bauen. Er

führte die Straße nun direkt vom Torturm über den Fluss zum Platzl und zwang somit alle Durchreisenden, an den Geschäften am Platzl und am Porten-Gasthaus vorbeizugehen oder vorbeizufahren. Die Nepomuk-Gruppe blieb jedoch an ihrem alten Standort stehen, wo sie sich noch heute befindet. Diese kuriose Situation hat schon so manche Autoren irritiert, unter ihnen Franz Xaver Schweickhardt. In seiner 1836 veröffentlichten *Darstellung des Erzherzogthums Oesterreich unter der Ens* schreibt er, dass er „unweit" der über die Traisen führenden hölzernen Brücke eine „große steinerne Gruppe" gesehen habe. Es sei eine Darstellung, „wie der heilige Johannes von Nepomuck von einem der Diener des Königs Wenzel in die Moldau gestürzt wird. Diese Gruppe ist nicht werthlos ausgeführt und auf ein Piedestal gestellt; dann von einem steinernen Geländer umgeben. Doch steht sie zu entfernt von der Brücke an einem Orte, wo sie fast gar nicht in die Augen fällt, was Schade ist; und man kann den Wunsch nicht unterdrücken, daß sich doch für sie vielleicht ein passenderer Platz finden dürfte!"

Heute wird das Holz nur mehr mit der Bahn und auf der Straße transportiert. Bahnhof Schrambach

Unabhängig vom irritierenden Standort gilt die Nepomuk-Figurengruppe als beeindruckende und bildhauerisch wertvolle Darstellung des Heiligen. Sie steht daher zu Recht unter Denkmalschutz und wurde zum letzten Mal 1989 renoviert. Den Platz zwischen ihr und dem Gemeindehaus ließ die Gemeinde zuletzt im Jahr 2007 neugestalten.

HOCHWASSER UND HAGELWETTER

Der Fluss Traisen bringt Leben, aber regelmäßig auch Unheil. Die Alpen und die Voralpengebiete sind seit undenklichen Zeiten von verheerenden Hochwasserereignissen, Bergstürzen und Muren betroffen. Wenn ein Fluss über die Ufer tritt, wirken sich Hochwasserabflüsse auf Teilstrecken des Flusslaufs, auf flussnahe Flächen und sogar auf davon relativ weit entfernte Bereiche des Talbodens aus. Ein Hochwasser entsteht durch Niederschläge und Schneeschmelzen, deren Dauer und/oder Intensität die durchschnittlichen Werte, Mittelwasser genannt,

übersteigt. Je kleiner das Einzugsgebiet eines Flusses ist und je größer das Niederschlagsereignis, desto schneller tritt das Hochwasserereignis ein.

Die Besiedelungsgeschichte im Einflussbereich von Flüssen war und ist eng mit der Bedrohung durch Hochwasser verknüpft. Im 18. und 19. Jahrhundert löste die steigende Zahl an Hochwasserereignissen eine Diskussion über die Einrichtung eines systematischen Hochwasserschutzes aus. Damals sah man in der Abholzung die wesentliche Ursache von Hochwasser und dessen Schäden. Gleichzeitig nahm jedoch die Bevölkerung in den Alpen kontinuierlich zu und die neuen oder expandierenden Industriebetriebe benötigten mehr Holz, das im Raum Lilienfeld vor allem auf der Traisen transportiert wurde. Aber die Technik war noch nicht auf dem Stand, Schäden bei großen Hochwasserereignissen zu verhindern.

Heutzutage wird die Kraft der Traisen nicht mehr zum Transport von Holz genutzt, sondern ausschließlich zur Gewinnung von elektrischem Strom. Die Traisen in ihrer ganzen Länge weist einen sehr hohen Ausbaugrad in Hinblick auf die Wasserkraftnutzung mit Kleinkraftwerken auf. Frei fließende, in ihrer Dynamik unbeeinträchtigte Fließgewässerabschnitte sind vor allem nach dem Zweiten Weltkrieg immer weniger geworden. Doch ab den 1990er-Jahren änderte sich die Herangehensweise. Auch wenn noch heute flussbegleitende Mauern und Dämme als Schutz vor einem Hochwasser errichtet werden, gibt man an anderen Stellen dem Fluss im wahrsten Sinn wieder mehr Raum. Verbreiterungen des Flussbettes erhöhen nicht nur die ökologische Vielfalt in diesen Abschnitten, sondern verringern in Spitzenzeiten die Hochwassermenge und somit die Gefahr für die Wohngebiete, die über die Jahrzehnte immer wieder erweitert wurden. In Lilienfeld befanden sich im Jahr 1870 rund drei Prozent der Wohngebiete im Bereich der Überflutungszone der Traisen, im Jahr 2000 waren es mehr als 30 Prozent. Dieser Siedlungsdruck im flussnahen Raum erhöht die Gefahr bei Hochwasserereignissen.

Im Laufe des 20. Jahrhunderts wurde der Hochwasserschutz im Gemeindegebiet von Lilienfeld erstmals im großen Rahmen eingerichtet. In den 1930er-Jahren kam es in den Katastralgemeinden Dörfl und Lilienfeld zu einer Regulierung, die kurz nach Ende des Zweiten Weltkriegs erweitert wurde. 1978 folgte jene in Marktl. Die Hochwasserereignisse von 1997, 2006, 2007 und 2014 führten bis in die 2020er-Jahre zu neuen und größer dimensionierten Hochwasserschutzmaßnahmen. Zuständig dafür ist der im Jahr 1920 gegründete

Traisen-Wasserverband, eine Körperschaft öffentlichen Rechts, welche fast den gesamten Einzugsbereich des Flusses betreut.

ÜBERFLUTUNGEN

Daten über Hochwasser im Mittelalter und der frühen Neuzeit sind nicht vorhanden. Für die letzten 250 Jahre lassen sich jedoch zahlreiche Hochwasserereignisse in Lilienfeld nachweisen. Nach einem durch langanhaltende Regenfälle verursachten Hochwasser im Sommer 1761, bei dem in Lilienfeld dutzende Häuser, Sägen und Mühlen betroffen waren, kam es im Juli 1796 zu einem Hochwasser, von dem wir uns noch heute ein Bild machen können. Beim südlichen Stiftsportal und im Prälatenhof ist je eine Hochwassermarke angebracht, welche die damalige maximale Wasserhöhe anzeigt. Der Wasserstand vom 22. Juli 1796 bildet jedoch nicht ein Hochwasser des Traisenflusses ab, sondern die Überflutung durch den Höllbach, der unterhalb des Stiftes in die Traisen mündet. Grund für das Anschwellen dieses Baches dürfte ein Wolkenbruch mit Starkregen auf der Klosteralm gewesen sein. Damals wurde das Kloster samt den Fischteichen, dem Obstgarten und den Ziergärten überschwemmt. In der Stiftskirche stand das Wasser rund eineinhalb Meter hoch.

Gleich zwei Hochwasserereignisse gab es im Sommer 1813. Der Lilienfelder Pater Ambros Becziczka schrieb Jahre danach, dass diese „das ganze Traisenthal dergestalt verheerten, daß durch mehrere Wochen die Communication unterbrochen war; nach Jahren noch der Reisende tiefe Spuren davon erblickte; und die Folgen davon schwer auf Lilienfeld fielen".

Durch ein Sommerhochwasser im Jahr 1880 stand der Bahnverkehr nach Lilienfeld für einige Zeit still. Zwei Jahre später kam es durch ein Hochwasser der Traisen zu einem tragischen Unglück. Ein Wallfahrer kam zu Tode; mehrere Wallfahrerinnen und Wallfahrer wurden verletzt, darunter Anna Ziehrer, die Mutter des bekannten Wiener Kapellmeisters und Komponisten Carl Michael Ziehrer.

Ende Juli 1897 kam es aufgrund von Wolkenbrüchen an der steirisch-niederösterreichischen Grenze zu großen Schäden im oberen Traisental. Zwischen Annaberg und St. Pölten blieben nur drei von fast 50 Brücken und Stegen intakt, darunter die Brücke beim Lilienfelder Torturm. Hagel und Starkregen führten 1913 zu einem Traisenhochwasser, bei dem der namensgebende Übergang beim „Gasthaus am Steg" in Schrambach mitgerissen und der Eisenbahndamm teilweise beschädigt wurde.

Zu einem gut dokumentierten sehr schwerwiegenden Hochwasser im Traisental kam es in der Nacht vom 1. auf den 2. Juni 1921. Auf Lilienfelder Gemeindegebiet verursachten die Unwetter mit anschließendem Hochwasser den Tod von drei Menschen und vor allem sehr große Schäden bei zwei Zubringerbächen: Der angeschwollene Jungherrntalbach zerstörte zahlreiche Häuser am Talbeginn sowie die Glaningermühle, welche – wie Photos zeigen – zur Hälfte weggerissen wurde. Auch die Wasserleitung im Jungherrntal war nun zerstört, was dazu führte, dass das Krankenhaus einige Zeit nur durch Pferdefuhrwerke mit Wasser versorgt werden konnte. Auch das Licht fiel in den Gebäuden des Spitals aus.

Neben Schäden auf der Gaisleiten musste man 1921 auch im Höllbachtal Zerstörungen hinnehmen.

Eine Tafel markiert an der Südfront des Stiftes den Hochwasserstand von 1796.

Die Stiftsgärtnerei, der Meierhof und die (1967 stillge-
legte) Stiftsmühle in der Klosterrotte waren überflutet.
Die Wassermassen drückten so stark auf die nördliche
Friedhofsmauer, dass diese umstürzte. Die Eisenbahnstrecke zwischen Wilhelmsburg und Freiland wurde
ebenfalls von den Fluten zerstört. Muren mit Erdgeröll
verschütteten zahlreiche Straßen und Ortsteile.

Aus der zweiten Hälfte des 20. Jahrhunderts sind zwei
Hochwasser in Erinnerung geblieben. Zum einen jenes
vom Anfang Juli 1975, das unter anderem die Traisenbrücke in Stangenthal schwer beschädigte und zu groß-
räumigen Überflutungen in Schrambach führte. Im Jahr
1997 kam es zum schlimmsten je gemessenen Hochwasser in Lilienfeld. Aufgrund tagelanger starker Niederschläge flossen ab dem frühen Abend des 7. und am
8. Juli 1997 bis zu 373 Kubikmeter Wasser pro Sekunde
durch das Traisental. Große Schäden durch weiträumige
Überflutungen – auch und vor allem am Werksgelände
der Firmengruppe Neuman – waren die Folge.

Im Zuge des Hochwassers von 1921 drückten die
Wassermassen die Friedhofsmauer um.

Die von Bäumen eingerahmte Traisen in Lilienfeld

Buben paddeln auf der Traisen in Lilienfeld. Aufnahme um 1935

Eines der letzten großen Hochwasserereignisse, das durch langanhaltende Regenfälle ausgelöst wurde, fand im September 2007 statt. Die Katastralgemeinden Schrambach und Stangenthal waren am stärksten davon betroffen.

Seit 1896 wird in Lilienfeld der Wasserstand der Traisen kontinuierlich beobachtet, wobei in den ersten Jahrzehnten die Werte noch abgelesen und händisch in Tabellen eingetragen werden mussten. Heute läuft dies automatisch. Ein Schreibpegel in Lilienfeld liefert die Messwerte, wobei der Pegel im Jahr 2005 um rund drei Kilometer flussabwärts verlegt werden musste, um nicht im Rückstaubereich eines Kleinkraftwerkes zu stehen.

VON EIS BEDECKT

Nicht nur Bäche und Flüsse können Schäden an landwirtschaftlichen Kulturen, an Wäldern und Gebäuden verursachen, sondern auch Hagelkörner. Eines der ersten dokumentierten Unwetter mit Hagel fand in Lilienfeld im Jahr 1814 statt.

Im Spätfrühling 1874 ging über dem Gemeindegebiet ein heftiges Unwetter zunächst auf der Klostereben und dann in den Wohngebieten zwischen Dörfl und Schrambach nieder. Die Schlossen sollen größer als Nüsse und schwerer als 70 Gramm gewesen sein. Besonders das Kloster samt dem Stiftspark wurde durch das Hagelunwetter stark mitgenommen.

Auch im Juli 1886 und im Juli 1925 fielen Unmengen an „haselnußgroßen Hagelschloßen" auf die Erde, sodass bei zweiterem Unwetter für eine längere Zeit „die Fluren von Eis bedeckt" waren, wie es danach im *Volksblatt für Stadt und Land* hieß.

5

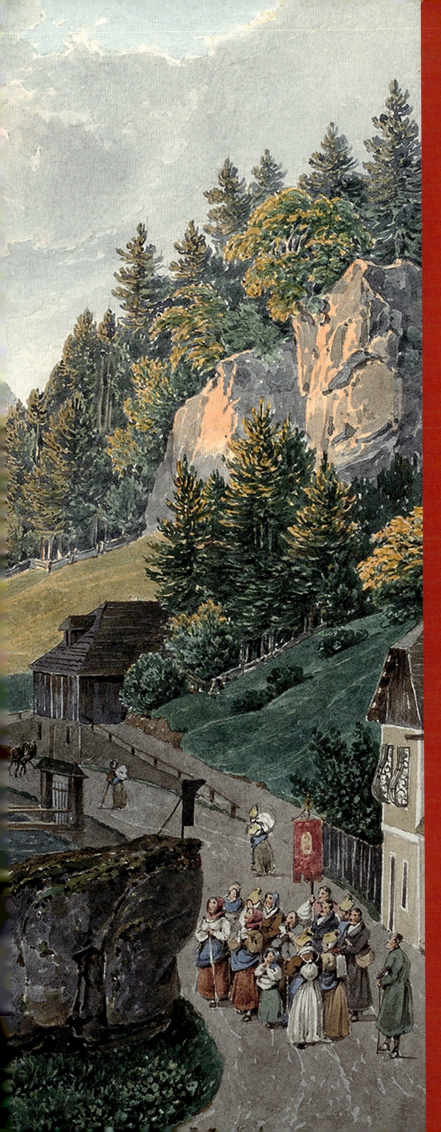

SICHEL UND HAMMER, PULVER UND DAMPF

Industrie, Bergbau und Eisenbahn

„An der Traisen bey Markt Marktl".
Wallfahrer auf dem Weg nach Mariazell
erreichen die Eisenwerke und Fabriken von Marktl.
Aquarell von Eduard Gurk aus 1833/1834

„… und das Pochen der Hämmer verkündet die Nähe von Eisenwerken und den Gewehrfabriken, die vor Lilienfeld ein kleines Dörfchen bilden." Mit diesen Worten stimmte Joseph Adler, Dompriester von St. Stephan, in seinem um 1817 erschienenen Buch *Der Begleiter auf der Wallfahrt nach Maria Zell* seine Leserschaft auf eine wichtige Etappe ein: das Stift Lilienfeld. Er gibt uns mit seinen wenigen Worten einen realistischen Eindruck von den Hammerwerken, Drahtzügen und anderen Fabriken, die für das Entstehen der Ortschaft Marktl verantwortlich waren und von allen Reisenden zwangsläufig wahrgenommen wurden. Einen bildlichen Eindruck von diesen frühen Industriebetrieben gibt uns ein Aquarell von Eduard Gurk (1801–1841), der im Jahr 1833 von Kronprinz Ferdinand (dem späteren

österreichischen Kaiser) anlässlich dessen Dankwallfahrt mit der bildlichen Dokumentation des Wallfahrerwegs nach Mariazell beauftragt wurde.

Der Fluss Traisen als Energiequelle und die ausgedehnten Wälder als Grundlage zur Erzeugung von Holzkohle boten die Voraussetzungen zur Ansiedelung von eisenverarbeitenden Betrieben im oberen Traisental. Die aufstrebende Eisenindustrie entwickelte sich im 18. Jahrhundert aus kleinen Schmieden, Hammerwerken und Drahtzügen. Diese versorgten die Landwirtschaft mit Geräten und Werkzeugen, wie zum Beispiel Sensen und Sicheln. Doch die Geschichte der Eisenverarbeitung in der Gemeinde Lilienfeld geht noch weiter zurück, nämlich bis ins

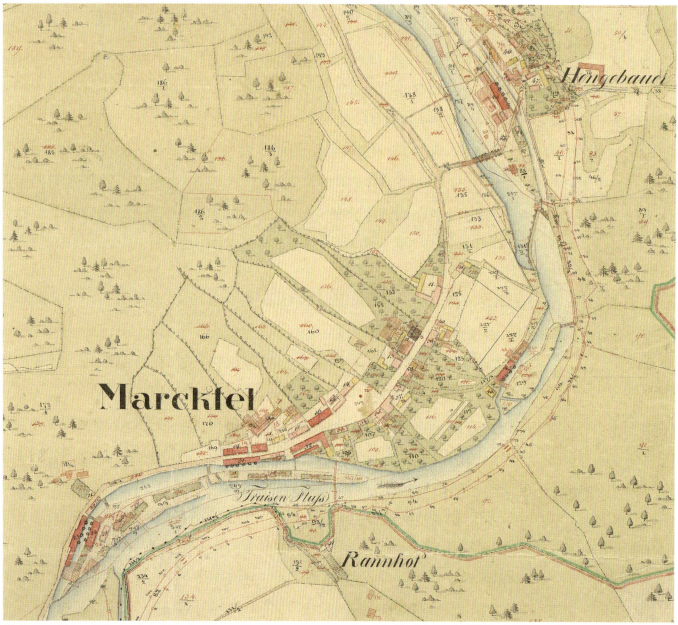

Die Wasserräder und Eisenwerke in Marktl, dargestellt im historischen Kataster (Urmappe) aus dem Jahr 1820

Die Oesterlein'schen Eisenwerke in Marktl am rechten Ufer der Traisen. Lithographie aus 1837

15. Jahrhundert. Bereits im Jahr 1461 dürfte ein Lilienfelder Kleinbetrieb 100 Hakenbüchsen produziert haben; im Jahr 1497 folgte ein Auftrag über 124 Stück dieser Langfeuerwaffen. Um von Lieferungen des Roheisens aus der Steiermark unabhängiger zu werden, begann man kurz vor 1500 im Einzugsgebiet der Traisen nach Eisenerz zu suchen. Erste Versuche im heutigen Gemeindegebiet von Annaberg unter dem Lilienfelder Abt Gregor (Abt von 1499 bis 1502) stellte man jedoch rasch ein. Erst ab 1698 wurde in der sogenannten Schmelz bei Annaberg vom Grundherrn, dem Stift Lilienfeld, ein Eisenwerk für den bäuerlichen und handwerklichen Bedarf betrieben, wobei der genaue Standort nicht mehr bekannt ist. Aus heutiger Sicht mehr als ungewöhnlich ist dabei die Tatsache, dass in diesem, dem Stift gehörenden Werk Waffen produziert wurden. So lässt sich 1703 – während des Spanischen Erbfolgekriegs (1701–1714) – eine Bestellung von Bomben- und Kugelproben für das Zeughaus in Wien nachweisen. Die Proben wurden 1704 geliefert, ein Jahr später muss es zu weiteren Lieferungen gekommen sein. Im Jahr 1708 erhielt das Stift eine Art Rahmenvertrag, der vor allem Kanonenkugeln und Kanonenrohre umfasste und aus

heutiger Sicht sehr rigide Bedingungen enthielt. Das Stift unter Abt Sigismund Braun (Abt von 1695 bis 1716) investierte viel Geld, erhielt aber kaum Aufträge. Und so kam es, wie es kommen musste: Die überschuldete „Lilienfelder Kanonenfabrik" mit ihren rund 180 Mitarbeitern stellte im Jahr 1710 den Betrieb ein.

VON SÄBELN UND GEWEHREN

Der sogenannte Gstettenhammer, eine einfache, seit spätestens 1706 bestehende Hammerschmiede in Marktl gilt zu Recht als Ausgangspunkt jener industriellen Entwicklung, die zur heutigen Zuschreibung Marktls und der Stadtgemeinde Lilienfeld als „Industrieort" führt. Verantwortlich für den industriellen Aufschwung war vor allem Nicolaus Oesterlein, der 1747 im böhmischen Asch als Sohn eines einst in der Grafschaft Wertheim (Baden-Württemberg) ansässigen evangelischen Schlossermeisters geboren wurde. Nach dem Tod der Mutter zog Nicolaus in den frühen 1770er-Jahren nach Wien, wo er mit seinen Brüdern in der Alservorstadt eine Schlosserwerkstätte in Betrieb nahm, die in den 1780er-Jahren vor allem Säbel und Lanzen an

Entlang der Hauptstraße von Marktl reihen sich die ehemaligen Wohn- und Arbeitsstätten der Eisenindustriearbeiter auf.

den Staat lieferte. Ab 1786 baute Oesterlein für das Militär Gewehre um. Spätestens 1795 firmierte die Schlosserwerkstätte als „k. k. priv. Feuergewehr und Armaturen Fabrik". Vor 1808 verlegte man diese in die Vorstadt Fünfhaus, wo der Betrieb in den ersten Jahrzehnten florierte und noch in der zweiten Hälfte des 19. Jahrhunderts bestand. Nicolaus Oesterlein nutzte die bereits unter Maria Theresia einsetzende und später unter ihrem Sohn Kaiser Joseph II. weiter ausgebaute Unterstützung von privaten Unternehmensgründungen, die mittels Privilegien eine rechtliche und wirtschaftliche Basis erhielten. Es war auch jene Zeit, in der die handwerkliche Einzelerzeugung immer häufiger durch industrielle Massenproduktion ersetzt wurde. Trotzdem gab es im ersten Viertel des 19. Jahrhunderts in den meisten Fällen noch immer eine Arbeitsteilung: Die Gewehrfabriken fertigten in der Regel alle zu einem Schießgewehr nötigen Bestandteile aus Eisen, namentlich die Gewehrläufe und -schlösser; die Gewehr- und Büchsenmacher setzten diese Bestandteile danach zu ganzen Gewehren zusammen.

Bereits um 1780 erwarb Nicolaus Oesterlein den schon erwähnten Gstettenhammer in Marktl, wo er billig – mit regionalen Produktionsmitteln – Gewehrbestandteile für seine bei Wien gelegene Fabrik produzieren konnte. Ab 1785 war die „k. k. priv. Gewehrfabrik" in Marktl führend in der Gewehrproduktion. Zwei weitere Hämmer im nahen Hainfeld kaufte man im Jahr 1788 zu. Ein Holznutzungsvertrag zwischen Nicolaus Oesterlein und dem Stift Lilienfeld aus 1796 sicherte dem Unternehmer eine wichtige Ressource. Mit der Erweiterung seines Betriebes entstanden zahlreiche Wohn- und Arbeitsgebäude in Marktl, die noch heute beide Seiten der Hauptstraße prägen.

Über die Oesterlein'sche Gewehrfabrik jener Zeit erfährt man mehr in einem anonym verfassten Reisebericht, der im Juli 1810 erschien. Demnach fertigte man in Marktl Gewehrbestandteile sowie Bajonette. Die Fabrik hatte vertragsgemäß 24.000 Gewehre pro Jahr zu produzieren, wobei das Grundmaterial, das Roheisen, aus dem relativ nahen Vordernberg, aus Pitten und Ungarn geliefert wurde. Jeder Arbeiter in der Marktler Gewehrfabrik „wird nach dem Stücke bezahlt; er hat seine Werkstatt, sein Wohngebäude und seine Küche unter einem Dache. Ihre kleinen Häuschen reihen sich nach dem Stufengange der Fabrikation, gleich

Die Eisenwerke Fried. v. Neuman in Marktl am rechten Ufer der Traisen. Aufnahme vom Anfang des 20. Jahrhunderts

den Zellen des arbeitsamen Bienenvolkes, an einander." Die Fabrik sei samt Wohnungen, Werkstätten, Hämmern und Wasserleitungen vor 13 Jahren „von Grund aus neu aufgeführt worden".

Im Jahr 1799 wurde von Nicolaus Oesterlein die Mühle am „Hegnach" in Marktl, dort wo heute das PREFA-Werk steht, erworben. Neben der Mühle ließ Oesterlein ein Hammerwerk mit einem Zerrennhammer und einem Streckhammer errichten, die ebenfalls der Gewehrproduktion dienten.

Nicolaus Oesterlein war einer von mehreren Männern, die sehr früh Eisenwarenprodukte beziehungsweise Bestandteile für Gewehre im Bezirk fertigen ließen. Zu nennen ist in diesem Zusammenhang der aus einer Wiener Büchsenmacherdynastie stammende Johann Fruwirth (Fruhwirth), der ab 1787 in Hainfeld und ab 1798 in der Ramsau mit der Produktion von Gewehrbestandteilen begann, welche in Wien zusammenmontiert wurden. Im Jahr 1809 erwarb Fruwirth zusätzlich ein Hammerwerk in Freiland (Türnitz), welches er für die Erzeugung von Gewehrläufen

und Bajonetten ausrüstete. Ab dem frühen 19. Jahrhundert besaß er auch Schurfrechte für Steinkohle in Zögersbach und Engleiten.

Nicolaus Oesterlein war zwar Eigentümer der Gewehrfabrik in Marktl, doch die Geschäfte führte lange Zeit sein Bruder Sigmund (1758–1821), der nebenbei einen Hammer betrieb. Ein Jahr vor seinem Tod musste Sigmund Konkurs anmelden. In der 1820 öffentlich feilgebotenen Konkursmasse finden sich der „Eisengeschmid Hammer am Gsangenbach im Markte Lilienfeld", der anscheinend ein Wohnhaus, eine Schlosserwerkstatt mit einer Schmiede, ein Hammerwerk mit zwei Feuern und zwei Hammerschläge umfasste. Der Andrang an Interessenten muss sich jedoch sehr in Grenzen gehalten haben, da es mindestens fünf Feilbietungstermine gab.

Die Fabrik in Fünfhaus wurde nach dem Tod von Nicolaus Oesterlein (1809) zuerst von seiner Witwe Helene, die 1824 starb, und danach vom gemeinsamen Sohn Joseph (1792–1862) weitergeführt. Die Leitung der Gewehrfabrik bei der Hegnachmühle in Marktl übernahm hingegen nach

Erreichen der Volljährigkeit Carl Oesterlein (1798–1841), ein weiterer Sohn von Nicolaus und Helene Oesterlein.

Da die Nachfrage nach Gewehren nach Ende der Napoleonischen Kriege und dem Wiener Kongress abnahm, musste man die Produktion mittelfristig auf zivile Produkte umstellen. Ab 1825 wurden unter Carl Oesterlein vor allem Wagenachsen hergestellt, die Zeilinger Drahtzugfabrik in Marktl übernommen und ein Walzwerk errichtet. Durch den Erwerb des Steinbichler'schen Hammers in Marktl, der mit einem eigenen Wasserrecht verbunden war, ergab sich die Möglichkeit zur Nutzung auch dieses Wasserkraftpotenzials.

DIE FAMILIE WAENZEL

Im Jahre 1823 wurde die Oesterlein'sche Gewehrproduktion in Marktl eingestellt, der Gstettenhammer an den in Kurhessen geborenen Wiener Schlossermeister und Eisenwarenhändler Johann Waenzel (1778–1860) verpachtet und schließlich 1828 an ihn verkauft. Waenzel erzeugte

hauptsächlich Hauen, Krampen, Schaufeln, Pflugbestandteile und Sägeblätter.

Zu Beginn der 1830er-Jahre begann Waenzel, der schon in Wien eine Gewehrfabrik errichtet hatte, in Marktl mit der Erzeugung von Gewehren. Sein Sohn Franz Ritter von Waenzel übernahm später den Betrieb und erfand das erste österreichische Hinterladergewehr, welches im März 1867 ein Patent erhielt. Die Produktion erfolgte ebenfalls in Marktl, wurde aber bereits im Jahr 1872 eingestellt. Nach dem Tod Franz Waenzels (1882) ging die Fabrik an dessen Sohn Johann, der als „Eisen- und Hammerwerksbesitzer" in Marktl blieb. Der gab 1889 bekannt, dass er nun statt eines Eisen- und Hammerwerks eine Blech-, Achsen- und Eisenwaren-Fabrik in Marktl betreibe. Ab der Jahrhundertwende gehörte das Eisenwerk der Wiener Firma „C. T. Petzold & Co." – mit eigenem E-Werk, dessen umgebautes Betriebsgebäude im Süden der Katastralgemeinde Marktl noch heute existiert. Die daran anschließende Lagerhalle des Petzold-Werks wurde bei einem Brand 1985 zerstört.

„Kraftzentrale" (E-Werk) der Firma Fried. v. Neuman im Bereich des einstigen Gstettenhammers am linken Ufer der Traisen

EIN INDUSTRIELLER ALS POSTAMTSLEITER

Dass spätestens Mitte des 18. Jahrhunderts eine Postmeisterstelle im heutigen Gemeindegebiet von Lilienfeld existierte, darf nicht verwundern. Immerhin
lag Lilienfeld an einer wichtigen Poststraße, die

Niederösterreich mit der Steiermark verband. Das
anscheinend älteste entsprechende Dokument zur Post
in Lilienfeld stammt aus dem Jahr 1785. Darin geht
Reichspostmeister Fürst Wenzel Johann Joseph Paar
auf ein Gesuch einer Postmeisterwitwe ein, welche die

Porträt von Carl Oesterlein. Ölgemälde von Johann Nepomuk Höfel aus 1839

Das Gebäude Marktler Straße 29 war einst Standort des Postamtes und beherbergt heute ein Hotel.

von ihrem Mann 42 Jahre lang betriebene Poststelle in Lilienfeld (Dörfl) übernehmen wollte. Diese Poststelle war – wie heute nicht mehr üblich – in deren Privathaus untergebracht.

Ein Lilienfelder Postmeister ist besonders in Erinnerung geblieben: der bereits erwähnte Gewehrfabrikant und Eisengewerkbesitzer Carl Oesterlein. Er hatte sich im Jahr 1833 um die Postmeisterstelle von Lilienfeld beworben – und sie bekommen. Wie damals üblich, wechselte das Postamt zu ihm in sein Wohnhaus und somit von Dörfl – das Postamt seines Vorgängers als Postmeister, Johann von Remiz, war im Gasthof zum weißen Hahn untergebracht – nach Marktl. Oesterleins Haus ist noch heute ein Wahrzeichen von Marktl. Es handelt sich um das Gebäude Marktler Straße 29 mit dem kleinen Uhrturm auf dem Dach, welches Carls Vater Nicolaus Oesterlein bereits 1795 gekauft hatte und das heute – zum Teil stark umgebaut – ein Hotel ist. Carl und seiner Familie diente es als Wohnhaus, bis 1837 der Neubau des Herrenhauses auf der gegenüberliegenden Flussseite fertig war.

Im Dienstvertrag zwischen Carl Oesterlein und der k. k. Oberpostverwaltung vom August 1833 wurde unter anderem festgehalten: „Insbesondere verspricht derselbe, die Correspondenz des dortigen und benachbarten Publikums, so wie jene, die von anderen Post-Stationen ankommt, ordnungsgemäß zu besorgen, auf schleunige, und sichere Bestellung und Versendung der Briefposten, Briefe, Packete, Estaffeten, und der dort aufgegebenen, oder zur Weiterbeförderung eingelaufenen Estaffeten, wie auch auf die Beförderung der Reisenden mit Extra-Post den größten Fleiß und die gespannteste Aufmerksamkeit zu verwenden, und in den ihm anvertrauten Postgeschäften die Pflicht der Verschwiegenheit strenge zu beobachten."

Ein erhaltenes Porträtgemälde aus 1839 zeigt Carl Oesterlein als Postmeister und Fabrikseigentümer. In der rechten Hand hält er ein Bündel Briefe und Empfangsbestätigungen, in der linken Hand eine Bergbarte, die ihn als Bergmann ausweist. Im Hintergrund sieht man einen Teil seiner Fabrik in Marktl und den sogenannten Spitzbrand beim Stift Lilienfeld.

1841 starb Carl Oesterlein als „k. k. Postmeister, k. k. priv. Feuergewehr- u. Eisenwaaren-Fabrikseigenthümer, Bergwerks-Gewerk- und Hauseigenthümer in Fünfhaus bei Wien" in seinem Haus in Marktl, wie im Sterbebuch der Pfarre Lilienfeld zu lesen ist.

Nach seinem Tod verblieb die Poststation aufgrund der zahlreichen größeren und kleineren Industriebetriebe in Marktl und wurde der sich um die Postmeisterstelle bewerbenden Witwe Anna Oesterlein übertragen. Danach wechselte der Standort in die Klosterrotte respektive nach Dörfl. Ab 1887 gab es zwei Postämter im Gemeindegebiet von Lilienfeld, denn dem Fabrikanten Friedrich von Neuman war die Entfernung zur Klosterrotte zu groß. Er ließ in Marktl, wo inzwischen eine eigene Eisenbahnhaltestelle existierte, ein Postamt einrichten, das bis 1972 bestand.

Das Postamt in der Klosterrotte war ab 1902 am Platzl in einem dem Stift gehörenden Neubau untergebracht. Heute existiert kein eigenständiges Postamt mehr im Gemeindegebiet; ein sogenannter Postpartner übernimmt schon seit vielen Jahren die postalischen Aufgaben.

Was heute nicht mehr zum Arbeitsgebiet eines Postamtes gehört, ist das Fernmeldewesen. Dessen Geschichte begann in Lilienfeld im Jahr 1869 mit der Installierung einer Telegraphenstation, wobei 1887 auch ein Telegraphendienst im Marktler Postamt eingeführt wurde. 1894 gab es im Gemeindegebiet erstmals einen Telephondienst. Neben den öffentlichen Telephonstellen in den beiden Postämtern hatten damals nur das Stift, der Bahnhof Lilienfeld und sieben Fabriken einen Anschluss.

VON WAFFEN ZU ZIVILEN PRODUKTEN

Carl Oesterlein war nicht nur Postmeister in Marktl, sondern vor allem auch umtriebiger Industrieller. Er modernisierte seine Betriebe grundlegend und bot immer mehr zivile Produkte an. Gleichzeitig erfolgte unter ihm die Umstellung von Holzkohle auf Steinkohle. Ein wichtiger Anlass für diese Veränderung war 1832 der Behördenwunsch, gleichzeitig mit dem Ausbau der Oesterlein'schen Eisenwerke in Marktl von Holzkohle auf mineralische Kohle umzusteigen. Diese nicht nur in Lilienfeld vorgenommene Änderung beim wichtigsten Energieträger führte zwangsläufig zum Verschwinden der Köhlereien mit ihren Holzkohlenmeilern.

Nach dem Tod Carls Oesterleins im Jahr 1841 übernahm seine Frau Anna (1806–1883) nicht nur die Postmeisterstelle, sondern auch die Fabrik in Marktl, die nun unter dem Namen „Carl Oesterleins Witwe" firmierte

und 1859 ein Ausgleichsverfahren überstehen musste. 1861 folgten die beiden Söhne Karl Franz Oesterlein (1828–1880) und Nikolaus (1840–1885) als Eigentümer.

Mit der Errichtung der Westbahnstrecke im Jahr 1856 konnten die Oesterlein'schen Erzeugnisse ab St. Pölten mit der Bahn nach Wien transportiert werden. Ein Teil dieser Produkte – vor allem Wagenachsen und Schwarzblech – ging an den dortigen Eisenwarenhändler Friedrich von Neuman (1821–1880), der wie Nicolaus Oesterlein evangelischen Glaubens war. Nach dem Konkurs der Oesterlein'schen Eisenwerke in Marktl (1877) kam es drei Jahre danach zu deren Versteigerung: Friedrich von Neuman übernahm den Betrieb um 387.600 Gulden. Er war der größte Gläubiger der Oesterlein'schen Eisenwerke und Kohlengruben und einige Zeit Geschäftsführer der Eisenwerke gewesen. Als Neuman bereits 1880 verstarb, musste die Führung der Firma „Lilienfelder Eisenwerke des Fried. v. Neuman" neu geregelt werden. Aus einer Einzelfirma wurde 1881 eine Gesellschafterfirma, mit der Hauptniederlassung in Wien und einer Zweigniederlassung in Marktl. Gesellschafter waren nun die beiden Wiener Eisenhändler Friedrich von Neuman jun. und Emil von Neuman sowie der in Marktl ansässige Victor von Neuman.

Das Jahr 1891 blieb den Firmeneigentümern sicher nicht in guter Erinnerung. Im Puddelwerk zersprang ein Schwungrad in mehrere Stücke, wobei ein Teil das Hallendach durchschlug und erheblichen Schaden anrichtete. Vier Jahre später wurde im Blechwalzwerk vorerst probeweise die achtstündige Arbeitszeit eingeführt, was die *Arbeiter Zeitung* – interessanterweise ohne weiteren Kommentar – vorab veröffentlichte.

Der Betrieb expandierte laufend, wobei das enge Tal und der Fluss eine natürliche Ausbreitungsgrenze bildeten. Die

Ein Schriftzug mit dem einstigen Firmennamen Fried. v. Neuman hat sich in Marktl erhalten.

Traisen war aber auch ein wichtiger potenzieller Energie-lieferant. Und so ging die Firma Fried. v. Neuman, die aus dem Stabeisenwalzwerk, der Achsenfabrik und dem Zinkwalzwerk bestand, im Jahr 1913 daran, bei einem bestehenden Wehr ein Wasserkraftwerk mit einer neu zu errichtenden Francis-Turbine und einem Generator der Firma AEG zu errichten.

Der Erste Weltkrieg ging an den Mitarbeiterinnen und Mitarbeitern der Firma Fried. v. Neuman nicht spurlos vorüber. Aufgrund von Lebensmittelmangel kam es im Juli 1918 zu Betriebseinschränkungen. Im Walzwerk wurde eine Woche lang nur in der Nachtschicht gearbeitet; in der darauffolgenden Woche war das Zinnwalzwerk von derselben Maßnahme betroffen. Der Grund dafür war laut *Arbeiter Zeitung*, dass die Arbeiter nicht kräftig genug für die schwere Arbeit seien. Auch im Tourismus machte sich der Mangel an Lebensmitteln während des Ersten Weltkriegs und in der Zeit danach bemerkbar. So beschloss der Wirtschaftsausschuss des Lilienfelder Gemeinderates im Frühjahr 1919, in der kommenden Sommersaison „grundsätzlich keine Sommergäste aufzunehmen, respektive die Ausgabe von Lebensmittelkarten an Sommergäste grundsätzlich zu verweigern". Insbesondere könnten

Sommergäste, so der Beschluss, mit der Zuweisung von Milch „unter keinen Umständen" rechnen.

Aber zurück zur Firma Fried. v. Neuman. Im Jahr 1903 wurde das Schwarzblechwalzwerk stillgelegt und für die Erzeugung von Zinkblechen umgebaut. Fast 100 Jahre nach der Eröffnung, nämlich 1924, schloss man das Achsenwerk, das seit 1897 bestehende Stabeisenwalzwerk folgte 1938. Die schlechte wirtschaftliche Lage in der Zwischenkriegszeit führte auch in der Firma Fried. v. Neuman zu Kündigungen und Kurzarbeit. Nach dem Zweiten Weltkrieg stabilisierte sich die Produktion im Zink- und Aluminiumwalzwerk, wobei man in den frühen 1950er-Jahren ein Becherwerk und 1965 eine Gießwalzanlage errichtete. Auf dieser wurden sogenannte Butzen erzeugt, welche zur Herstellung von Zahnpastatuben, Senftuben oder Tuben für pharmazeutische Artikel dienen. Die Produktion von Zinkblech wurde hingegen 1976 eingestellt.

EIN ETWAS ANDERES PRODUKT
Im Jahr 1938 wurde mit der Errichtung des Hermaltex-Werks begonnen, das an der Stelle des zwangsweise stillgelegten Stabeisenwalzwerks entstand und in dem

Das Gelände des Hermaltex-Werks in Marktl. Aufnahme aus 1956

ab 1940 Holzfaserplatten produziert wurden. Für diese, vor allem zum Dämmen eingesetzten Weichholzplatten verwendete man Abfallholz aus verschiedenen niederösterreichischen Sägewerken. Bis zu 140 Menschen waren in Spitzenzeiten in jenem Betrieb beschäftigt, der sich langfristig nicht gegen die Konkurrenz von Hartfaserplattenherstellern behaupten konnte und laufend Verluste schrieb. 1975 entschied man sich zur Stilllegung der Produktion. Nachdem im darauffolgenden Jahr große Teile der Hermaltex-Fabrik bei einem Brand vernichtet wurden, entschlossen sich die Eigentümer, die Flächen für eine Erweiterung eines anderen Geschäftszweiges zu nutzen, nämlich für die Herstellung von Dachplatten. Die Nachfrage nach diesen war groß und so entstand 1978 auf dem ehemaligen Werksgelände der Firma Hermaltex eine große Produktions- und Lagerhalle für den Firmenzweig „PREFA". Diese Sparte geht auf das Jahr 1955 zurück. Damals hatte die Firma Fried. v. Neuman die Produktionsanlagen aus der Konkursmasse der Firma Constructa in Oberndorf bei Salzburg sowie die Marke PREFA gekauft. Die aus Aluminium-Blechzuschnitten profilierten und vorgefalzten Dachplatten wurden nach der Übernahme ab 1961 in Marktl hergestellt und entwickelten sich zu einem Verkaufshit. Seit 1986 ist

übrigens PREFA ein eigenständiges, ausgegliedertes Unternehmen.

EIN NEUER EIGENTÜMER

Das Jahre 1980 änderte vieles: Die Muttergesellschaft Fried. v. Neuman musste Insolvenz anmelden. Es folgte im Februar 1981 die Übernahme des gesamten Unternehmens durch den süddeutschen Unternehmer Alexander Grupp und seine Tubex-Gruppe. Im Laufe der 1990er-Jahre kam es zu Modernisierungen und zur Ausgliederung der einzelnen Herstellungsbereiche, die unter einer Holding mit Sitz in Marktl zusammengefasst wurden, so das Fließpresswerk und das Strangpresswerk.

Einen großen Schock löste ein Großbrand am 1. April 2003 aus, der alle Walzwerkhallen und Teile des Strangpresswerks zerstörte und zu einer hohen finanziellen Belastung führte. Relativ rasch wurden die Werkshallen neu errichtet und der Betrieb wieder aufgenommen. Der mit Abstand größte Arbeitgeber in der Stadtgemeinde konnte weiterbestehen. Im Jahr 2015 erfolgte der großzügige Um- und Ausbau des Fließpresswerks. So wird die Katastralgemeinde Marktl noch heute optisch und

Der Stier ist das Markenzeichen von PREFA und begrüßt alle Reisenden bei der Einfahrt nach Marktl.

Die von der Firma Fried. v. Neuman entwickelte „Marktler Schneerutsche". Aufnahme aus Jänner 1971

Abraumhalde des Neucarolus-Stollens im Zögersbachtal. Aufnahme um 1935

wirtschaftlich von der Industrie geprägt. Einst ein wichtiges Zentrum der Gewehrherstellung in Österreich und der eisenverarbeitenden Industrie, ist Marktl in unserer Zeit vor allem für die Herstellung von Aluminiumprodukten ein wichtiger Standort.

DOPPELDEUTIGE DRÄHTE

Dass es im Laufe der Zeit mehrere Drahtzugwerke in Lilienfeld gab, ist heute kaum noch bekannt. So erzeugte in der ersten Hälfte des 19. Jahrhunderts der aus Wimpassing stammende Eugen Gianicelli in seinem Werk in Stangenthal den sogenannten Lilienfelder Draht, der wegen seiner Feinheit von Klaviermachern für die Besaitung sehr geschätzt wurde. Im Jungherrntal existierte von 1801 bis 1909 ein weiterer Drahtzug, der lange Zeit von der Familie Gritsch betrieben und 1857 an die Familie Waenzel verkauft wurde. Ebenfalls nicht mehr vorhanden ist die Draht- und Eisenwarenfabrik Karl Bulius & Co., die

1913 zwangsversteigert werden musste, an die St. Pöltner Glanzstofffabrik ging und in der Zwischenkriegszeit stillgelegt wurde. Übrigens: Die Firma „Bulius Friedrich Wwe & Söhne" besaß im Jahr 1894, damals noch als „k. k. Schuh- und Stiefel-Absatzeisen-Fabrik" geführt, einen der ersten Telephonanschlüsse in Lilienfeld. Dieser Anschluss war somit ein besonderer Draht der Drahtfabrik.

IN DEN HALLEN DES BERGKÖNIGS

Bei Nennung des Namens „Lilienfeld" fallen einem mit großer Wahrscheinlichkeit zunächst das Stift, dann der Muckenkogel, der Skifahrer Mathias Zdarsky und die Industrieareale in Marktl ein. Dass die Gemeinde Lilienfeld einst auch eine Bergbaugemeinde war, wissen hingegen die wenigsten Menschen. Basis für diesen Bergbau stellten die in der Geologie so genannten Lunzer Schichten mit ihrem Vorkommen von Steinkohle dar, die im Gegensatz zu Holzkohle einen hohen Heizwert und

Gruppenporträt anlässlich der Wiedererrichtung der Schrambacher Steinkohlengewerkschaft. Aufnahme aus 1932

einen geringen Schwefelgehalt aufweist. Diese Steinkohle wurde in der Gemeinde Lilienfeld ab dem 19. Jahrhundert aus dem Berg gefördert. Die Grundlage dafür schuf vor allem der bereits näher vorgestellte Carl Oesterlein (1799–1841), der sich im Jahr 1823 die Schürfrechte bei Schrambach und Lilienfeld sicherte und zunächst die Vorkommen untersuchen ließ. Neun Jahre später (1832) wurde in Schrambach der Annastollen – bei dem man allerdings erst 1844 eine kohleführende Schicht erreichte – und im Jahr 1838 der nach ihm benannte Carolusstollen angeschlagen. Die aus den Stollen herausgeführte Steinkohle diente den umliegenden Fabriken als Schmiedekohle.

Dass die Arbeit im Schrambacher Bergbau alles andere als ungefährlich war, zeigt ein Unglück im April 1852. Im Oesterlein'schen Steinkohlebergwerk kam es zu einem Einsturz, der den Ausgang der Grube versperrte. In der ersten Meldung war von einem Toten und mehreren Schwerverletzten die Rede. In einer Art Gegendarstellung erklärte die damalige Eigentümerin der „Berg-, Hütten-werks- u. k. k. priv. Feuer-Gewehrsfabrik zu Lilienfeld und Pitten", Anna Oesterlein (1806–1883), dass die erste Explosion um halb 7 Uhr in der Früh in der Annazeche bei Schrambach stattgefunden hätte, wodurch vier Arbeiter Verbrennungen im Gesicht und an den Hände erlitten

hätten. Eine zweite Explosion fand ihren Angaben zufolge am selben Tag um ungefähr halb 9 Uhr in der Rudolfs-zeche (im Stillen Tal) statt. In diesem Fall hätten neun Männer Brandwunden davongetragen; einer von ihnen starb. Außer den sogenannten Wettertüren, die zur Regu-lierung des Luftzugs unter Tag verwendet werden, wurde laut Anna Oesterlein nichts zerstört.

Unfälle von Bergknappen waren nicht selten. Manche hätten sich wohl vermeiden lassen, wie jenes Unglück im Oktober 1852: Drei Bergknappen der Oesterlein'schen Bergwerke erstickten durch „Kohlendampf" im Wetter-schacht, wo sie ein Feuer angemacht und den Eingang mit Brettern verschlossen hätten, wie die Tageszeitung *Die Presse* berichtete.

Im Mai 1877 musste der damalige Eigentümer, Karl Franz Oesterlein (1828–1880), die Oesterlein'schen „Bergwerks-Realitäten" verkaufen, darunter den „Stein-kohlenbau Lindenbrunnerzeche", den „Steinkohlenbau Rudolfsstollen-Feldmaßen" und den „Steinkohlenbau Nikolauszeche"; im Oktober meldete er über das bewegli-che und unbewegliche Vermögen Konkurs an. Die im Jahr 1878 erfolgte Eröffnung der Bahnlinie bis Schrambach, die dem Unternehmen beim Transport an die Kunden geholfen hätte, war anscheinend zu spät gekommen.

Mit dem Kauf des Schrambacher Anteils des Oester-lein'schen Bergbaus durch Ferdinand Fruwirth junior (1841–1892) im Jahr 1881 ging es mit der dortigen Stein-kohlengewinnung wieder bergauf. Nach dessen frühem Tod musste seine Mutter Caroline Fruwirth (1819–1911) die Geschäfte weiterführen, wobei sie von ihrem Enkel Alexan-der Diamantidi (1865–1952) unterstützt wurde. Zu jener Zeit förderte auch die Firma Fried. v. Neuman Steinkohle in Lilienfeld, die sie ausschließlich für den Eigenbedarf nutzte. Die Arbeit war auch in diesem Kohlenbergwerk nicht unge-fährlich. So explodierte im März 1892 Grubengas. Acht Bergleute verstarben, und dies bei 70 Beschäftigten.

Auch aufgrund eines 1895 erfolgten massiven Wasserein-bruchs beim Schrambacher Louisaschacht und hohen Fol-gekosten kam es 1896 zu einer Fusion der Bergbaubetriebe in Lilienfeld: Die Bergbaue in Schrambach, Zögersbach und Lilienfeld von Caroline Fruwirth und der Firma Fried. v. Neuman vereinigten sich unter dem Namen „Schrambacher Steinkohlengewerkschaft" zu einer Kom-manditgesellschaft. In der Folge stellte Victor von Neuman die Öfen im Marktler Puddelwerk auf Kohlestaubfeu-erung um, wozu sich die Schrambacher Kohle bestens eignete. Die Schrambacher Steinkohlengewerkschaft führte 1899 bezeichnenderweise am „Tag der Arbeit" eine neue Arbeitszeitregelung ein. Statt zwölf wurde nunmehr neun Stunden pro Tag gearbeitet, wobei man die Ein- und Ausfahrt in die Stollen miteinrechnete. Welche Auswir-kungen dies hatte, zeigt eine entsprechende Meldung in der *Zeitschrift des österreichischen Ingenieur-Vereines* ein Jahr danach: „Die Leistungen waren ein Jahr nach Einführung der geringeren Schichtzeit nicht gesunken."

Dass nicht immer alles eitel Wonne war, zeigt die Ent-wicklung nach Ende des Ersten Weltkriegs. Die Nachfrage nach Steinkohle sank, die Inflation stieg und die Konkur-renz aus Böhmen wurde immer größer. Dies hatte unter anderem im Juni 1922 einen Streik der Bergarbeiter der Lilienfelder Steinkohlenwerke zur Folge, die sich damit einem landesweiten Protest für höhere Löhne anschlossen. Nach einigen wenigen Tagen konnten sich der Verband der Bergarbeiter und der Neunkirchner Industriellenverband auf eine neue Vereinbarung einigen, wodurch es zur Been-digung der Streiks, auch in Schrambach, kam.

Letztlich war der Steinkohlebergbau in Lilienfeld lang-fristig nicht zu retten. Die sinkenden Erlöse reichten nicht zur Abdeckung der laufenden Kosten, und so meldete man im Jahr 1927 Konkurs an. Es war eine Zeit, in der im gesamten Traisental Industrie- und Bergbauunternehmen unter einem enormen wirtschaftlichen Druck standen. Symptomatisch für die schlechte Stimmung ist ein im

März 1931 veröffentlichter Text der *Arbeiter Zeitung* über das „Industriesterben in Niederösterreich", laut dem „ganze Industrieorte im Traisental" einem „Industrie-friedhof" gleichen würden. In der „Gemeinde Lilienfeld steht derzeit das Schrambacher Steinkohlenbergwerk im Konkurs, während die Zementfabrik Perlmooser AG., das Bulius-Werk sowie die Pappenfabrik der Firma Mahler gänzlich stillgelegt wurden. Die einzige noch im Betrieb stehende Firma Friedrich v. Neumann [sic!] arbeitet bei häufigen Entlassungen mit Kurzarbeit, ja sogar das bisher voll beschäftigte Sägewerk des Stiftes Lilienfeld ist seit Monaten von einer allgemeinen Absatzkrise im Holzge-schäft schwer betroffen." Es sei daher derzeit jeder zweite Erwerbsfähige in der Gemeinde arbeitslos, so die Zeitung. Nach Verzicht mancher Forderungen konnte immerhin der Konkurs der Schrambacher Steinkohlengewerkschaft 1932 abgewendet und der Betrieb bis Ende 1938 auf-rechterhalten werden. Ein letzter Versuch im Jahre 1957, mittels Ausbau des Marienstollens auf dem Lindenberg den Bergbau zumindest in Schrambach zu retten, endete 1959 aufgrund fehlender Gelder für einen Weiterbetrieb. In den einst vom „Bergkönig" Carl Oesterlein begrün-deten Berghallen, nämlich den Stollen, kehrte für immer Ruhe ein. So erinnern nur mehr sehr wenige, meist unzugängliche Reste an den einstigen Bergbau in der Gemeinde Lilienfeld.

MÖNCHE ALS INDUSTRIELLE

Ein Stift – so sagt schon der Name – basiert auf einer oder mehreren Stiftungen. Die gestifteten

Domcalor-Ziegel. Aufnahme aus 1967

Grundstücke und Gelder sind hierbei so zu verwalten, dass die Mönchsgemeinschaft autark leben kann. Das führte – auch in Lilienfeld – in den Jahrhunderten immer wieder zu Gründungen von stiftseigenen Betrieben, die nicht immer von Erfolg gekrönt waren. Einer dieser Betriebe wurde unter Abt Friedrich Pfennigbauer (Abt von 1958 bis 1968) Anfang der 1960er-Jahre eröffnet: das Domcalor-Werk. Es befand sich gegenüber des Stiftsteichs. In diesem Betrieb mit zwölf Beschäftigten wurde Buchenholz aus einem stiftseigenen Forstrevier zu neuen Produkten verarbeitet, nämlich zu Putz- und Estrichkorn, Isolierplatten sowie Isoliermantelsteinen. Diese auch Holzbetonmantelsteine genannten isolierenden Ziegelblöcke aus Buchenholzfasern, Bitumen und Zement sollten auf dem Markt für Baustoffe reüssieren. Jedoch schon nach drei Jahren wurde von überschneller Planung und Unrentabilität gesprochen. Das finanzielle Defizit konnte man nicht beheben und so wurde das Werk bereits 1969 stillgelegt. Sechs Jahre später zog die Freiwillige Feuerwehr Lilienfeld in einen Teil der Hallen ein.

BRENNEN UND LÖSCHEN DER ANDEREN ART

Wenn wir vom Kloster die Höllbachtalstraße Richtung Süden und somit zum Gasthaus Billensteiner nehmen, erblickt man nach rund 1,2 Kilometer auf der linken Seite ein merkwürdiges, auf den ersten Blick keinem ersichtlichen Zweck dienendes Gebäude und nach weiteren 100 Meter auf der anderen Seite ein kleines Wohnhaus. Beide Bauten gehen auf den Lilienfelder Zisterziensermönch Leopold Schrittwieser (1803–1883) zurück, der in den 1850er-Jahren den Kalk- und Tonmergel der Umgebung erforschte und Versuche zur Herstellung von Zement unternahm. Im darauffolgenden Jahrzehnt gab Abt Alberich Heidmann (Abt von 1862 bis 1898) die finanziellen Mittel frei, um drei Kalkbrennöfen und eine entsprechende Kalkmühle errichten zu können.

Die Kalkbrennöfen – beim Kalkbrennen wird Calciumcarbonat in Calciumoxid umgewandelt – wurden 1919 stillgelegt. Den freistehenden Ofen auf der linken Seite schützt heute ein Pultdach notdürftig vor Witterungseinflüssen. Die beiden anderen Brennöfen wurden in einem eigenen Gebäude zusammengefasst, das heute ein Satteldach trägt.

Die etwa 100 Meter oberhalb auf der anderen Straßenseite stehende, ursprünglich ebenerdige Mühle (Höhenstraße Nr. 2) diente zum Kalklöschen, bei dem Calciumoxid in Calciumhydroxid umgewandelt wird, das danach beim Abbinden zu Kalkstein wird. Im Jahr 1955 wurde der Bau vergrößert und als Wohnhaus adaptiert.

Bereits Jahrzehnte zuvor muss es an derselben Stelle oder unweit der Stiftskalkbrennerei, nämlich beim Lindenbrunn, einen Betrieb zur Herstellung von „hydraulischem Kalk" – der wie Zement zu den hydraulischen Bindemitteln gehört – gegeben haben. Im Mai 1848 inserierte Johann Groß sein Produkt in Zeitungen. In Wien konnte man den Zement in einer Niederlassung des Eisenhändlers Aloys Oesterlein erwerben, in Krems bei Ignaz Wolf, einem Mühlensteinhändler. Im April 1863 dürfte Johann Groß seinen „echt hydraulischen Cementkalk aus der Cement-Fabrik in Lilienfeld" zum letzten Mal per Inserat beworben haben.

Die klösterliche Kalkbrennerei im Höllbachtal diente anfangs ausschließlich dem Eigenbedarf des Klosters; den nötigen Kalkstein brach man in der östlich des Hölltals gelegenen Klostereben. Die positiven Ergebnisse Leopold Schrittwiesers führten dazu, dass ab 1873 die beiden Wiener Architekten Heinrich von Förster und Theodor Hoppe eine Zementfabrik in Schrambach errichteten, die unter dem Namen „Lilienfelder Cementgewerkschaft Hoppe und Comp." beziehungsweise „Cement-Gewerkschaft Förster & Co." firmierte. Anfang 1872 hatten sie mit den Vorarbeiten begonnen, indem sie ein Grundstück in Klostereben und ein anderes am Traisenfluss in Schrambach ankauften. Auf dem Grund des Bauerngutes „Hof am Gries" am linksseitigen Ufer der Traisen wurde im darauffolgenden Jahr die angesprochene Romanzementfabrik erbaut; 1888 folgte der Bau eines Portlandzementwerks in Scheibmühl. Zur besseren Förderung des Mergels von den Steinbrüchen auf der Vordereben ins Tal errichtete man im Jahr 1883 eine größtenteils über Stiftsgrund führende Drahtseilbahn. Die Talstation der Seilbahn befand sich südlich der Stiftsmeierei nahe beim Friedhof. Dort wurden die Steine mittels einer Rutsche auf Fuhrwerke verladen und ins Schrambacher Werk gebracht.

Die letzte große Änderung bei der Produktion von Baustoffen aus Kalk- und Tonmergel in Lilienfeld erfolgte 1894: Die Tiroler „Actien-Gesellschaft der hydraulischen Kalk- und Portland-Cementfabrik zu Perlmoos" (später Perlmooser Zementwerke AG) übernahm das Schrambacher Zementwerk, dessen Betrieb 1928 eingestellt wurde.

DAS DAMPFROSS KOMMT IN DIE GEMEINDE

Vor dem Eisenbahnzeitalter reiste man zu Fuß, auf dem Pferd, in der Kutsche oder mit dem Gesellschaftswagen nach respektive durch Lilienfeld. Eine weitere Möglichkeit der Anreise bestand darin, den sogenannten Stellwagen zu benutzen, der – wie der Name verrät – zu einem genau festgelegten Zeitpunkt an einem bestimmten Ort

Kalkbrennöfen im Höllbachtal

gestellt und abfahrbereit war. Franz Carl Weidmann gibt uns in seinem 1830 gedruckten Führer *Reise von Wien nach Maria-Zell in Steyermark* detaillierte Angaben über einen solchen Stellwagen, der von Wien in den Marienwallfahrtsort fuhr: „Vom ersten Freytag im May, bis Ende September, geht dieser Gesellschaftswagen alle Freytage von dem Gasthause bey den zwey Täubeln am Heumarkte von Wien ab, trifft Samstags Abends in Zell ein, bleibt dort über Sonntag, fährt Montags wieder ab, und trifft Dienstag Abends in Wien ein. Er faßt 9 Personen." Bei der Hinfahrt wurde in Wilhelmsburg übernachtet und am folgenden Morgen in Lilienfeld eine halbe Stunde Halt gemacht, damit man das Stift besichtigen konnte.

Dass Lilienfeld an die Eisenbahn angeschlossen werden könnte, war Mitte 1865 anscheinend zum ersten Mal in einer Zeitung zu lesen. Die *Neue Freie Presse* berichtete, dass sich ein Konsortium zum Bau einer 22 Meilen langen niederösterreichischen Verbindungsbahn von Wiener Neustadt über Hainfeld, St. Pölten und Krems bis nach Allentsteig zum Anschluss an die Franz-Josephs-Bahn gebildet habe. Das Konsortium plane zusätzlich eine „Seitenbahn" über Lilienfeld, Türnitz oder Hohenberg nach

Mariazell. Ende der 1860er-Jahre wurde in Fachblättern und Tageszeitungen die Projektidee einer „Locomotivbahn" von Krems nach Bruck an der Mur oder Mürzzuschlag vorgestellt. Im Februar 1869 hieß es im *Centralblatt für Eisenbahnen und Dampfschifffahrt in Oesterreich*, dass ein Konsortium beim damals zuständigen Handelsministerium um die Bewilligung zur Vornahme technischer Vorarbeiten für eine Eisenbahn ansuchte. Die Strecke sollte von Krems über St. Pölten weiter nach Lilienfeld und St. Aegyd am Neuwalde führen und in Bruck an der Mur oder in Mürzzuschlag enden. Interessant ist, warum die Initiatoren und Geldgeber an dieses Projekt glaubten: Sie erwarteten sich von diesem Unternehmen „die namhafteste Förderung des Wein-Exportes aus Niederösterreich, des Metall- und Mineralienabsatzes aus Steiermark, die allseitige Belebung des Verkehres, der Industrie und überhaupt die Zunahme des Wohlstandes in diesen volkreichen, bisher den Eisenbahnvortheilen verschlossen gewesenen Landestheilen". Das Handelsministerium bewilligte das Ansuchen für die Dauer von drei Monaten.

Wenig später wollten zwei Männer ebenfalls eine Bewilligung zur Durchführung technischer Vorarbeiten für

Bahnhof Schrambach

eine neue Eisenbahnstrecke beim Handelsministerium erwirken. Die Bahnlinie sollte von Wien oder einem Ort an der Südbahn zwischen Baden und Wiener Neustadt – angedacht war Leobersdorf – durch die Täler der Triesting, Gölsen und Traisen nach Gaming, eventuell auch nach Hieflau, führen. Eine Flügelbahn war von einem Punkt zwischen St. Veit an der Gölsen und Lilienfeld nach St. Pölten, eventuell auch nach Krems, vorgesehen. Hintergrund dieses Projektes war, die Schwarzkohlenlager der Gegend – unter anderem in St. Veit an der Gölsen, Lilienfeld und Türnitz – an das Transportmittel Eisenbahn anzuschließen.

Im Jahr 1869 schossen die Eisenbahnprojekte im Raum Lilienfeld wie die Schwammerln aus dem Boden, denn ein weiteres Projekt für Vorarbeiten wurde beim Handelsministerium eingereicht: Vier Herren wollten eine „schmalspurige Locomotiv-Eisenbahn" von St. Pölten über Lilienfeld, Schrambach und St. Aegyd am Neuwalde nach Mariazell und weiter nach Bruck an der Mur errichten, wobei eine Zweigbahn von Scheibmühl in das Wiesenbachtal zu dem

Kohlenbergbau der Gewerkschaft Penz vorgesehen war. Mittels einer sogenannten Trockenriese wollte man die Zement-Kalksteinbrüche auf der Lilienfelder Klostereben mit dem Steinkohlenwerk Penz im Wiesenbachtal verbinden.

Doch das Ende der Fahnenstange war in diesem Ringen um die Eisenbahn noch nicht erreicht. Ein weiteres Konsortium war zu jener Zeit ebenfalls beim Handelsministerium vorstellig geworden. Auch dessen Mitglieder wollten eine Eisenbahn von St. Pölten über Lilienfeld, Hohenberg, St. Aegyd am Neuwalde, das Gschaid, Mariazell und Gußwerk nach Mürzzuschlag bauen und ersuchten daher um die Bewilligung zur Vornahme technischer Vorarbeiten. Bei diesem Projekt stand ebenfalls die Anbindung der zahlreichen, an der geplanten Strecke liegenden Industriebetriebe an die Westbahn und somit an die Residenzstadt Wien im Fokus. Das Konsortium wollte „Steinkohle und anderes Brennmaterial auf billige Weise" den Betrieben zuführen und sozusagen im Gegenzug den Industrieprodukten via Südbahn und der Kaiserin-Elisabeth-Bahn

(Westbahn) die Absatzwege nach Wien und Triest erschließen. Zusätzlich legte man Gewicht darauf, durch dieses „neue Communicationsmittel die Verwerthung der reichen Wasserkraft für Industriezwecke und die Interessen der Forstwirthschaft ganz besonders" zu fördern. Ein weiterer Hintergedanke: Die „pittoreske Trace" der angedachten Eisenbahn könnte in der wärmeren Jahreszeit „ein Sammelpunkt von Reisenden werden", wie das *Centralblatt für Eisenbahnen und Dampfschifffahrt in Oesterreich* im März 1871 vermerkte.

Doch die meisten angedachten Eisenbahnprojekte kamen einfach nicht vom Fleck; im Handelsministerium musste man sich mehrmals um Ansuchen zur Fristerstreckung kümmern. Neuer Schwung in die Umsetzung einer Anbindung Lilienfelds an das bestehende Eisenbahnnetz in Niederösterreich brachte 1873 die „Actien-Gesellschaft der österreichischen Verbindungsbahnen in Wien", die Vorstudien für eine Eisenbahn von St. Pölten nach St. Aegyd am Neuwalde sowie nach Türnitz durchführen ließ. Die Strecke sollte Teil eines niederösterreichischen Landesbahnnetzes werden. Im Laufe der späten 1870er-Jahre nahm die sogenannte Südwestbahn, welche die Westbahn

über den Südwesten Niederösterreichs mit der Südbahn verbinden sollte, Gestalt an. Im Juni 1876 konnten aufmerksame Bewohnerinnen und Bewohner Pflöcke in der Landschaft sehen, welche die zukünftige Bahntrasse zwischen St. Pölten und Wilhelmsburg bezeichneten; zum Teil waren niedrige Erddämme zu erkennen. Der Streckenteil von Leobersdorf nach Kaumberg wurde am 1. September 1877 eröffnet, jener von Kaumberg über Traisen nach St. Pölten am 3. Oktober 1877. Diese von einem privaten Konsortium, den „k. k. privilegierten niederösterreichischen Südwestbahnen", geplanten Strecken konnten jedoch nicht komplett finanziert werden, und so musste der Staat mit Zuschüssen einspringen und bald darauf die Bahnstrecken übernehmen.

Das Projekt einer direkten Verbindung zwischen St. Pölten und Mürzzuschlag kam weder damals noch später zustande. Trotzdem war nun die Zeit für den Bau einer Eisenbahnstrecke zumindest von Scheibmühl bei Traisen über Lilienfeld bis Schrambach endlich gekommen. Der Hauptgrund für die Umsetzung lag im wahrsten Sinne des Wortes in letztgenanntem Ort vergraben, denn dort befand sich ein Steinkohlenbergwerk, in dem gute

Ein Schienenwaggon (Grubenhunt) am Traisentalradweg erinnert an die einstigen Bergwerke und Steinbrüche in Lilienfeld.

Sonderzug anlässlich der Feier „100 Jahre Eisenbahn St. Pölten–Leobersdorf" bei der Einfahrt in den Bahnhof Lilienfeld am 23. Juni 1977

Lokomotivkohle gefördert wurde, was zusätzliche und gewinnbringende Gütertransporte erhoffen ließ. Am 30. Mai 1878 erfolgte die technisch-polizeiliche Prüfung dieser Flügelbahn von Scheibmühl nach Schrambach, die mit einer „Schnellfahrt" endete. Der Betriebskonsens wurde erteilt und die Strecke danach – anscheinend ohne Fest – eröffnet. Aus Platzgründen musste man für die Eisenbahn teils grob in vorhandene Strukturen eingreifen: Der Ablass des Stiftsteichs in Lilienfeld wurde versetzt, dessen Wasserfläche um rund ein Drittel verkleinert und der vom Konvent genutzte Terrassengarten um mehr als ein Drittel in der Länge gekürzt.

Die Inbetriebnahme des anschließenden Teilstücks von Schrambach nach Kernhof erfolgte erst am 2. Juni 1893. Von den großen Träumen der späten 1860er-Jahre, eine Eisenbahnverbindung von St. Pölten bis in die steirischen Industriegebiete zu bauen, blieb nicht viel übrig: Die hohen Kosten verhinderten eine Weiterführung von Kernhof Richtung Süden. Unabhängig davon erhoffte sich so mancher eine erhöhte Anzahl von Pilgern durch die

Weiterführung der Linie Lilienfeld–Kernhof, welche den Fußweg nach Mariazell deutlich verkürzt hätte. Durch die Eröffnung der durchgehenden Eisenbahnstrecke von St. Pölten über das Pielachtal nach Mariazell im Jahr 1907 war dieses Thema hingegen vom Tisch.

VERGNÜGUNGS- UND SKIZÜGE

Obwohl die Bahnstrecken von Wien über St. Pölten respektive über Kaumberg nach Lilienfeld in der Projektphase und in den ersten Jahren vor allem der Industrieförderung dienten, wurde der Personenverkehr rasch aufgenommen und über die Jahrzehnte kontinuierlich ausgebaut. So verkehrte im Sommer an Sonn- und Feiertagen, beispielsweise Ende Juni 1878, vom Wiener Westbahnhof nach Lilienfeld ein „Vergnügungszug" mit Waggons der 2. und 3. Klasse. Abfahrt von Wien war um 6.30 Uhr in der Früh, Ankunft in Lilienfeld um 10.27 Uhr. Zurück von Lilienfeld ging es um 20.13 Uhr, und um 23.45 Uhr war man wieder in Wien. Im Normalfall verkehrte in den ersten Jahren an Wochentagen nur ein Wagen dritter Klasse mit dem Tages-Schnellzug von Wien nach St. Pölten, von wo er anscheinend mit einer eigenen Lok nach Lilienfeld gebracht wurde; am Samstag gab es zusätzlich am Nachmittag einen Separatzug von St. Pölten nach Lilienfeld. Josef C. Liebenwein brachte es im Vorwort seines 1879 erschienenen Büchleins *Führer in Lilienfeld und Umgebung* auf den Punkt: „Durch die Eröffnung der N.-Ö. Staatsbahn ist es dem Gebirgsfreunde und Touristen nunmehr möglich gemacht, mit geringem Zeit- und Geldaufwande jenen blumenreichen Kranz von Naturschönheiten zu bewundern, in dessen Mitte das Stift Lilienfeld durch seine Lage Jeden bezaubert, der es das erstemal erblickt."

Dass die Reisezeit über die Jahre deutlich abnahm, zeigt ein Vergleich. Benötigte man im Sommer 1878 bei der Hinfahrt noch fast vier Stunden von Wien nach Lilienfeld, so dauerte die Fahrt im Winter 1906 an Sonn- und Fei ertagen mit direkten Personenzügen nur mehr 2 Stunden 10 Minuten.

Mit der in den 1960er-Jahren einsetzenden „autogerechten Verkehrsplanung" nahm der Bau von breiten Straßen kontinuierlich zu. Die Motorisierung der Massen und der Bau von Schnellstraßen und Autobahnen schaukelten sich gegenseitig auf. „Auf der Strecke" blieben die Modernisierung und der Ausbau der Bahninfrastruktur. Die Attraktivität der Bahn als wesentlicher Träger des öffentlichen Verkehrs sank und mit ihr die Anzahl an Bahnkunden. Dies führte ab den 1970er-Jahren zur Ausdünnung der Fahrpläne und zur Einstellung von Bahnstrecken. Mitte der 1970er-Jahre gab es die ersten Bestrebungen, die Bahnstrecke von Traisen nach Kernhof aufzulassen; die sinkenden Einnahmen aufgrund abnehmender Fahrgastzahlen – vor allem von Pendlern und Ausflüglern – waren den Österreichischen Bundesbahnen und den politisch Verantwortlichen ein Dorn im Auge. Auch der Güterverkehr auf der Bahnstrecke ging zurück; die Firmen im Traisental ließen immer mehr Güter mittels Lastkraftwagen transportieren. So kam es, wie es unter diesen Rahmenbedingungen kommen musste: Am 28. Mai 1988 wurde der Zugverkehr zwischen St. Aegyd am Neuwalde und Kernhof wegen zu geringer Nachfrage eingestellt, der Personenverkehr auf der Teilstrecke Schrambach–St. Aegyd am Neuwalde folgte mit 12. Dezember 2010. Bereits 2001 war die 1908 eröffnete Bahnstrecke zwischen Türnitz und Freiland stillgelegt worden; die einstige Trasse ist heute Teil des Türnitzer Bahnradwegs.

Mit Zeitverzögerung wirkte sich die Diskussion über Umweltschutz und den Klimawandel auch auf die Verkehrspolitik aus. Man erkannte einerseits, dass die Einstellung nicht die Lösung eines Problems, sondern dessen

Güterverkehr auf der Bahnstrecke Traisen–St. Aegyd am Neuwalde

Ursache war, und andererseits, dass nicht die Nachfrage das Angebot bestimmen sollte, sondern umgekehrt. Daher wurde das Angebot auf der Traisentalbahn zwischen St. Pölten und Schrambach ab den 2010er-Jahren laufend wieder ausgebaut; eine hohe Nachfrage folgte auf dem Fuß. Heute gibt es von zeitig in der Früh bis in den späten Abend hinein stündlich einen Zug auf dieser Strecke. Parallel dazu hat man den Güterverkehr auf der Strecke zwischen Freiland und St. Aegyd am Neuwalde vor der Einstellung gerettet: Seit April 2012 wird die Anschlussbahn von der Traisen-Gölsental Regionalentwicklungs GmbH betrieben, die von der „Kleinregion Traisen-Gölsental" und somit von den betroffenen Gemeinden eigens gegründet wurde. Und wer weiß: Vielleicht gibt es in einigen Jahren wieder eine Lokomotive mit dem Namen Lilienfeld, denn eine solche Dampflokomotive war bereits in den 1870er-Jahren auf der privat geführten Kaiserin-Elisabeth-Bahn – der heutigen Westbahnstrecke – im Einsatz. Sie diente übrigens im Juni 1871 zur Erprobung der neuen, 400 Meter langen Eisenbahnbrücke Simbach–Braunau über den Inn.

6

VON KÜHEN
IM HIMMEL

Landwirtschaft
in Lilienfeld

Obstbäume im April

Schottisches Hochlandrind im Zögersbachtal

Da Lilienfeld bereits vor der Gründung des Stiftes Anfang des 13. Jahrhunderts besiedelt war, dürfen wir annehmen, dass im heutigen Gemeindegebiet von Lilienfeld schon zuvor Landwirtschaft betrieben worden ist. Einige Namen von Bauernhöfen lassen sich bis zum 14. Jahrhundert zurückverfolgen. Doch wie die Landwirtschaft einst betrieben wurde, ist nicht überliefert. Wie groß die Bauernhöfe waren, wie viel Acker-, Wiesen- und Weideflächen zur Verfügung standen, wie hoch der Viehbestand war – all diese Fragen können wir heute nicht mehr beantworten.

Einer der frühesten Berichte über Landwirtschaft in Bezug auf Lilienfeld hat sich im Andachtsbuch *Perlin Mutter / Oder Sanct Anna / Mutter Mariae* des Lilienfelder Paters Malachias Rosenthal (1614–1667) erhalten, das 1650 in Wien erschien. Darin heißt es, dass Annaberg – zwischen Lilienfeld und Mariazell gelegen – „vor Erbauung des Gotteshauß / wegen menge der allda wachsenden Thannenbaum" seit frühester Zeit „Thaneberg" genannt wird. „Weiln es aber in derselben Gegend auff den umbligenden Hühelen [= Hügeln] unnd Alben [= Almen] gute Waid

hette / haben die Vorsteher des Klosters Lilienfeldt […] welchen selbige Revier zuständig / für gut angesehen ein Viehzucht aldorten zuhalten: zu welchem End dann ein Mayrhoff [= Meierhof] hingebauet worden. Und weiln dergleichen Wirtschafft vor Jahren von den Geistlichen selbst pflegte versehen zuwerden / seynd etliche vom bemeldten Closter dorthin verordnet. Welche / damit sie gleichwohl ihren Gottesdient nach Ordens brauch möchten verrichten / ist ihnen benebens ein Capellen aufferbauet worden / und alsbaldt anfangs / nemlich im Jahr Christi 1327."

Die ältesten detaillierten Angaben zur Landwirtschaft in Lilienfeld stammen erst aus der ersten Hälfte des 19. Jahrhunderts. Aus den 1813 erschienenen *Bemerkungen über die Bezirke Lehenrott, Tirnitz, Annaberg und Josephsberg, in den südlichen Gebirgen des Landes unter der Enns* erfahren wir, dass in jener Zeit im stiftlichen Meierhof „bey 40 Stück Küh vom Mürzthaler-Schlage gehalten, auch Ochsen gemästet" wurden. Übrigens betonte auch der Lilienfelder Pater Ambros Becziczka im Jahr 1825, dass „das Hornvieh vom Mürzthaler Schlage" vorherrschend bei den Rindern sei.

Am ausführlichsten mit der hiesigen Landwirtschaft Anfang des 19. Jahrhunderts beschäftigte sich der Lilienfelder Abt Ladislaus Pyrker, der 1816 in den *Verhandlungen der kaiserlich-königlichen Landwirthschafts-Gesellschaft in Wien* eine Beschreibung der Landwirtschaft im Lilienfelder Bezirk verfasste. Seiner Aussage zufolge konnte damals in Lilienfeld aufgrund der klimatischen Verhältnisse kein Weizen, jedoch Gerste und Hafer gedeihen. An „Futterkräutern" wurde nur Klee angebaut. Eine Kuh „von dem hier vorzüglich beliebten Märzthaler [sic!] Schlage ist weißgrau von Farbe, die etwas ins Bläuliche fällt; von nicht gar zu kurzen Füßen, länglichem Kopfe, kurzen aus einander gekrümmten Hörnern, breiten Schultern, Rücken und Lenden. Zur vollendeten Schönheit gehöret noch: daß sie im inneren Theile des Ohres weiße Haare, um die Augen weiße Ringe […] habe."

Interessanterweise erwähnte Pyrker eine Baumschule in Lilienfeld, von der viele Bauern ihre Setzlinge holen würden und „Ermunterung erhalten haben, die Wildlinge zu veredeln". Wo sich diese genau befand, lässt sich heute nicht mehr klären. Andererseits betrieb das Forstamt des Stiftes im nahen Kreisbach eine Baumschule, deren „sehr schöne exotische Nadelholzpflanzen (Koniferen)" Gärtnern und Gartenbesitzern noch im Jahr 1935 per Inserat angeboten wurden.

Doch kehren wir in das erste Viertel des 19. Jahrhunderts zurück: Im Jahr 1822 existierten 70 Bauernhöfe im

Heumandln in Lilienfeld. Aufnahme aus 1951

Gemeindegebiet von Lilienfeld. Franz Xaver Schweick-hardt schrieb 1836, dass es in der Klosterrotte 17 Pferde, 18 Zugochsen, 32 Kühe und 67 Schweine und in Dörfl acht Pferde, 32 Kühe, acht Schafe und 30 Schweine gab. Laut den in Prag gedruckten *Ökonomischen Neuigkeiten und Verhandlungen* von 1842 fand man im Bezirk Lilien-feld „dachsgraues Rindvieh", welches unter dem – uns inzwischen vertrauten – Namen „Mürzthaler" bekannt sei. Kuh und Ochs seien hier fast weißgrau, die Stiere meist graubraun oder schwarzbraun. Zur Schafwirtschaft heißt

es 1847 in einer Wochenzeitung: „In der Gegend von Lili-enfeld hält fast jeder Bauer 10–30 Schafe von gemeinem Schlage, die im Mai und September geschoren werden und jedesmal ¾, höchstens 1 Pfund Wolle geben."

Die Anzahl der Bauernhöfe im Gemeindegebiet von Lili-enfeld nahm in der Folgezeit ab. Waren es beispielsweise im Jahr 1961 noch 51 Bauernhöfe, gab es laut Agrarstruk-turerhebung im Jahr 2020 nur noch 32 Betriebe mit einer landwirtschaftlich genutzten Fläche von 645 Hektar und

Heugewinnung am Talgrund der Traisen

106 familieneigenen sowie 33 familienfremden Arbeitskräften. 17 Betriebe hielten in Summe 386 Rinder; Schweine und Schafe spielten fast keine Rolle mehr.

Nicht nur Bäuerinnen und Bauern sowie das Stift (im Eigenbetrieb oder per Verpachtung) sind seit Jahrhunderten in der Landwirtschaft tätig, auch die Gemeinde Lilienfeld war dies – jedoch nur für kurze Zeit. Vermutlich ab dem Ende des Zweiten Weltkriegs betrieb sie bis 1958 zur Eigenversorgung auf der Liegenschaft der Brunnsteinervilla – heute stehen

dort der Sportplatz und die Volksschule – eine kleine Landwirtschaft mit bis zu vier Kühen und vier Schweinen.

WEINBAU IN LILIENFELD

Wie schon Abt Ladislaus Pyrker 1816 festhielt, kann in Lilienfeld „des rauhen Klima wegen" kein Weinbau betrieben werden, „nur hier und dort werden einige Reben an den Häusern gezogen". Und doch kann Lilienfeld auch als eine Art Weinbaugemeinde gelten. Dafür verantwortlich ist das Stift, das schon zu Zeiten Leopolds VI. Weingärten samt einem Lesehof in Pfaffstätten an der Thermenlinie sein Eigen nennen konnte. Der in Pfaffstätten gelesene und gekelterte Wein wurde selbstverständlich auch in Lilienfeld ausgeschenkt; nämlich im stiftseigenen Kellerstüberl. Josef C. Liebenwein schrieb in seinem 1879 erschienenen *Führer in Lilienfeld und Umgebung* über diese Einrichtung: „Eine Specialität des Klosters und sehr besucht ist das sogenannte ‚Kellerstübchen', ein kleines ebenerdiges Gewölbe nächst der Stiegenmündung des Stiftskellers. Es wird dort Original-Stiftswein, sogenannter ‚Coventwein', ferner vorzüglicher ‚Pfaffstätter' verabfolgt. Uebrigens sind diese Weine über ausdrückliches Begehren auch im Portenwirthshause zu haben, welchem sie das Stift zum Ausschank überlässt."

Gäste und Patres im stiftseigenen Kellerstüberl. Aufnahme um 1930

Im Fallgraben. Stier mit landwirtschaftlichem Personal und Pater Gerhardt Rameis. Aufnahme um 1925

Der Lilienfelder Pater Alfred Edelbauer betonte 1902 in seinem Lilienfeld-Führer, dass im „fast einen Weltruf habenden" Kellerstüberl im Stift „ein unverfälschter Tropfen aus der Kremser und Pfaffstättner Gegend gereicht" werde. Wie es sich für ein Kloster gehörte, war dieses „Weinhaus", in dem keine Speisen angeboten wurden, nicht immer geöffnet. Denn während des vormittägigen Gottesdienstes an Sonn- und Feiertagen (und nachmittags von 2 bis 3 Uhr) war der Lilienfelder Stiftskeller, wie man ihn später auch nannte, geschlossen. Heutzutage ist die „Stiftstaverne" ein Gasthaus und bietet dementsprechend nicht nur Wein an.

HOCH OBEN: DIE ALMEN

Wein wächst in tiefen Lagen, im höher gelegenen Gelände finden wir hingegen Almen. Der Begriff Alm bezeichnet die Hochweide der subalpinen und alpinen Höhenstufe. Es sind Flächen im Gebirge, die während des Sommers vom Vieh beweidet werden. Aufgrund der großen Entfernung vom meist im Tal gelegenen Hof bleibt das Vieh auf

diesen Flächen und wird nicht täglich aufgetrieben. Wie die Almen im Gemeindegebiet von Lilienfeld zeigen, liegt nicht jede Alm oberhalb der Waldgrenze; auch größere Weideflächeninseln im Wald werden so bezeichnet.

Es gibt heute noch einige Weidealmen in Lilienfeld, die alle auf ehemaligen Waldflächen liegen. Die bekannteste Alm in Lilienfeld ist die Klosteralm; eine Galtviehalm, auf die nur Jungvieh aufgetrieben wird. Das Gasthaus im Hauptgebäude der Alm profitiert seit der Eröffnung des Sesselliftes Muckenkogel von der vor allem am Wochenende hohen Zahl an Wanderern.

Seit wann es die Klosteralm in der Hintereben gibt, lässt sich nicht genau klären. Adolf Schmidl schreibt sie in seinem 1831 erschienenen Werk *Der Schneeberg in Unteröstreich mit seinen Umgebungen von Wien bis Mariazell* der Amtszeit von Abt Sigismund Braun (Abt von 1695 bis 1716) zu, wobei er großteils aus dem bereits mehrfach erwähnten Buch des Zisterzienserpaters Ambros Becziczka (1825 erschienen) abschrieb. Laut Schmidl ließ

Pferde als Zugtiere. Aufnahme um 1965

Braun auf der „Klosteralpe" eine „Meierey" mit allen nötigen Gebäuden anlegen und eine Kapelle zu Ehren des heiligen Leonhard, des Schutzpatrons für das Vieh, errichten. Aus dem steirischen Mürztal kamen Kühe und Stiere auf die Alm. „Fröhlich trieb mit dem Anfange des achtzehnten Jahrhunderts der Meier zum ersten Mahle seine blaugraue Heerde auf ! ins hohe Alpengras gelagert, wiederkäueten behaglich die Kühe die treffliche Kräuterkost", so Schmidl in einem zeittypisch schwärmerischen Ton.

Ein berühmter, zeitweise auf der Klosteralm arbeitender Mann war der bereits erwähnte spätere Abt Ladislaus Pyrker (1772–1847), ab 1798 als Ökonomiedirektor des Stiftes Lilienfeld tätig. Ein Amt – wie Pyrker selbst schreibt –, welches „wegen der Alpenwirtschaft mit vieler anstrengender Bewegung verbunden war, ganz gegen meine Neigung; doch ich mußte gehorchen". Vom 26. bis zum 36. Lebensjahr war Pyrker erst die Leitung der Landwirtschaft, dann die der Forstwirtschaft anvertraut. Es könnte diese enge Verbindung mit der Klosteralm dafür verantwortlich gewesen sein, dass er – inzwischen

Patriarch von Venedig – ein 1822 vollendetes Marienbild des Malers Johann Nepomuk Höfel (1786–1864) finanzierte, welches seit 1823 in der Kapelle im markanten Anbau des Klosteralmhauses hängt. Nachweislich liest seit den 1820er-Jahren jedes Jahr am Festtag Mariä Geburt ein Lilienfelder Priester eine Messe auf der Klosteralm,

Das Almhaus der Klosteralm. Aufnahme um 1934

Die beweidete Alm „Am Himmel"

die bis heute dem Stift Lilienfeld gehört und deren Gebäude alle unter Denkmalschutz stehen. Übrigens: Das Stift Lilienfeld stellte dem Alpen-Skiverein das Almhaus auf der Klosteralm für kurze Aufenthalte und sogar zum Übernachten kostenlos zur Verfügung, wie die *Allgemeine Sport-Zeitung* im Dezember 1904 berichtete.

Bei den meisten Almen gibt es wenige Aufzeichnungen über das Leben und Arbeiten auf diesen abseits von Siedlungen liegenden Flächen. Das meiste wurde nur mündlich weitergegeben und nie aufgeschrieben. Selten aber doch überdauerten Berichte über Ereignisse in Büchern, Zeitschriften oder Zeitungen. Solch ein merkwürdiges Ereignis fand auf der Klosteralm im Mai 1936 statt: eine Taufe. Dem Hüttenwirtsehepaar der nahe gelegenen Lilienfelder Hütte am Gschwendt, Hedwig und Josef Blaschek, war am 16. Mai ein Bub geboren worden, der bei der Taufe den Namen Josef erhielt. Nachdem man die Bewilligung des bischöflichen Ordinariates in St. Pölten erhalten hatte, wurde der Bub am 25. Mai in der Kapelle der Klosteralm getauft. Es war – so hielt man damals eigens fest – die erste Taufe in dieser „Bergkapelle" seit ihrem Bestand.

SCHWEIZERHOF UND KUREN

Eine heute nicht mehr existierende Meierei im Höllbachtal (Katastralgemeinde Hintereben) gab es auf dem sogenannten Kolm, in deren Nähe sich einst die Talstation eines Skischleppliftes befand und das in den 1960er-Jahren als „Stiftsgasthaus Kolm" beziehungsweise als Almgasthaus „Am Kolm" beworben wurde. Ein Wappenstein mit der Jahreszahl 1760 am Eingang mit dem dazugehörenden Monogramm wies auf den Bauherrn Abt Dominik Peckenstorfer (Abt von 1747 bis 1786) hin. Diese Meierei wurde nie vom Stift selbst betrieben, sondern verpachtet. So gab die Stiftsherrschaft Lilienfeld im September 1787 bekannt, dass für die „Schweizerey" am Kolm mittels Versteigerung ein neuer Pächter – wiederum für drei Jahre – gesucht werde. Folgerichtig wurde drei Jahre danach wieder eine öffentliche Versteigerung bekannt gemacht: Den „Schweitzerhof in Kolm" samt allen dazugehörenden Gründen (7,5 Hektar Felder, 230 Hektar Wiesen und 41 Hektar Viehweiden) konnte man nun für neun Jahre pachten. Spätestens ab den 1790er-Jahren verabreichte der Pächter der Meierei Gästen Milch, Kaffee

Die bewirtschaftete Himmelalm

und Wein. Tische und Bänke unter schattigen Linden luden damals dazu ein, diese Erfrischungen im Freien einzunehmen.

Dass Kuren mit Molke, die bei der Käseherstellung übrig bleibt, keine Erfindung des 20. Jahrhunderts sind, zeigt die „Erste Oesterreichische Alpen-Molken-Cur-Anstalt in Lilienfeld", die Johann von Remiz, k. k. Postmeister und Gastwirt „Zum weißen Hahn", im Juni 1831 in einem Zeitungsinserat ankündigte. Es wurden von ihm spätestens ab Frühling 1832 Molkekuren angeboten, zuerst in der Apotheke, dann in seinem Gasthaus. Die Milch stammte von Kühen und Ziegen der Klosteralm. Johann von Remiz argumentierte nicht nur mit dem Einsatz der gesunden Molke, sondern auch mit dem „zuträglichen" Aufenthalt in Lilienfeld und Umgebung, der laut ihm „oesterreichischen Schweitzergegend". Er versuchte mit diesem Slogan, das in der breiten Bevölkerung verankerte positive Bild der Schweiz für sein Kurangebot in Lilienfeld zu nutzen.

DER HIMMEL ALS ARBEITSPLATZ

Den Himmel kann man bei halbwegs gutem Wetter von vielen Stellen Lilienfelds aus sehen und beobachten. Doch nur an einer bestimmten Stelle in der Katastralgemeinde Zögersbach ist es möglich, am Himmel zu arbeiten und – wenn nötig – dort zu übernachten. Es handelt sich bei diesem Ort um eine Alm mit dem Namen „Am Himmel". Sie liegt knapp an der Grenze zur Nachbargemeinde Türnitz.

Der Name „Am Himmel" lässt sich erstmals in einer im Jahr 1317 ausgestellten Urkunde des Stiftes Lilienfeld finden. Spätestens seit 1536 wird an diesem, nicht nur vom Namen her bemerkenswerten Ort Landwirtschaft betrieben. Im Jahr 2023 weideten 70 Rinder aus Mutterkuhhaltung auf dem rund 70 Hektar großen Almgebiet auf einer Seehöhe von 700 bis 900 Meter.

Grundeigentümer der Alm ist die Agrargemeinschaft Zögersbach, wobei Anfang der 2020er-Jahre zehn

Almbauern und Almbäuerinnen jedes Jahr das eigene Vieh auf die Alm trieben. Die verbleibenden Weiderechte werden an auswärtige Auftreiber aus dem Traisen- und Pielachtal vergeben. Die Zeit der Almweide beginnt Mitte Mai und endet am 15. Oktober.

Der Lilienfelder „Himmel" besteht selbstredend nicht nur aus den Weideflächen und den Unterständen für die Rinder, sondern auch aus einem Wohn- und Wirtschaftsgebäude, wobei die sogenannte Himmelalm aus einem aufgelassenen Bauernhof hervorging. Das mit der Eingangsfront nach Süden ausgerichtete ehemalige Bauernhaus dient heute als Schutzhütte und wird während der Weidesaison an Sonn- und Feiertagen von einem Halter bewirtschaftet.

Die Bauern auf der Himmelalm unterstanden bis zur Aufhebung der Grundherrschaft Mitte des 19. Jahrhunderts dem Stift Lilienfeld und mussten diesem Steuern und Abgaben abliefern. Im Jahr 1927 verkaufte der letzte Bauer den Hof „Am Himmel" an eine Weidegenossenschaft, welche sechs Jahre zuvor in Türnitz gegründet worden war. Bald darauf diente das Haus des Halters auch dem Wintersport: Der Österreichische Gebirgsverein mietete sich ab 1929 in den Wintermonaten im Gebäude ein. Aus dem Halterhaus wurde nun in der kalten Jahreszeit eine Schutzhütte für Wintersportler, die vom Gebirgsverein den Namen „Ottokar-Kernstock-Haus" erhielt, benannt nach einem deutschnationalen Dichter. Bereits im Oktober 1930 kündigte der Verein den Pachtvertrag; doch die Zeit als „Wintersporthütte" war noch nicht vorbei. Im Winter 1932/1933 bot sie – kaum zu glauben – 70 Personen Platz und in der Nähe befand sich sogar eine kleine Skisprungschanze.

Für die Himmelalm war die im Juni 1971 erfolgte Eröffnung des „Franz Bauer Erholungs- und Genesungsheims", welches im Juli 2000 geschlossen wurde, von großer Bedeutung. Das in Lehenrotte (Gemeinde Türnitz) von der niederösterreichischen Gebietskrankenkasse betriebene Heim führte nämlich zu einer rasch ansteigenden Bedeutung des Almhauses als Ausflugsziel, welches nun eine Ausschanklizenz für „einfaches Essen" und Getränke erhielt.

Das Jahr 1997 brachte die Umwandlung der Weidegemeinschaft in eine Agrargemeinschaft und die Umstellung der Alm auf biologische Bewirtschaftung. Zwei Jahre später entstand das weithin sichtbare Wahrzeichen der Alm: ein großes Kreuz am höchsten Punkt der Weidefläche. Es steht sozusagen an der Grenze des einen Himmels zum anderen.

Der Almhüter Bernhard Hanak bei der Arbeit

7

VON DICHTERN, KÜNSTLERN UND ÄRZTEN

Einheimische und Zugezogene

Die Landesberufsschule Berghof

Porträt von Johann Ladislaus Pyrker. Anonymes Ölgemälde um 1819

Es ist eine Sache, zu Lebzeiten prominent zu sein. Es ist eine ganz andere, wenn jemand noch Jahrzehnte oder Jahrhunderte nach dem Ableben in seinem Geburts- oder Heimatort und darüber hinaus einen hohen Bekanntheitsgrad besitzt. Von Menschen der zweiten Kategorie soll im Folgenden die Rede sein. Obwohl mit einer Ausnahme niemand im heutigen Gemeindegebiet geboren wurde, haben sie alle Lilienfeld in einer bestimmten Art ihren Stempel aufgedrückt. Einer dieser Akteure ist zweifelsohne Johann Ladislaus Pyrker, der von 1812 bis 1819 als Klostervorsteher des Zisterzienserstiftes Lilienfeld wirkte. Es kommt nicht oft vor, dass ein Abt mehr als 200 Jahre nach seinem Wirken weit über die Landes- und Sprachgrenzen hinaus bekannt ist. Ihm ist es eindrucksvoll gelungen. Geboren wurde er 1772 in der kleinen Ortschaft Nagy Lang südlich der einstigen ungarischen Krönungsstadt Stuhlweißenburg (Székesfehérvár) mit dem elterlichen Nachnamen Pircher und dem Vornamen Johannes (später meist nur Johann genannt). Obwohl hin und wieder die Schreibweise „Pyerker" oder „Pyrker" auftaucht, unterzeichnete er bis 1818 seine Briefe und Dokumente immer mit „Pircher". Warum er danach die Schreibweise „Pyrker" wählte, wird erst nach Lesen seiner selbst verfassten Biographie verständlich. Demnach hörte er im Jahr 1816 erstmals davon, dass ein jüngerer Bruder seines Vaters von einem Adeligen namens Pyrker von Felsö-Eör (Felsőőr; deutsch: Oberwart) als Verwandter anerkannt und dieser Adelstitel behördlich genehmigt worden war. Als Johann im Jahr 1819, nun als Bischof von Zips, in seine ungarische Heimat zurückkehrte, dürfte es ihm nicht ganz unrecht gewesen sein, als „Pyrker von Felsö-Eör" angesprochen zu werden, auch wenn er den Adelszusatz anscheinend nie selbst verwendete.

Kehren wir jedoch in seine frühe Lebensphase zurück. Nach einer kurzen Tätigkeit als Beamter trat Johann Pircher auf Anraten eines Bekannten, der einst Zisterzienser gewesen war, in das Kloster Lilienfeld ein. Im Oktober 1792 reiste er in das ihm unbekannte Stift und wurde dort als Novize mit dem Ordensnamen Ladislaus aufgenommen. Etwas mehr als ein Jahr später begann er sein dreijähriges Theologiestudium am bischöflichen Priesterseminar in St. Pölten. Im Dezember 1796 weihte ihn der St. Pöltner Bischof zum Priester. In das Stift zurückgekehrt, ernannte ihn der Abt Anfang 1798 zum Ökonomen des Stiftes. Von seinem 26. Lebensjahr an leitete Ladislaus somit erst die klösterliche Landwirtschaft und dann auch die Forstwirtschaft. Ab 1800 war er zusätzlich als Kämmerer auch für die Stiftskanzlei zuständig. An seine Tätigkeit als Pfarrvikar in Türnitz (ab 1807) erinnert heute ein nach ihm benannter Brunnen vor der dortigen Pfarrkirche.

Prior, und damit Stellvertreter des Abtes, wurde Pater Ladislaus im Juli 1811. Nach dem Tod des Abtes Josef Markl übernahm er ein Jahr später dessen Amt. Geprägt waren diese Jahre durch den Stiftsbrand von 1810, dessen Folgekosten zu stemmen waren. Nicht nur in diesem Fall kamen Ladislaus seine guten und vielseitigen Kontakte zum Kaiserhaus zugute. Immerhin bestieg Abt Ladislaus im Spätsommer 1813 gemeinsam mit Erzherzog Karl den Ötscher, begrüßte im August 1814 Kaiser Franz und dessen Ehefrau Maria Ludovika im Stift und kümmerte sich im Sommer 1815 um des Kaisers Tochter, Herzogin Marie-Louise von Parma, welche einige Tage im Kloster weilte und dort einige Stunden lang Säulen und Kapitelle im Kreuzgang zeichnete.

Im August 1818 folgte ein Wechsel, nicht nur in geographischer Hinsicht: Kaiser Franz ernannte Abt Ladislaus zum Bischof der ungarischen Diözese Zips. Obwohl der Kaiser nur ein Nominierungsrecht hatte, folgte Papst Pius VII. vier Monate später offiziell dem kaiserlichen Vorschlag. Erst im April 1819 wurde Pyrker im Wiener Stephansdom zum Bischof geweiht. Lange blieb er jedoch nicht im Amt. Der Kaiser hatte nämlich anderes mit ihm vor, denn das Amt des Patriarchen von Venedig musste neu besetzt werden, nachdem der Amtsinhaber Francesco Maria Milesi im September 1819 verstorben war. Da Venedig zu jener Zeit unter österreichischer Verwaltung stand, wollte der Kaiser anscheinend einen Vertrauensmann mit dieser Funktion betrauen – und ernannte

Grabinschrift für Johann Ladislaus Pyrker in der Äbtegruftkapelle am Lilienfelder Friedhof

Pyrker im Mai 1820 zum Patriarchen der Lagunenstadt. Auch in diesem Fall bestätigte der Papst die Entscheidung. Es dauerte über ein halbes Jahr, bis Pyrker Zips verließ und nach mehreren Zwischenstationen erst im April 1821 in Venedig ankam. Sehr glücklich dürfte er hier nicht gewesen sein, auch wenn seine Tätigkeit mehr als großzügig vergütet wurde und das Amt des Patriarchen einen guten Klang hatte. Bemerkenswert ist seine Zeit in Italien insofern, als Pyrker der einzige nichtitalienische Priester ist, welcher in der mehr als 550-jährigen Geschichte des Patriarchates von Venedig dieses Amt innehatte.

Im Juli 1824 deutete sich an, dass ihm schon wieder ein Wechsel bevorstehen könnte. Diesmal sollte er nach Erlau (Eger in Ungarn) gehen. Doch erst im November 1826 ernannte ihn Kaiser Franz zum Bischof des Erzbistums Erlau, welches den größten Teil des nordöstlichen Ungarn einnahm. Sein neues Jahreseinkommen betrug unvorstellbare 300.000 Gulden. Mit dem Titel des Erzbischofs war automatisch die Tätigkeit als Obergespan (also Vorstand) des Heveser Komitates (Verwaltungsgebietes) verbunden. So hatte Pyrker nun auch staatliche Hoheitsrechte wahrzunehmen.

Trotz seiner zahlreichen Funktionen, häufigen Arbeitsplatzwechsel und Reisen fand Pyrker über die Jahrzehnte immer wieder Zeit, zu dichten und schriftstellerisch tätig zu sein. Auch wenn seine Werke, wie beispielsweise *Tunisias* und *Rudolph von Habsburg*, nicht bei allen auf große Begeisterung stießen, und heute weitgehend vergessen sind, gehörte Pyrker zu den bekanntesten Autoren jener Jahre. Dass er auf seine literarischen Werke sehr stolz war und Kritik nur in eingeschränktem Maß vertrug, zeigen die vom Biographen Roland Dobersberger aufgearbeiteten Diskussionen über Pyrkers Werke. Der Autor verfasste nämlich nachweislich des Öfteren Gegenkritiken, die über Strohmänner veröffentlicht wurden und die Kritiken an seinen Werken konterkarieren sollten.

Außer als umtriebiger Literat und Mitbegründer der Österreichischen Akademie der Wissenschaften ging Ladislaus Pyrker vor allem als Förderer von Bad Hofgastein in die Geschichte ein. Den Aufstieg des Ortes vom Wildbad zum Kurbadeort hatte er maßgeblich mitgeprägt; immerhin war er mit zwei Ausnahmen ab 1817 jedes Jahr für mehrere Wochen in der kleinen Salzburger Ortschaft zu Gast und spendete viel Geld für eine entsprechende Infrastruktur.

Im Sommer 1846 begab sich Pyrker wieder einmal nach Karlsbad zur Kur, von wo aus Zeitungen fälschlicherweise

Gedenktafel für Johann Ladislaus Pyrker in der Wiener Sterngasse

von seinem Tod berichteten. Auch wenn seine Gesundheit zu wünschen übrig ließ, verstarb Ladislaus Pyrker erst eineinhalb Jahre später, nämlich am 2. Dezember 1847 in seiner ab 1836 von ihm genutzten Wiener Wohnung im sogenannten Wiener Neustädter Hof (Sterngasse Nr. 3). An diesem Haus hängt seit 2023 eine Gedenktafel, welche an den vielseitigen Kirchenmann erinnert. Angebracht wurde sie auf Anregung des gegenwärtigen Abtes von Stift Lilienfeld, Pius Maurer, anlässlich des ein Jahr zuvor begangenen Jubiläums „250. Geburtstag von Ladislaus Pyrker". Dieser hatte nämlich in seiner zweiten Lebenshälfte – auch wenn er mehr als zwei Jahrzehnte räumlich weit weg von seinem einstigen Kloster lebte – eine innige Beziehung zu Lilienfeld. Dies zeigt sich unter anderem daran, dass er am 18. Oktober 1842 sein Jubiläum „50 Jahre Einkleidung" in Lilienfeld feierte. Bei dem großen Fest war auch Erzherzog Johann anwesend, mit dem Pyrker einst Berge in der Hohen Tatra bestiegen hatte. Bedeutend wurde diese Feier auch dadurch, dass zu diesem Anlass – so berichtete sein Dichterkollege Ignaz Franz Castelli in der *Wiener Zeitung* – Pyrkers neues Gedicht „Lilienfeld unter den Alpen" gesungen wurde, welches mit den Zeilen

Sey mir gegrüßt im tiefsten Grund der Seele,
Stift Lil'jenfeld, im wonnig schönen Thal!
Mein Glückstern wollte, daß ich dich erwähle
Zum Lebensziel', und lohnend war die Wahl

beginnt – eine Hommage an seine Zeit als Pater im Stift Lilienfeld.

VOM LANDHAUS ZUR BERUFSSCHULE

Wer vom Lilienfelder Bahnhof Richtung Westen blickt, sieht ein markantes Gebäude auf einer Geländekante oberhalb der Traisen. Es ist heute Teil einer Berufsschule, die auf den ersten Blick so aussieht, als ob sie in der zweiten Hälfte des 20. Jahrhunderts errichtet worden wäre. Doch der Eindruck täuscht. Das markante Haupthaus des sogenannten Berghofs mit seiner Richtung Stift ausgerichteten Ostfassade ist mehr als 150 Jahre alt. Als Landhaus stand es einst in einem großen Park. Auftraggeber war der in Wien lebende Ignaz Franz Castelli (1781–1862), ein gut vernetzter Beamter, Dichter, Schriftsteller und Autor von fast 200 Lustspielen. Seine Berufslaufbahn hatte 1801 als Praktikant bei den niederösterreichischen Landständen in der Buchhaltung begonnen. Im Jahr 1811 wurde er Hoftheaterdichter am Wiener Kärntnertortheater, wobei er diese Funktion 1814 zurücklegte. 1839 trat er als Sekretär der niederösterreichischen Landstände in den Ruhestand.

Porträt von Ignaz Franz Castelli. Aquarell von Carl von Saar aus 1839

In seinem 1861 erschienenen zweiten Band seiner Memoiren liefert er uns einen guten Überblick über den von ihm begründeten Berghof in Lilienfeld. Seinen Angaben zufolge fuhr Castelli im Jahr 1835 mit dem ihm bereits seit längerer Zeit bekannten Lilienfelder Abt Ambros Becziczka von Wien per Kutsche in dessen Kloster an der oberen Traisen. „Ich hatte bis dahin noch keine Gegend gesehen, welche mir so reizend vorkam wie jenes Thal, worin das Stift liegt." Eines Tages sagte der Abt zu seinem Gast: „Jetzt will ich Sie zu dem herrlichsten Puncte in unserer Gegend führen." Zusammen machten sie sich auf den Weg und stiegen einen Hügel hinauf. Dort befanden sich zu jener Zeit zwei Bauernhäuser, „Berghäuser" genannt, von denen man das Stift und das Traisental gut überblicken konnte. Castelli war nach eigenen Angaben „stumm in den himmlischen Anblick versunken". Der Abt deutete die Situation richtig und schlug dem Gast vor, auf diesem Hügel ein Landhaus zu errichten. Castelli bat daraufhin den Abt, zu klären, ob das Gelände zu kaufen wäre – und beauftragte den Abt als Unterhändler. Innerhalb eines halben Jahres waren die beiden Bauernhäuser samt

23 Hektar Fläche (Äcker, Wiesen, Weiden und Wald) um 5.000 Gulden ins Eigentum Castellis übergegangen. Nun ließ sich dieser vom Wiener Architekten Moritz Löhr (1810–1874) Pläne für ein Landhaus zeichnen. Der in Berlin geborene, aber in Wien ausgebildete Löhr hatte zu jener Zeit im Baubüro der Wien-Gloggnitzer Bahn gearbeitet und war mit der Ausführung sämtlicher Hochbauten und Betriebsanlagen der privaten Wien-Gloggnitzer Bahn betraut. Jahre später war er unter Carl Ghega beim Bau der Semmeringbahn und der sogenannten Karstbahn durch das heutige Slowenien beschäftigt. Löhrs bekanntestes und noch heute bestehendes Werk ist der sogenannte Danubiusbrunnen an der Albrechtsrampe unterhalb der Albertina in Wien.

Im Jahr 1840 bezog Castelli das Landhaus, das durch zwei Nebengebäude ergänzt wurde. Das eine enthielt einen Pferde- und einen Kuhstall sowie einen Wagenschuppen, das andere die Gärtnerwohnung und einen Holzschuppen. In Summe hatte er inklusive des Grundstückskaufs 15.000 Gulden ausgegeben – eine stolze Summe.

Wenn wir Castelli anhand seiner Memoiren durch sein Landhaus folgen würden, kämen wir auf dem Rundgang durch zwei Salons, neun Zimmer, zwei Kabinette, eine Küche sowie eine Speise- und Obstkammer. Zwei große Glashäuser waren an den Seiten des Landhauses so angebaut, dass man vom Erdgeschoß bei geöffneten Türen in beide sehen konnte. In der kälteren Jahreszeit war es dadurch möglich, aus den Wohnzimmern in den herrlichen Wintergarten zu gelangen. Die Hausfassade Richtung Kloster und Traisenfluss war durch eine kleine Säulenkolonnade samt Balkon geprägt. Davor befand sich ein kleiner Springbrunnen. Auf der anderen Seite lag der nicht allzu große Innenhof mit einem Bassin. Es war jedoch so viel Platz vorhanden, dass man ihn mit einem vierspännigen Wagen umrunden konnte.

Idealdarstellung des Berghofs aus 1843

Der Berghof mit Allee. Aufnahme aus Dezember 1939

Der ganze Stolz des Mitglieds der k. k. Gartenbaugesellschaft war sein 5.300 Quadratmeter großer Garten, der noch Jahrzehnte nach dem Tod Castellis in Reiseführern und Abhandlungen über Lilienfeld lobend erwähnt wurde. Durch einen optischen Trick schien der Garten deutlich größer zu sein, als er tatsächlich war, denn der Eigentümer grenzte ihn weder durch einen Zaun noch durch eine Mauer ab. Das „umliegende Gebirg und Thal" schien zum Garten zu gehören, der optisch scheinbar nirgends ein Ende nahm.

Da der Bau- und Gartengrund aus felsigem Untergrund bestand, musste Castelli nach eigenen Angaben bei jedem Baum, den er setzen ließ, Gestein sprengen und Erde zuführen. Trotz dieses Aufwands entstanden fünf kleine Wälder rund um das Haus, jeder mit 40 bis 50 Bäumen: ein Birken-, ein Pappel-, ein Vogelbeerbaum-, ein Robinien- sowie ein Fichten-Lärchenwäldchen. Einzelne exotische Gehölze im Wechsel mit hunderten Obstbäumen ergänzten diesen Waldbestand.

Der laut Castelli „größte Schatz" seines Gartens bestand aber in einer Sammlung von mehr als 1.000 mehrjährigen Pflanzenarten und -sorten in Rabatten; Schlingpflanzen wanden sich „an Stäben bis zu farbigen Glaskugeln empor". Zwei große Glashäuser, ein Warmhaus mit Kakteen und einer Aloen-Sammlung, ein Irrgarten sowie ein Küchengarten zur Eigenversorgung existierten ebenfalls in der Nähe des Landhauses. An Kleinarchitekturen fanden sich zwei Lauben und eine „Eremitage" als Rückzugsort. Auch mehrere Statuen ließ der Bauherr im Garten aufstellen. Die Frage, ob die beiden einst existierenden steinernen Zwergenskulpturen auf Castelli oder auf einen späteren Eigentümer des Berghofs zurückgehen, muss jedoch offenbleiben.

BESUCHERORDNUNG DER ANDEREN ART
Ignaz Franz Castelli hatte sich ein Landhaus samt Garten geschaffen, das nicht abseits im Verborgenen lag, sondern auf einem der markantesten Punkte des oberen Traisentals; und so konnten auch jene, „welche nur auf der Landstrasse vorüber fuhren, einen unauslöschlichen Eindruck mitnehmen". Die Lage seines Anwesens war – neben seiner Gastfreundschaft – ein wesentlicher

Die Landesberufsschule. Aufnahme aus dem Herbst 1969

Grund, dass sich „auch in Wien der Ruf von der Herrlichkeit meines Landsitzes allgemein verbreitete", wie Castelli in seinen Memoiren schreibt. Seine Gastfreundschaft konnte man wörtlich nehmen: Castelli lud mittels einer Willkommenstafel am Garteneingang Menschen ein, sein privates Paradies zu besuchen; aber nur, wenn sie sich gebührend benahmen:

> Wandrer! tritt ein, magst dich frei ergehn,
> Doch die Blumen laß unberührt stehn,
> Kannst du machen kein Blümelein
> Muss dir sein Leben auch heilig sein,
> Schöner blühet die Rose am Strauch,
> Und was Dir gefällt, gefällt Andern auch;
> Oeffn' ich Dir meine Habe zur Lust,
> Du mir auch meine nicht stören mußt.

Ergänzend hielt er auf dem ersten Blatt seines im Haus aufliegenden Gästebuchs fest:

> Mein Haus und mein Garten stehn offen und frei,
> Wer beide besehn will, der komme herbei.

Castelli dürfte sich in seinem Lilienfelder Sommerhaus sehr wohl gefühlt haben. 16 Sommer verbrachte er hier. Seinen Einstand als neuer Einwohner gab er gleich nach dem Einzug: Er gab für alle Bauern in der Nachbarschaft ein „großes, ländliches Fest, wobei wie natürlich Essen und Trinken die Hauptsache war. Ich machte sie dadurch auch alle zu meinen guten Freunden, und sie gingen mir bei Allem mit Rath und That an die Hand." Doch mit der Zeit wurde der Aufwand – vor allem für die zahlreichen Gäste aus Wien – für den zunehmend kränkelnden und alternden Schriftsteller und Dichter zu groß. Seine Krankheit führte 1854 zur Übersiedelung nach Wien, wo er nun das ganze Jahr über wohnen sollte. Im Dezember 1853 hatte Castelli seinen Berghof öffentlich per Inserat zum Verkauf angeboten, welches sich glücklicherweise erhalten hat. In dem Text des Flugblattes spricht er vom Wunsch, „noch bei meinen Lebzeiten die Versicherung zu erhalten, daß diese meine, mir so liebe Schöpfung, in die Hände eines Mannes komme, der sie in ihrem gegenwärtigen (ich darf sagen reizenden) Zustande erhält." Er schwärmt hier von der großartigen und „lieblichen" Aussicht vom Berghof und meint nicht ohne Stolz: „Die Bewohner sagen mit Recht: Der Berghof verschönert das Thal, so wie das Thal den Berghof verschönert." All diese Pracht war Castelli den Mindestpreis von 20.000 Gulden wert gewesen. Immerhin erhielt er im März 1854 vom neuen Eigentümer 1.000 Gulden mehr: Dr. Rudolph von Vivenot war Arzt in Wien und Jahrzehnte später ein Mitbegründer des Sophienspitals in Wien-Neubau. Er nutzte den Berghof ebenfalls für große private Veranstaltungen. So feierte er hier zum Beispiel im Jahr 1880 das Jubiläum „50 Jahre Doktorat", wobei er die Alleen im Park mit Lampions beleuchten ließ. Der Zutritt zum Park war auch unter ihm allen Menschen gestattet, nur einen Teil hatte sich der Eigentümer zur alleinigen Benützung vorbehalten. Für die damalige Zeit, in der die Sommerfrische in den Tälern des Mostviertels ständig an Bedeutung zunahm, war es nicht ungewöhnlich, dass einzelne Wohnungen des Berghofs samt Gartenbenutzung respektive das ganze Landhaus in der Sommersaison (Anfang Mai bis Ende Oktober) gemietet werden konnten. Bei der Bewerbung vergaß man nicht, die günstige Eisenbahnverbindung von Wien nach St. Pölten und die Postkutsche weiter nach Lilienfeld zu erwähnen – und das ganze „nur 4 Stunden von Wien entfernt".

Nach dem Tod Vivenots im Jahr 1884 ging der Berghof zuerst an seine Tochter Mathilde, danach an deren Ehemann, den Industriellen und niederösterreichischen Landtagsabgeordneten Alfred Ritter von Lindheim (1836–1913). Deren gemeinsame Tochter Valerie heiratete 1894 den Hauptmann des Generalstabs Heinrich Wilhelm Ritter von Krauss-Elislago in Lilienfeld, wo beide nun zumeist wohnten. Anfang des 20. Jahrhunderts pflanzte man zwei Lindenalleen, die eine neue Verbindung von der Talstraße zum Berghof herstellten.

In der Zwischenkriegszeit diente der Berghof als Pension, wobei er 1933 in der Zeitschrift *Moderne Welt* gar als „Hotel Berghof" bezeichnet wurde. Im März 1939 kaufte der deutsche Rennfahrer Hermann Prinz zu Leiningen das Anwesen. Nach Ende des Zweiten Weltkriegs dürfte der Berghof als „Kinderland-Heim" gedient haben.

DIE BERUFSSCHULE ZIEHT EIN

Am 25. November 1950 eröffnete man in Lilienfeld eine Landesberufsschule für Sattler und Tapezierer. Sie wurde vorerst im ehemaligen Kaisertrakt im Stift untergebracht. Doch bald suchte man nach größeren und praktischeren Räumen, wodurch 1959 die ersten Verhandlungen über den Kauf des Berghofs mit dem damaligen Besitzer, Hermann Prinz zu Leiningen, und dessen Verwalter starteten. Im Dezember kaufte das Land Niederösterreich das

Das Doppelwappen Vivenot-Lindheim beim Berghof

Eröffnung der Pension Lolita am 22. Juli 1961

Anwesen und begann mit dem Ausbau. Maler-, Anstreicher-, Tapezierer-, Rauchfangkehrer- und Sattlerlehrlinge konnten bereits ab Herbst 1964 im Berghof zur Schule gehen. Die Gebäude wurden jedoch erst mit Abschluss aller Bauarbeiten am 3. Oktober 1969 offiziell bei einem Festakt durch den Landeshauptmann an die Direktion übergeben. Die nun freigewordenen Räume im Stift konnten für die Unterbringung eines Bundesrealgymnasiums genutzt werden.

In einer Erweiterungsphase (1983–1988) entstanden neue Lehrwerkstätten, ein Turnsaal und ein Schülerheim. Durch zwei zusätzliche Erweiterungen standen zu Beginn des 21. Jahrhunderts in Summe sieben Gebäude für 16 Klassen, 13 Lehrwerkstätten und zwei Laboratorien zur Verfügung. Aus 14 Lehrberufen konnte man auswählen. Der rasche Wandel der Anforderungen im Bereich Handwerk führte immer wieder zu Änderungen. Und so werden seit den 2020er-Jahren die Lehrberufe Beschriftungsdesign- und Werbetechnik, Bodenleger, Hafner, Maler und Beschichtungstechniker, Ofenbau- und Verlegetechnik, Platten- und Fliesenleger, Polsterer, Rauchfangkehrer, Reinigungstechnik, Sattlerei, Stuckateur und Trockenausbauer sowie Tapezierer und Dekorateur angeboten.

Vor allem durch den Umbau und die zahlreichen neuen Nebengebäude der Berufsschule hat sich das Umfeld des Berghofs seit der Zeit Castellis stark verändert. Das Landhaus dient heute der Direktion der Berufsschule als Büro. Die Dachtraufe auf der zum Stift gerichteten Seite zierte für einige Zeit das Doppelwappen Vivenot-Lindheim, das auf die Eheschließung von Mathilde Vivenot mit Alfred von Lindheim zurückgeht. Heute steht dieses Doppelwappen auf einem Steinsockel etwas abseits des Gebäudekomplexes der Berufsschule, gleich neben einem Gedenkstein, der an Castelli als „Erbauer des Berghofes" erinnert. Und auch der Mathildenweg, die Vivenotstraße und selbstverständlich die Berghofstraße erinnern an die Geschichte des Berghofs und seinen Bauherrn Ignaz Franz Castelli.

EINE „SEEFRAU" AN DER TRAISEN

Es war sicher eine kleine Sensation, als im Jahr 1961 eine der damals bekanntesten deutschsprachigen Schlagersängerinnen in Lilienfeld eine Pension eröffnete: Edith (Ditta) Einzinger, die in der Öffentlichkeit nur unter dem Künstlernamen „Lolita" bekannt war und noch heute ist, hatte ein neues Geschäftsfeld aufgetan, indem sie in Dörfl am Beginn des Jungherrntals ein modernes Gebäude errichten ließ, das fortan unter dem Namen „Pension Lolita" firmierte.

Die 1931 im niederösterreichischen Spratzern bei St. Pölten geborene Edith Zuser (verheiratete Einzinger) arbeitete zunächst als Kindergärtnerin und Sachbearbeiterin. Nachdem sie Mitte der 1950er-Jahre als Sängerin entdeckt wurde, ging es mit ihrer Gesangskarriere steil bergauf. 1957 stieß sie mit dem Lied „Der weiße Mond von Maratonga" auf den zweiten Platz in der deutschen Hitparade vor. Der größte Erfolg gelang ihr – sie nannte sich inzwischen Lolita – im Jahr 1960 mit dem Schlager „Seemann, deine Heimat ist das Meer". Zusätzlich zur erfolgreichen deutschsprachigen Version des Liedes landete sie auch mit der englischsprachigen einen Hit.

Ein Jahr zuvor war nicht abzusehen gewesen, dass sie alleine von ihrer Stimme würde leben können. Dies dürfte ein wesentlicher Grund gewesen sein, den Plan eines eigenen Beherbergungsbetriebs zu verwirklichen. Im Mai 1959 suchte das in Spratzern und in Wien-Döbling lebende Ehepaar Max und Ditta Einzinger bei der Lilienfelder Baubehörde um die Errichtung einer Pension am Grundstück Jungherrntalstraße Nr. 8 an. Der St. Pöltner Baumeister Sepp Doll sollte den vom St. Pöltner Architekten Harald Wallner entworfenen Plan ausführen. Das Ehepaar beabsichtigte, an einem Hang ein Gebäude, „stilmäßig dem alpinen Charakter angepasst, jedoch nach modernsten konstruktiven Richtlinien zur Fremdenbeherbergung" errichten zu lassen. Die Fremdenzimmer würden sich im ersten Obergeschoß befinden und die Garage zwölf Fahrzeuge fassen. Die vorgesehene Privatwohnung sollte im hinteren, hangseitigen Gebäudeteil liegen. Nach der Baubewilligung im Juni 1959 starteten die Bauarbeiten. Nun hatte Edith Einzinger auch die notwendige Eignungsprüfung für ihren „Gast- und Schankgewerbebetrieb in der Betriebsform einer Fremdenpension und Imbiß-Stube" abzulegen.

Mit der Bewohnungs- und Benützungsbewilligung Mitte August 1961 galt der viergeschoßige Bau mit seinen auffälligen Balkonen auch rechtlich als fertiggestellt und durfte nun benutzt werden. Doch schon vier Wochen zuvor war die „Pension Lolita" feierlich eröffnet worden. Auffällig war das Gebäude vor allem durch den am Dach aus Neonröhren angebrachten Schriftzug „Lolita", der von Weitem zu sehen war.

Ob ein schwerer Autounfall 1963 oder die inzwischen erfolgreiche Karriere als Sängerin den Verkauf der Pension bedingte, ist heute nicht mehr zu klären. Jedenfalls war ab November 1963 nicht mehr Edith Einzinger, sondern die Austria Tabakwerke AG offiziell der neue Grundeigentümer und Betriebsinhaber. Nach Umbauarbeiten diente der Betrieb ab 1964 Bediensteten der Austria Tabakwerke als Erholungsheim, gleichzeitig aber auch für alle Interessierten als Hotel, Restaurant und Café. Im Jahr 1974 bewarb man das Haus in einem Inserat mit den Worten: „Wir bieten unsere Dienste an: ruhig wohnen – gepflegt speisen. Hotel Lolita. Zimmer mit Dusche und Balkon. Garagen – Parkplatz". Der Name der Schlagersängerin war zu jener Zeit noch immer ein Zugpferd; eine Umbenennung kam anscheinend nicht in Frage.

Im Jahr 1980 war Schluss mit dem Beherbergungsbetrieb. Unter neuen Eigentümern folgte eine langjährige Nutzung als Flüchtlingsquartier. Ab Juni 1997 stand das Gebäude leer, und fast 60 Jahre nach der Eröffnung als Pension Lolita war das Ende des Hauses besiegelt. Der neue Eigentümer, die Stadtgemeinde Lilienfeld, ließ den Gebäudekomplex für einen Neubau abreißen. Unter dem Titel „Junges Wohnen" entstand ab Juli 2022 ein geförderter, dreigeschoßiger Wohnbau mit zwölf kleinen Mietwohnungen. Die Zielgruppe als Mieter sind junge Menschen bis

Speisesaal der Pension Lolita. Aufnahme vom 23. Juli 1961

Der Nachfolgerbau am ehemaligen Standort der Pension Lolita

Das ehemalige Landheim Fichtenfels in Marktl

zum Alter von 35 Jahren, die nur einen geringen Eigenfinanzierungsbeitrag aufbringen können und die man mit diesem Angebot von der Abwanderung in Ballungsräume abzuhalten versucht.

Doch zurück zur namensgebenden Lolita. Was wurde aus ihr? Ab Mitte der 1960er-Jahre blieben die großen Erfolge als Schlagersängerin aus. Sie wandte sich nun der volkstümlichen Musik zu und moderierte viele Jahre lang die ARD-Volksmusiksendung „Im Krug zum grünen Kranze" sowie für eine kurze Zeit die ZDF-Musiksendung „Lustige Musikanten". Gelegentlich trat Lolita noch in den 1990er-Jahren als Sängerin auf – vor allem mit ihrem großen Erfolg „Seemann, deine Heimat ist das Meer".

Heute erinnert in Lilienfeld nichts mehr an die relativ kurze Episode mit einer Schlagersängerin als Gastgeberin einer Pension. Nur die Balkone des Neubaues ermöglichen heute einen ähnlichen Blick vom einstigen Standort des Lolita-Gebäudes auf den Traisenfluss, auf dem nie Seemänner oder Seefrauen unterwegs waren, sondern ausschließlich Schwemmholz.

EIN MERKWÜRDIGER BAU

Wer von Marktl ins Habernreithtal wandert, wird an der linken Talseite ein eigenartiges Gebäude am Hang wahrnehmen. Es wirkt wie eine moderne, aber sehr schmale Burg. Doch die Bestimmung des „Fichtenfels" genannten Hauses hat nichts mit Wehrbauten oder Ähnlichem zu tun, sondern mit dem Wintersport.

Spiritus rector waren die beiden Wiener Brüder Hugo (1903–1996) und Leo (1905–1987) Gröger, beide diplomierte Bauingenieure und begeisterte Skifahrer. Hugo Gröger berichtete im März 1926 in einem Zeitschriftenartikel über den Beginn ihrer sportlichen Aktivitäten. Bei Neuwaldegg im Wiener Bezirk Hernals hatte er 1922 erste Versuche als Skifahrer, „bewaffnet mit zwei Stöcken", gemacht. Im Zuge dessen bekam Hugo Gröger so manches Buch des Skipioniers Mathias Zdarsky in die Hände, der ihn sichtlich faszinierte. Da er gemeinsam mit seinem Bruder bereits seit mehreren Jahren ehrenamtlich mit und für Jugendliche arbeitete und mit deren Wandergruppe den Plan hatte, ein eigenes Landheim für Jugendliche zu errichten, schickte er seinen Bruder Leo zu Weihnachten von Puchenstuben nach Habernreith zu Zdarsky in dessen abgelegenen Wohnsitz. Einige Zeit später lernte Hugo ihn dann selbst kennen. Es entstand eine Freundschaft, die vielleicht auch damit zusammenhing, dass alle drei von ihrer Ausbildung her mit Architektur und Bauwesen zu tun hatten.

Knapp vor Beginn der Ferien im Sommer 1925 hatten die Grögers noch immer keinen Baugrund für das Landheim gefunden. Hilfe kam nun von Seiten Zdarskys, durch dessen Vermittlung ein Grundstück des Präthaler Bauern unweit vom Wohnhaus des Skipioniers erworben werden konnte. Rasch gingen die Brüder Gröger ans Werk. Zuerst wurden ein Schrägaufzug zur Straße, der von zwei Mann bedient werden konnte, und eine Bauhütte ein paar Meter unterhalb des Gebäudes errichtet. Nach einem Umbau bewohnte ab Oktober 1938 ständig ein Mieter die einstige Bauhütte; sie dient noch heute als einfaches Wohnhaus.

Das Landhaus selbst wurde ab 1925 im Laufe der folgenden fünf Jahre – ausschließlich ehrenamtlich – errichtet, wobei besonders im ersten Bausommer Mathias Zdarsky fast täglich und dies 14 Wochen lang, oft von frühmorgens bis spätabends, mit Muskelkraft und Wissen am Bau mithalf. Immerhin war Zdarsky damals bereits fast 70 Jahre alt. Ihm verdanken wir auch die Namensgebung: Aufgrund einer nahe beim Landheim stehenden Fichte und einem Felsen machte er den Vorschlag, das Gebäude Fichtenfels zu nennen. Zusätzlich zum Namen hat sich ein weiteres Zeitzeugnis Zdarskys erhalten: die Sonnenuhr, deren Zeichenvorlage im Museum Lilienfeld verwahrt wird. Dort ist auch eine Photographie archiviert, die den auf einem Gerüst stehenden Mathias Zdarsky beim Malen der Sonnenuhr zeigt. Sie ist insofern interessant, als Zdarsky eine eigene Einteilung der Jahreszeiten vornahm: Der Winter beginnt bei ihm am 2. November und endet am 11. Februar, der Frühling geht bis zum 14. Mai und der Sommer bis zum 30. Juli. Der Herbst endet bei dieser Sonnenuhr folglich am 1. November.

Im März 1927 reichte man die Baupläne bei der Gemeinde Lilienfeld zur Bewilligung ein. Im Begleitschreiben Hugo Grögers, dem das Baugrundstück gehörte und der zu diesem Zeitpunkt noch an der Wiener Technischen Hochschule studierte, gab er als Zweck des Gebäudes nur „Herberge" an. Als Bauführer fungierte nun Fritz Mitterer,

Die von Mathias Zdarsky entworfene Sonnenuhr

ein Baumeister in Marktl. Die Baubewilligung erteilte die Gemeinde am 18. März 1927. Unter Einsatz zahlreicher Jugendlicher, die keine oder wenig Baupraxis hatten, und Mathias Zdarskys als Baupraktiker mit einfachen, aber sehr praktischen Ideen, wuchs ein Haus aus Eisenbeton in die Höhe, das man danach mit Eternit deckte. Das Dachgeschoß besteht nur aus zwei Bretterwänden, die verputzt sind.

Nach der Fertigstellung diente „Fichtenfels" Studentengruppen als Herberge. Im Sommer war es ein Landheim, im Winter Unterkunft und Ausgangspunkt für Skiwanderungen, bei denen Leo und Hugo Gröger unentgeltlich Schüler und Studenten im Skifahren ausbildeten. Immerhin waren die beiden damals Fahrwarte, also Skilehrer, beim Alpin-Skiverein, den Mathias Zdarsky einst mitbegründet hatte.

DES SCHNEIDERS LUFT, LICHT UND SONNE

Generationen von kranken Kindern, vor allem aus Ostösterreich, haben einige Wochen ihres Lebens in Lilienfeld verbracht – meist zur Linderung von chronischen Erkrankungen. Maßgeblich beteiligt an dieser Aktion war ein Schneidermeister aus Wien. Der 1835 im siebenbürgischen Kronstadt geborene Carl Moritz Frank war jedoch kein gewöhnlicher Handwerker, sondern galt vor dem Ersten Weltkrieg als renommierter Schneider in der Residenzstadt Wien und in seiner Branche als Künstler. Die *Arbeiter Zeitung* sprach im April 1914 vom Hof- und Kammerlieferanten anerkennend als „Inhaber einer der ersten Herrenschneidereien Wiens", die sich am Kärntnerring befand.

Frank hatte sich über die Jahrzehnte ein großes Vermögen erwirtschaftet. Der Tod seiner zweiten Ehefrau, welche ihm 1,5 Millionen Kronen vererbt hatte, seine Kinderlosigkeit, seine soziale Ader und seine soziale Stellung dürften ihn dazu bewogen haben, im April 1914 drei Millionen Kronen in Form von Wertpapieren und Pfandbriefen für einen guten Zweck zur Verfügung zu stellen. Die nach ihm respektive seiner Firma benannte „C. M. Frank Kinderspitals-Stiftung" sollte die Aufgabe übernehmen, „in staubfreier, sauerstoffreicher und sonniger Höhenluft" eine Tochteranstalt des Wilhelminenspitals zu errichten, die aus den einzelnen Kinderabteilungen des genannten Spitals jene kranken Kinder – und zwar „ohne Unterschied der Nationalität und der Konfession" – übernehmen sollte, bei denen „als Heilpotenzen vorwiegend Luft, Licht, Sonne und Ernährung in Frage kommen", wie der Stiftungsurkunde zu entnehmen ist. Hauptzielgruppe waren Kinder mit chronischen Gelenks- und Knochenerkrankungen sowie mit Tuberkulose.

Undatiertes Porträtphoto von Carl Moritz Frank

Vermutlich führte die Tatsache, dass Frank der Leibschneider von Kaiser Franz Josef war, im Jahr 1913 zur Erhebung des Hofschneiders in den einfachen Adelsstand; aufgrund der Stiftung verlieh ihm der Kaiser im darauffolgenden Jahr zusätzlich das Ehrenwort „Edler". Er durfte sich nun Carl Moritz Edler von Frank nennen.

Der Hofschneider legte mit seiner Stiftung die Grundlage für ein zukünftiges Kinderspital, doch brauchte es auch einen engagierten Arzt, der die medizinische Seite der Unternehmung abdecken konnte. Dies war der einstige Bezirksarzt und erste Leiter des Lilienfelder Krankenhauses, Dr. Franz Schönbauer (1868–1932), der ab 1910 als Direktor das Wilhelminenspital in Wien leitete. Er lieferte im April 1914 in einer medizinischen Fachzeitschrift zahlreiche Hintergrundinformationen zum Projekt des geplanten Kinderspitals in Lilienfeld. Demnach befürchtete er, dass das Grün rund um das Wiener Wilhelminenspital bald verbaut sein und die Krankenanstalt dann „mitten im Getriebe der Großstadt" liegen würde. Um diesem zukünftigen Übelstand abzuhelfen, hätten er selbst, der Stifter Carl Moritz Frank und andere engagierte Personen

Das Hauptgebäude der Frank-Stiftung in Lilienfeld. Aufnahme um 1965

überlegt, wo ein Spital vor allem für Kinder mit Tuberkulose errichtet werden könnte. Als ideal sah man eine Höhenlage zwischen 550 und 800 Meter an, an einem Platz mit wenig Nebel und langer Sonnenscheindauer. Eine gute Wasserversorgung, der Anschluss an eine elektrische Stromleitung und eine Fahrtdauer aus Wien von maximal drei Stunden waren ebenfalls Grundvoraussetzungen. Nach Begutachtung mehrerer potenzieller Standorte in Niederösterreich entschied man sich für Lilienfeld. Hier kamen zwei Plätze in Frage: Der eine lag auf der von Schrambach nach Kirchberg an der Pielach führenden Passstraße, der andere im Jungherrntal. Schönbauer wählte zweiteren aus, auch weil der Bauplatz nach Norden und Westen gut vor Wind geschützt war.

Nun übertrug Frank zur Verwirklichung des Stiftungszwecks drei von ihm im Jungherrntal käuflich erworbene Bauernwirtschaften (Mitterlechner-, Zeidelhofer- und Waldreitergut) samt eigener Quellen kostenfrei in das Eigentum der Stiftung. Immerhin betrug die Gesamtfläche 113 Hektar Wiesen, Acker- und Weideland sowie Wald. Der Lilienfelder Bürgermeister Louis Grellepois

und Abt Justin Panschab unterstützten die Sache von Anfang an. Nun begann man an diesem klimatisch günstig gelegenen Punkt des Mostviertels die ersten konkreten Ideen für die Tochteranstalt des Wilhelminenspitals zu entwickeln.

DAS GELD IST WEG

Geplant war laut Schönbauer zur damaligen Zeit nicht ein großes einzeln stehendes Gebäude, sondern eine „dem ländlichen Charakter entsprechende und im Baustile diesen sich anpassende Villenkolonie" mit „anheimelndem gemütlichen Eindruck". Die Buben sollten zur Therapie mit leichten Arbeiten in der Garten-, Land- und Forstwirtschaft sowie mit Sport (Rodeln, Skifahren) beschäftigt werden, die Mädchen hingegen vor allem mit Hausarbeiten. Eine eigene Landwirtschaft hätte seinen Vorstellungen zufolge die Kinder und Angestellten mit Milch, Butter, Eiern und zum Teil auch mit Fleisch versorgen sollen. Abschließend sprach er „die wohl begründete Überzeugung" aus, dass die Frank-Stiftung „nicht nur einen bedeutsamen Fortschritt auf dem Gebiete der Fürsorge für das kranke Kind an sich, sondern auch auf dem Gebiete der Tuberkulosebekämpfung bilden wird".

Als der Arzt Schönbauer dies niederschrieb, war noch Frieden im Lande. Nicht nur bestimmte Vorgaben des Stifters, sondern auch der bald einsetzende Erste Weltkrieg verzögerten die Umsetzung; von einem Baubeginn war man damals noch weit entfernt. Carl Moritz Frank starb Ende Mai 1916. Doch trotz des Krieges und dem Tod Franks hielt das Stiftungskuratorium im November 1917 eine Besprechung in Wien über das weitere Vorgehen in Bezug auf das Kinderspital in Lilienfeld ab, bei dem auch der Wiener Bürgermeister als Vorsitzender anwesend war.

Nach Ende des Ersten Weltkriegs wurde es für alle Beteiligten noch schwieriger. Das Stiftungskapital konnte aufgrund des Testamentes erst ab 1921 verwendet werden. Doch inzwischen hatte die sehr hohe Inflation fast das gesamte Stiftungskapital entwertet. Von den stattlichen drei Millionen Kronen blieben nach der Umstellung auf die neue Währung nicht einmal 400 Schilling übrig. Der ärztliche Leiter des Wilhelminenspitals und somit des geplanten Lilienfelder Kinderspitals gab jedoch nicht auf. Er sammelte Spenden und Subventionen. So dürften im Sommer 1922 endlich die ersten Vorarbeiten begonnen

worden sein: die Errichtung einer Anschlussstraße im Jungherrntal zum Bauplatz und einer Wasserleitung von den auf eigenem Grundstück gelegenen Quellen. Als erstes Gebäude des Wirtschaftskomplexes wurde im Sommer 1928 eine Scheune bewilligt, gleichzeitig genehmigte die Baubehörde die Übertragung und den Ausbau eines bereits seit 1914 bestehenden Holzwohnhauses.

Doch die Bauarbeiten kamen nicht zügig voran. Im November 1931 war nur der erste Stock des Hauptgebäudes im Rohbau fertiggestellt. Von der einstigen Idee einer „Villenkolonie" war man abgekommen; nun sollten alle wichtigen Einrichtungen des Spitals für 50 Kinder in einem einzelnen mehrstöckigen, 43 Meter langen Gebäude untergebracht werden. Der Bauplatz lag auf 600 Meter Seehöhe, 250 Meter über der Talsohle. Die Liegeterrassen an der Südseite waren offen vorgesehen, an der Ost- und Westseite jedoch als überdeckte Loggien geplant. Bauträger war das Bundesministerium für soziale Verwaltung als Träger des Wiener Krankenanstaltenfonds.

Im Jahr 1932 musste der Bau aufgrund von Geldmangel eingestellt werden. Doch man fand eine Lösung. Man vereinigte die Frank-Stiftung mit der „Ferdinand Herzfelder Blindenstiftung", von der das weitere Kapital kam. Als Gegenleistung sollte das zukünftige Lilienfelder

Der Speiseraum in der Frank-Stiftung. Aufnahme um 1965

Kinderspital 20 blinde oder sehschwache Kinder aufnehmen.

Im Mai 1933 stand der Rohbau des Hauptgebäudes. Zwei Etagen waren auf der sonnigen Südseite mit Wandelgängen versehen, das erste und zweite Stockwerk beherbergte Säle und das Dach mehrere Wohnungen. Im selben Jahr trat die Verwaltung an die Kongregation der Barmherzigen Schwestern vom heiligen Kreuz (Kreuzschwestern) aus Laxenburg mit der Bitte heran, die Betriebsführung und die Pflege der Kinder zu übernehmen.

Im April 1935 war der Bau fertiggestellt. Am 28. Juni weihte Abt Theobald Wrba die Kapelle im Haupthaus ein, am 3. Juli kamen die ersten zehn Kinder nach Lilienfeld. Trotz dieser ersten Aktivitäten war das Kinderspital im Juni 1937 noch immer nicht in Vollbetrieb. Der Hauptgrund lag darin, dass die Stiftung die Erhaltung der Anschlussstraße zu ihren Gebäuden finanziell nicht stemmen konnte. Sie ersuchte die Gemeinde, die Kosten zumindest zu einem großen Teil zu übernehmen. Man dürfte sich geeinigt haben, denn am 1. August 1937 konnte endlich das Kinderspital für 85 Kinder (mit einem Alter bis zu 16 Jahren) unter dem damaligen Namen „Sonnenheilstätte" offiziell eröffnet werden.

Mit dem „Anschluss" Österreichs an das nationalsozialistische Deutsche Reich wurde die Stiftung selbst aufgehoben und die Grundstücke der Stadt Wien grundbücherlich überschrieben. Nach dem Ende des Zweiten Weltkriegs 1945 galt das Kinderspital als deutsches Eigentum. Mit der Erfüllung der Bedingung, die Stiftung wiederherzustellen, erfolgte die Rückstellung an die Stadt Wien, welche die wirtschaftliche Leitung wieder den Kreuzschwestern übertrug. Mitte der 1970er-Jahre gab es Betten für 100 Kinder, wobei durchschnittlich 80 Prozent der jungen Patientinnen und Patienten an Asthma erkrankt waren.

Im Laufe der Zeit entsprach das „C.-M.-Frank-Kinderspital der Stadt Wien" als Heilstätte für Kinder immer weniger dem Stand der Technik und den Vorgaben einer modernen Pflegeeinrichtung. So wurde es in den 1980er-Jahren geschlossen und das Hauptgebäude vom neuen Eigentümer im Jahr 2018 abgerissen. Heute erinnert nur mehr ein Reitplatz an jene Stelle, an der einst Luft, Licht und Sonne Kindern ein gesundes Umfeld boten.

ABBILDER LILIENFELDS

Erstaunt nimmt man zur Kenntnis, dass auch noch im 21. Jahrhundert Schätze von Photographien auftauchen, von denen weder die breite Öffentlichkeit noch die regionale Bevölkerung wusste. Ein solcher Schatz wurde in den Jahren 2021 und 2022 gesichtet, neu aufgestellt und zu einem großen Teil erschlossen. Es handelt sich dabei um den Nachlass einer Photographenfamilie, die beinahe 90 Jahre in diesem Metier tätig war und in Lilienfeld ihr Photogeschäft hatte. Die Rede ist von der Familie Wagner. Überregionale Bekanntheit erlangte ihr Begründer Wilhelm Wagner, der als photographischer Begleiter des Skipioniers Mathias Zdarsky und als einer der ersten Sportphotographen in Österreich tätig war.

Willi – wie er sich auch noch als Erwachsener nannte – wurde 1887 in Lilienfeld als Sohn eines Buchbinders und Besitzers einer Papierhandlung geboren und begann 1901 in Wien eine Lehre als Photograph, die er 1903 beendete. Ab Ende August 1908 betrieb er das „Photographische Atelier Wilhelm Wagner" in Lilienfeld mit der Adresse Dörfl Nr. 41 (in der heutigen Babenbergerstraße), wobei Willi bereits vor August 1908 (teils gewerbsmäßig) photographiert hatte. Die sehr frühen Aufnahmen entstanden vor allem im Zusammenhang mit Mathias Zdarsky, der für ihn Skilehrer, Auftraggeber und Skilehrwartkollege war. Zdarsky dürfte ihn sprichwörtlich mit dem „Skifieber" angesteckt haben. So verwundert es nicht, dass Willi Wagner nachweislich an zwei berühmten Skitorläufen

Ehepaar Katharina und Willi Wagner. Aufnahme um 1920

Gedenkstein für Willi Wagner oberhalb der Gaisleiten

teilnahm: Am 19. März 1905, im Alter von 18 Jahren, am ersten Riesentorlauf der alpinen Skigeschichte am Lilienfelder Muckenkogel sowie am 25. März 1906 beim Torlauf am nahe gelegenen Spitzbrand.

Bereits ab 1904 photographierte Wagner laufend für Zdarsky und bei den Ausflügen des 1900 gegründeten „Internationalen Alpin-Skivereins", wie zum Beispiel eine Mitteilung in der Zeitschrift *Der Schnee* im Juli 1908 zeigt: „Photographische Aufnahmen vom Vereinsausflug auf den Schneeberg am 10. Mai sind zu haben beim Photographen Willi Wagner." Im Jahr 1913 inserierte er in dieser Zeitschrift unter neuem Markennamen sein „Atelier für alpine Wintersportbilder" und bewarb dabei eine „große Serie schöner Skitouren- und Winterlandschaftsbilder", „Zdarsky-Porträts" sowie „Vergrößerungen, Diapositive und Ansichtskarten". Zusätzlich bot er an, Auskünfte über die Schneeverhältnisse vor Ort zu geben – und dies auch am Telefon, denn Willi Wagner gehörte in Lilienfeld zu den ersten Bewohnern, die einen Telephonanschluss hatten. Seine Tätigkeit als „Wetterfrosch" ging so weit, dass er von spätestens 1908 an Schneeberichterstatter für Lilienfeld

war. Durch seine Meldungen konnten Tageszeitungen meist nur mit einem Tag Verspätung ihren Leserinnen und Lesern die aktuelle Schneelage in Lilienfeld bekannt geben.

Aufgrund der Einberufung Willi Wagners zum Militär war das Atelier ab Juli 1915 geschlossen und dürfte erst ab Jänner 1919 wieder geöffnet gewesen sein. Er selbst war nach der Genesung von einer in Galizien erfolgten Verwundung bis 1918 in Kärnten und Südtirol als Photograph an der Front tätig und lernte dabei den Mariazeller Photographen Josef Kuss kennen. Seine Bilder wurden im Rahmen militärischer Propaganda auch ausgestellt.

Nach dem Ersten Weltkrieg heiratete Willi Wagner im Oktober 1919 in der Stiftskirche Lilienfeld die aus Türnitz stammende und seit 1911 in Lilienfeld lebende Katharina Freysmuth (geboren 1891). Auch sie stieg in das Photographengewerbe ein, wofür sie im Jahr 1929 die Gesellenprüfung ablegte. Ein Jahr später änderte sich für die inzwischen zweifache Mutter alles, denn ihr Ehemann Willi stürzte am 25. September 1930 beim Photographieren in der Nähe des sogenannten Parapluies bei Lilienfeld

22 Meter in die Tiefe. Der Epileptiker Willi Wagner, der am dortigen felsigen Gelände mit großer Wahrscheinlichkeit einen Anfall hatte, verstarb an den Folgen des Sturzes. Ein Gedenkstein am Unfallort oberhalb der Gaisleiten erinnert noch heute an dieses Unglück. Den Nachruf auf Willi Wagner in der Zeitschrift *Der Schnee* verfasste niemand Geringerer als Mathias Zdarsky. Er würdigte Wagner als „tadellosen Fahrer, eifrigen Lehrwart und erstklassigen Lichtbildner".

Nach dem überraschenden Tod Wagners half der Maria-zeller Photograph und Bekannte aus Kriegszeiten, Josef Kuss, der Witwe Katharina als Geschäftsführer bis zum Jahr 1932 aus. Anschließend wurde der Betrieb von ihr gemeinsam mit einer Gehilfin weitergeführt. Im Oktober 1937 begann Katharina Wagner auf einem angekauften Grundstück und unter Zuhilfenahme eines „Baugelds" der „Österreichischen Bausparkasse – Wüstenrot" mit der Errichtung eines neuen Wohn- und Geschäftshauses mit Atelier in der Zdarskystraße Nr. 9, das sie mit ihren Kindern im Juli 1938 bezog. Es diente der Familie Wagner fortan als Wohnhaus und beherbergte für über 50 Jahre den Betrieb „Foto Wagner".

Geplant war beim Umzug 1938, dass ihr älterer Sohn Helmut (geboren 1921) später einmal das Geschäft über-nehmen sollte. Diesem Vorhaben folgend, machte er eine Photographenlehre beim befreundeten Photographen-kollegen Kuss in Mariazell. Doch Helmut Wagner fiel am 3. Dezember 1942 als Wehrmachtssoldat an der Ostfront. So musste sein jüngerer Bruder Wilhelm (geboren 1925) einspringen. Er absolvierte 1943 die seit 1919 bestehende „Deutsch-österreichische Technisch-gewerbliche Staatslehr-anstalt in Mödling" und rückte danach ebenfalls zur Wehr-macht ein. Nach seiner Rückkehr aus der Gefangenschaft wurde der Betrieb – der während des Zweiten Weltkriegs ab 29. März 1945 geschlossen war – nach kriegsbedingt anste-henden Renovierungsarbeiten im September 1946 wiederer-öffnet. Von diesem Zeitpunkt an besuchte Wilhelm Wagner bis 1949 die „Staatliche Graphische Lehr- und Versuchs-anstalt" in Wien – kurz „Die Graphische" genannt – und legte 1954 die Meisterprüfung als Photograph ab. Anfang 1966 übergab Katharina Wagner den Betrieb an ihren Sohn Wilhelm; sie starb 1985 in hohem Alter in St. Pölten.

Wilhelm Wagner arbeitete – wie sein Vater und seine Mutter zuvor – vornehmlich als Porträtphotograph und

Katharina Wagner übersiedelt das Atelier am 6. Juli 1938

Sonnenuntergang. Blick vom Muckenkogel Richtung Ötscher. Aufnahme von Wilhelm Wagner am 30. Oktober 1993

begleitete Jubiläen und private Feiern mit der Kamera. Sein Beruf bedeutete ihm viel; private Reisen machte er wenige. Wilhelm führte die Firma „Foto Wagner" bis 1995 und verstarb im August 2006. Mit seinem Tod endete das Wirken der Photographenfamilie Wagner. Das Wohn- und Geschäftshaus wurde an einen Lilienfelder verkauft, der die Räume im Erdgeschoß über viele Jahre an eine Graphik- und Druck-Firma verpachtete. Der photographische Nachlass – und somit die vielen Aufnahmen von Willi, Katharina und Wilhelm Wagner – sowie einige private Dokumente der Familie Wagner wurden von der Erbengemeinschaft, die rund 30 Personen umfasste, nach einem beherzten Eingriff von drei Erben nicht untereinander aufgeteilt, sondern als Ganzes der Stadtgemeinde Lilienfeld geschenkt. Damit konnte ein „Zerreißen" des Bestandes verhindert und ein photographischer Schatz mit tausenden Glasplatten und zehntausenden Zelluloid-Negativen als Ganzes erhalten werden. Das war insofern wichtig, als durch die Photographien von Willi, Katharina und Wilhelm Wagner die Geschichte der Stadtgemeinde Lilienfeld und des gleichnamigen Bezirks mit seinen Denkmälern, Industriebetrieben, dem Stift und den hier lebenden und

arbeitenden Menschen im wahrsten Sinne des Wortes für uns sichtbar bleibt.

ALPENKURANSTALT UND LEBENSRAUM

Wer in der Nähe des einstigen „Wirtshaus am Steg" in Schrambach beim Überqueren des Traisenflusses nicht die Straße nach rechts in den Morigraben und somit Richtung Pielachtal wählt, sondern nach links geht oder fährt, gelangt in ein abgelegenes, reizendes Tal, dessen Namen auf den gleichnamigen Zögersbach zurückgeht. Dieser ist auch für die Bezeichnung der Katastralgemeinde verantwortlich.

Auffällig sind in diesem Tal drei Gebäude. Zum ersten der sogenannte Niederhof. Er wird in Quellen erstmals im Jahr 1536 erwähnt. Das einstige Bauerngut mit zwei Bauernhöfen findet man in den entsprechenden Katastern im späten 18. Jahrhundert und im 19. Jahrhundert unter den Bezeichnungen „Nieder Höf", „Niederhöfer" und „Niederhofer". 1834 kaufte der Lilienfelder Industrielle Carl Oesterlein (1798–1841) den Niederhof Nr. 1.

Erst 1841 kam der zweite Teil des Niederhofs (Nr. 2) an dessen Familie, welche beide Teile 1872 respektive 1879 verkaufte. Aufgrund der nun einsetzenden häufigen Eigentümerwechsel und nicht erhaltener Akten lässt sich heute nicht mehr klären, auf wen die Umbauten zurückgehen, die zum noch heute auffälligen neogotischen Aussehen des Hauptgebäudes mit dem markanten Turm führten. Aus den beiden Höfen war inzwischen der Niederhof geworden.

Im Jahr 1925 kauften der Wiener Arzt Otto Buchner und seine Frau Karoline (Lilly) das ganze Areal, um hier unter dem Namen „Lilienhof" ein Sommer-Kinderheim für geistig behinderte und psychisch kranke Kinder zu betreiben. Es war auch unter dem Namen „Genesungsheim" und später unter dem Titel „Alpengenesungsheim" bekannt.

1940 war der Niederhof Stützpunkt für die 4. Kompanie der Kraftfahrerersatzabteilung 45; später im Zweiten Weltkrieg war hier ein Reserve-Lazarett untergebracht. Relativ rasch nach Kriegsende rief der „Österreichische Frauenbund" unter dem Chefarzt der vereinigten

Kur- und Spezialanstalten, Prof. Dr. Otto Buchner, eine Aktion ins Leben: Alten, unterernährten Wienerinnen und Wienern sollte die Möglichkeit geboten werden, in Sanatorien einen mehrwöchigen Erholungsurlaub zu verbringen. Eines dieser drei Sanatorien war im Niederhof untergebracht. Die Aktion „Kuraufenthalt für alte Wiener" war als billige Urlaubsmöglichkeit vor allem für Frauen gedacht, aber man nahm auch Männer auf. In jener Zeit bewarb man dieses Sanatorium auch als „Alpenheim" und „Alpenkuranstalt"; dementsprechend wurde im Jahr 1948 eigens ein „Küchenmädchen mit Melkkenntnissen" per Inserat gesucht.

Nach dem Tod Otto Buchners 1952 firmierte das inzwischen mehrmals umgebaute Gebäude als sommerliches Erholungsheim der Wiener „Nervenheilanstalt Lilly Buchner". Dieses „Stammhaus" befand sich in der Villa Henikstein in Wien-Döbling, in der schon seit 1831 eine Nervenheilanstalt eingerichtet war. Im Jahr 1942 hatte Otto Buchner jene Heilanstalt erworben, welche von seiner Witwe Lilly bis 1972 unter dem Namen „Privatanstalt für Nerven-, Gemüts- und Geisteskranke"

Der Niederhof im Zögersbachtal

Die Kapelle beim Niederhof

weitergeführt wurde. Das Lilienfelder Erholungsheim und somit der Niederhof hingegen gehörte ihr bis zu ihrem Tod 1982. Nach einem längeren Leerstand betrieben zwei Männer im Niederhof ein Heim für Asylwerber. 1996 kauften vier Familien, die alle aus dem reformpädagogischen Bereich kamen, den Komplex. Im September 1997 starteten sie eine Schule mit elf Kindern; seit dem Jahr 2000 gibt es auch eine Kindergruppe. Betrieben wird die private „Niederhofschule" mit Öffentlichkeitsrecht für alle neun Pflichtschuljahre vom „Verein LebensRaum Niederhof".

Auf Lilly Buchner geht auch die im Jahr 1967 errichtete Kirche auf dem Areal des Niederhofs zurück – das zweite interessante Gebäude im Tal. Sie steht etwas abseits des Hauptgebäudes talauswärts auf einer Wiese, umgeben von Bäumen, und strahlt Ruhe aus. Dies hat auch damit zu tun, dass die Kirche, welche von ihrer Größe her eher einer großen Kapelle entspricht, seit vielen Jahren nicht mehr für Messen genutzt wird.

Das dritte bemerkenswerte Bauwerk im Tal des Zögersbachs ist eine Kapelle. Sie ist im Vergleich zur erwähnten Kirche deutlich kleiner und liegt etwas versteckt. Um sie zu sehen, muss man vom Niederhof taleinwärts gehen, den rechten Forstweg in den Kampergraben nehmen und einem einfachen Weg nach links über den Bach folgen. Das kleine, gelb gestrichene Gebäude, oberhalb des Bachs gelegen, dient als Grabkapelle für das Ehepaar Otto und Lilly Buchner, die sich auf eigenen Wunsch nahe dem Gelände des Niederhofs begraben ließen.

GOTTESACKER

Auch der Lilienfelder Friedhof bietet eine gute Möglichkeit, sich näher mit verschiedenen Personen zu beschäftigen. Doch zuerst ist es sinnvoll, die Geschichte dieses Gottesackers kurz zu beleuchten.

Mit der alleinigen Regentschaft von Joseph II. ab 1780 änderte sich das Bestattungswesen radikal, denn nun von verschiedenen Interessenten erworben. Hofrat Augustin Holzmeister ließ die ursprünglich aus der Mitte des 13. Jahrhunderts stammende Pfarrkirche St. Magdalena am sogenannten Platzl niederreißen, um Bauplätze zu gewinnen. Der um diese Kirche liegende Friedhof musste ebenfalls weichen. Die nahe Stiftskirche wurde zur neuen Pfarrkirche bestimmt.

Doch bereits drei Jahre zuvor, im März 1786, hatte man begonnen, die Toten auf dem neuen Friedhof südlich des Stiftsmeierhofs zu begraben, der 1819 erstmals Richtung Süden erweitert wurde. Die erste Person auf diesem neuen Gottesacker dürfte der im März 1786 verstorbene Pater Aelredus Deimer gewesen sein. Bis dahin wurden die Stiftsmitglieder – und Reiche, die sich mit Schenkungen das Recht auf ein Begräbnis im Kloster und somit ihr und der Nachkommen Seelenheil sicherten – entweder in der Stiftskirche, in den die Kirche umgebenden Hof- und Gartenräumen, im Kapitelsaal oder im Kreuzgang begraben. Letzterer Beisetzungsort fiel auch dem Reisebuchautor Rudolph Puff auf, der im Jahr 1840 schrieb, dass das „Bodenpflaster" des Kreuzgangs „aus lauter alten Grabsteinen" bestehe. Die Lilienfelder Äbte setzte man hingegen einst im Kapitelsaal bei und erst ab dem 15. Jahrhundert in der Stiftskirche.

Wenn wir den „neuen" Lilienfelder Friedhof vom Kloster kommend betrachten, fällt im nördlichen Teil ein mittig gelegener Bau auf: die unter Denkmalschutz stehende Äbtegruftkapelle. Diese entstand 1888 nach Plänen des Architekten Dominik Avanzo unter Abt Alberich Heidmann anlässlich der zweiten Erweiterung des Friedhofs. Am 18. Dezember 1888 wurden die sterblichen Überreste der einstigen Lilienfelder Äbte Johann Ladislaus Pyrker (1772–1847) und Ambros Becziczka (1780–1861) aus ihren am Friedhof befindlichen Gräbern exhumiert und in der neuen Gruft beigesetzt. Anlässlich der Jubiläumsfeiern zum 250. Geburtstag Pyrkers restaurierte man im Jahr 2022 die Kapelle über der Äbtegruft.

Seit 1979 ist der Friedhof im Eigentum der Stadtgemeinde und wird von dieser verwaltet und erhalten. Auch die Mönche des Zisterzienserklosters werden auf dem rund 7.200 Quadratmeter großen Areal bestattet. Außerdem finden wir Grabstellen von Menschen, die weit über das Gemeindegebiet hinaus bekannt sind, so zum Beispiel die Mitglieder der bereits erwähnten Photographenfamilie Wagner. Von der Familie Oesterlein, die mit ihren Fabriken die frühe Geschichte der hiesigen Industrie stark geprägt hat, liegen Nicolaus und Carl auf diesem Gottesacker.

Die Grabkapelle des Ehepaars Buchner im Zögersbachtal

der Monarch sprach aus hygienischen Gründen zuerst ein generelles Verbot von Begräbnissen im Inneren von Kirchen aus. Auch Kirchhöfe, die sich innerhalb von Ortschaften befanden, sollten laut einem Hofdekret vom August 1784 geschlossen werden. Verstorbene hätten nur mehr außerhalb der Ortschaften begraben werden dürfen. Da sich diese Vorgabe nur gegen großen Widerstand durchsetzen ließ, wurde die Verordnung 1785 modifiziert; so blieben zahlreiche Kirchhöfe in den Märkten und Dörfern bis ins 20. Jahrhundert und teils sogar bis heute erhalten.

In Lilienfeld wurden bis 1789 alle Verstorbenen – Mönche ausgenommen – rund um die Pfarrkirche St. Magdalena begraben; die man in jenem Jahr abriss. Der Grund für diesen Abbruch war die unter Joseph II. erfolgte, aber nur kurzfristig wirksame Aufhebung des Zisterzienserstiftes Lilienfeld am 24. März 1789. Die Stiftsgüter wurden

Der Friedhof mit der Äbtegruftkapelle

EIN PUPPENSPIELER

Auf besondere Art ragt eine Person heraus, die hier begraben, jedoch weder in Lilienfeld geboren noch gestorben ist und welche die meisten Menschen nur unter dem Künstlernamen Habakuk kennen. Den Namen dieses alttestamentarischen Propheten aus dem sogenannten Zwölfprophetenbuch verwendete in der Nachkriegszeit nicht nur ein Wiener Journalist als Pseudonym für seine Zeitungskolumne, sondern auch der in Wien geborene und vielseitige Künstler Arminio Rothstein. Er werkte vor allem als Puppenmacher und -spieler, schrieb Drehbücher für seine eigenen Inszenierungen und konnte auch sehr gut zaubern. Vom Brotberuf her war er jedoch Lehrer; mehr als 30 Jahre lang lehrte er Bildnerische Erziehung an einem Wiener Gymnasium. Doch sein Hobby, das er immer mehr zu seinem Beruf machte, war das Puppen- und Marionettenhandwerk im wahrsten Sinne des Wortes. Von 1968 bis zu seinem Tod 1994 arbeitete er für den ORF im Bereich Kinderfernsehen. Bekannt wurde Rothstein vor allem mit seiner von ihm selbst dargestellten Clownfigur Habakuk.

Grab von Arminio Rothstein am Lilienfelder Friedhof

Schon Mitte der 1950er-Jahre trat er mit seiner ersten Ehefrau mit einem „Puppenkabarett für Erwachsene" im ORF auf. Den großen Durchbruch in der Öffentlichkeit schaffte Rothstein mit der von ihm 1971 für den ORF konzipierten Kindersendung „Habakuks Kasperltheater" und mit der 1980 entstandenen Kindersendung „Helmi", dessen Figur vom ORF-Journalisten Franz Robert Billisich entworfen und von Rothstein gebaut worden war.

Arminio Rothstein war Kettenraucher und starb im Oktober 1994 in Wien an Lungenkrebs. Warum er jedoch nicht in seiner Heimatstadt begraben wurde, hat einen einfachen Grund: Seine vierte Ehefrau wurde in Lilienfeld geboren und wuchs hier auf.

EIN ROTER STERN

Wer bei den beiden Ausgängen des Friedhofs nicht nach links und somit zurück zum Kloster geht, sondern weiter Richtung Süden, wird einen weiteren, etwas abseits gelegenen Friedhof entdecken. Zentral erhebt sich auf ihm ein Obelisk mit Sowjetstern und Inschrift. Es ist einer von zahlreichen sowjetischen Friedhöfen, die in Niederösterreich nach Ende des Zweiten Weltkriegs vor allem in der Nähe einstiger Frontlinien angelegt wurden. Die damals sogenannten Rotarmisten bestatteten Mitglieder ihrer Einheiten im Krieg und kurz nach Kriegsende zuerst in einfachen Feldgräbern. Nach Einrichtung eines Infrastrukturstabs erfolgte die Umbettung auf Ortsfriedhöfe oder – ab August 1945 – auf eigene sowjetische Kriegsgräberanlagen. Die Planung durch sowjetische Architekten finanzierte die Sowjetunion, die Kosten für die Ausführung mussten Bund, das Land Niederösterreich und fallweise die zuständigen Gemeinden entrichten. Wie auch auf zahlreichen anderen Friedhöfen dieser Art bestattete man in Lilienfeld die einfachen Soldaten und Unteroffiziere in Massengräbern, die Offiziere erhielten hingegen Einzelgräber, wie eine zeitgenössische Photographie zeigt.

Noch heute steht dieser rund 550 Quadratmeter große Friedhof mit seinen 247 Bestatteten in der Obhut der Stadtgemeinde Lilienfeld. Rechtliche Grundlage ist der am 15. Mai 1955 unterfertigte Staatsvertrag, in dem in Artikel 19 festgehalten wird, dass sich die Republik Österreich verpflichtet, „die auf österreichischem Gebiet befindlichen Gräber von Soldaten, Kriegsgefangenen und zwangsweise nach Österreich gebrachten Staatsangehörigen der Alliierten Mächte und jener der anderen Vereinten Nationen, die sich mit Deutschland im Kriegszustand befanden, zu achten, zu schützen und zu erhalten".

Der sowjetische Friedhof in Lilienfeld

8

DAS WERDEN EINER STADT

Vom Bezirksvorort zur Bezirkshauptstadt

Blick über Lilienfeld mit der Schleife des Traisenflusses

Das Gemeindehaus mit dem Sitz der Gemeindeverwaltung an der Traisen

„Willkommen in Mariental". Diese Worte würden heute mit hoher Wahrscheinlichkeit auf den Tafeln an den Ortseingängen von Lilienfeld stehen, wenn sich Herzog Leopold VI. langfristig durchgesetzt hätte. Denn das von ihm Anfang des 13. Jahrhunderts gestiftete Kloster an der Traisen sollte seinem Wunsch gemäß – niedergeschrieben in den beiden Stiftungsbriefen vom 7. und 13. April 1209 – nicht nach dem bereits bestehenden kleinen Ort „Lienenvelt" benannt werden, sondern „vallem sancte Marie" heißen. Dem heutigen Sprachgebrauch zufolge würde dies Mariental bedeuten. Leopold VI. wollte dem Kloster offenkundig einen „eigenständigen" Namen geben. Er dürfte es nicht gerne gesehen haben, dass seine Stiftung für alle Zeiten den Namen der Herren von Lilienfeld, dem damals wichtigsten lokalen Adelsgeschlecht, trägt. Doch der Herzog konnte sich langfristig gesehen nicht gegen den lokalen Sprachgebrauch durchsetzen. Und so kennen heute nur wenige Menschen den einst vorgesehenen Namen Mariental.

Doch kommen wir zum heutigen Namen des Stiftes beziehungsweise der Stadtgemeinde zurück und beschäftigen uns mit einer wichtigen Frage, die man höchstwahrscheinlich nie wird klären können: Woher stammt der Name Lilienfeld? Die Bandbreite an Antworten ist groß. Der Lilienfelder Zisterzienserpater und spätere Abt Ambros Becziczka meinte 1825, der Name komme von der „wilden Lilie", wie sie von der Bevölkerung genannt werde und die kurz nach der Schneeschmelze erscheine. Hier ist augenscheinlich die Schneerose gemeint, die man heutzutage im Frühjahr zum Beispiel rund um den Parapluieberg findet. Ein Schreiber des *Österreichischen Morgenblatt* war 1842 derselben Meinung: Der Name leite sich von einer Blume ab, „die, kaum daß die Schneedecke gewichen, die Berghänge um Lilienfeld einnimmt und von dem Volke die wilde Lilie genannt wird". Auch dieser Autor identifizierte diese Pflanze als die „Schwarze Nieswurz" *(Helleborus niger)*, die heute noch als Schneerose bezeichnet wird. Im 20. Jahrhundert kam die Theorie auf, es handle sich bei der namensgebenden Pflanzenart um die Feuerlilie *(Lilium bulbiferum)*. Eine weitere Theorie besagt, der Klostername gehe auf die gelbe Sumpf-Schwertlilie *(Iris pseudacorus)* zurück, die im sumpfigen Talgrund und in den Schilfgürteln an den Ufern der Traisen blühte.

Das sogenannte Glockenturmhaus in Marktl war einst Sitz des Lilienfelder Bürgermeisters.

Oder stammt der Namensteil „Lilie" vom mittelhochdeutschen Wort „liele" („liene"), und somit von der Waldrebe ab?

Bei all den Erklärungsversuchen sollte man beachten, dass es sich – wenn man den Ortsnamen wörtlich nimmt – um ein Feld von Lilien handelt. Auszuschließen ist jedoch, dass sich der Ortsname – der älter als das Stift ist – auf die biblischen „Lilien im Felde" bezieht, von denen bei Matthäus 6,28–30 die Rede ist: „Und warum sorget ihr für die Kleidung? Schaut die Lilien auf dem Felde, wie sie wachsen: sie arbeiten nicht, auch spinnen sie nicht. Ich sage euch, dass auch Salomo in aller seiner Herrlichkeit nicht bekleidet gewesen ist wie eine von diesen." Aber es wäre eine schöne Geschichte.

LILIENFELD WIRD EINE GEMEINDE

Alle Katastralgemeinden der Gemeinde Lilienfeld waren bis 1848 der Ortsobrigkeit des Grundherrn unterworfen: des Stiftes Lilienfeld, das durch den jeweiligen Abt repräsentiert wurde. Somit setzten die Äbte als Vertreter des Herrschaftsbesitzers auch die Ortsrichter ein.

Nach der Aufhebung des Systems der Grundherrschaften in Folge der Revolutionen im Jahr 1848 erfolgte ein völliger Umbau der Gerichtsbarkeit und der politischen Amtsverwaltung sowie die Schaffung eigenständiger Ortsgemeinden. Aus diesem Grund gibt es in Lilienfeld erst seit 1850 das Amt des Bürgermeisters. Obwohl die Katastralgemeinde Marktl 1854 das Marktrecht erhielt und nicht der Nachbarort Lilienfeld, bezeichnete sich die gesamte Gemeinde Lilienfeld anscheinend ab 1901 offiziell als Marktgemeinde.

Nach der Gründung der eigenständigen Gemeinde wechselte der Verwaltungssitz offenbar mehrmals die Adresse. Karl Franz Oesterlein (1828–1880) aus der bekannten Marktler Industriellenfamilie verlegte, als er von 1868 bis 1870 Bürgermeister von Lilienfeld war, das Gemeindeamt in sein eigenes Haus in Marktl, das heute als Glockenturmhaus bekannt ist.

Erst im Jahr 1888 begann man, ein eigenes Amtshaus für die Gemeindeverwaltung zu errichten. Anstelle des alten Spitals (Armenhauses) entstand nach Schenkung des stiftseigenen Grundstücks unweit der Traisen ein

Das alte Gemeindewappen von Lilienfeld

Gemeindeamt, dessen Markenzeichen noch heute die Turmuhr ist, welche der Marktler Industrielle Victor von Neuman im Jahr 1901 spendete. Der Architekt des Gebäudes war der schon mehrmals erwähnte Dominik Avanzo, der zu jener Zeit als Architekt für das Stift Lilienfeld arbeitete.

Um die Wende vom 19. zum 20. Jahrhundert beherbergte das Gemeindehaus im Erdgeschoß neben der Kanzlei auch die Gemeinde-Sparkasse, die Wohnung des Polizisten und einen Arrest. Im ersten Stock war das Bezirksarmenhaus (Altersheim) unter Leitung der Barmherzigen Schwestern untergebracht.

Jahrzehntelang betrat man das 1889 fertiggestellte Gemeindehaus durch das noch bestehende Rundbogenportal. Am Scheitelstein sieht man ein besonderes Wappen. Es ist das damalige Gemeindewappen mit seinen drei Lilien, die eine naturalistische Note aufweisen. Im 1992 gelegten Straßenpflaster vor dem Gebäude erkennen wir hingegen das aktuelle Gemeindewappen.

Das heutige Erscheinungsbild und der neue Haupteingang gehen auf Um- und Erweiterungsarbeiten in den Jahren 2016 bis 2018 zurück. Seither gibt es nicht nur zusätzliche Büroräume im Erweiterungsbau, sondern auch einen flexibel nutzbaren Saal, der unter anderem standesamtlichen Hochzeiten dient.

BEZIRKSVORORT

Im Jahr 1849 teilte man Niederösterreich in 17 Bezirkshauptmannschaften ein, wobei das Gebiet des heutigen politischen Bezirks Lilienfeld der Bezirkshauptmannschaft St. Pölten zugeteilt wurde und in Lilienfeld nur eine Expositur bestand. Erst 1854 wurde in Lilienfeld ein Bezirksamt eingerichtet, das neben den Verwaltungsangelegenheiten auch die Gerichtsbarkeit der Gerichte unterster Instanz weiterführte. Mit einer neuen Verordnung schuf man 1868 die eigenständige Bezirkshauptmannschaft Lilienfeld, welche die ehemaligen Gerichtsbezirke Hainfeld und Lilienfeld umfasste. Das Amt wurde provisorisch in einem dem Stift gehörenden Gebäude untergebracht:

dem sogenannten „Schlössl" (heute Klosterrotte Nr. 3). Anscheinend konnte oder wollte man 20 Jahre lang kein anderes Quartier finden. Dies dürfte ein wesentlicher Grund gewesen sein, die Bezirkshauptmannschaft Lilienfeld mit Ende 1889 aufzuheben. Die Aufgaben übernahm die Bezirkshauptmannschaft St. Pölten.

Doch die Lilienfelder und andere betroffene Gemeinden gaben nicht auf. So bemühte sich im August 1895 eigens eine Delegation aus dem Traisental zum niederösterreichischen Statthalter Graf Erich von Kielmansegg, um für die Wiedererrichtung einer Bezirkshauptmannschaft in Lilienfeld zu werben. Nicht einmal ein Jahr später kam Bewegung in die Angelegenheit. Lilienfeld hatte sich gegen Hainfeld als Sitz der wieder einzurichtenden Bezirkshauptmannschaft durchgesetzt. Die Gemeinde schrieb daher im April 1896 die Arbeiten für den Neubau eines Amtsgebäudes in der Babenbergerstraße aus, dessen Entwurf vom Wiener Architektenatelier Moritz und Carl Hinträger stammt. Bereits im Oktober war der Dachstuhl fertig und im folgenden Jahr konnte das durch die St. Pöltner Bauunternehmer Schulz und Frauenfeld errichtete Gebäude eingeweiht werden. Die Bezirkshauptmannschaft des

mit Beginn Oktober 1897 wiedererrichteten politischen Bezirks Lilienfeld, das Grundbuchs- und Steueramt sowie das Bezirksgericht hatten nun hier ihren Sitz. Für das Gericht baute man eigens fünf Arrestzellen ein. Heute gibt es einerseits diese Zellen nicht mehr, andererseits sind die einstigen Hausnutzer schon längst räumlich getrennt. Im 1897 eröffneten und 2022/2023 generalsanierten Amtsgebäude ist heute nur mehr das Bezirksgericht (inklusive Grundbuchsachen) untergebracht. Die Bezirkshauptmannschaft Lilienfeld hat ihren Sitz hingegen auf der anderen Straßenseite in einem im Jahr 2012 generalsanierten Gebäude.

Wer Ende des 19. Jahrhunderts geglaubt hatte, Lilienfeld sei nun für alle Ewigkeit der Sitz einer Bezirkshauptmannschaft, der irrte. Denn um vermeintlich Kosten einzusparen, kam es im Juli 1933 neuerlich zur Auflösung und Zuordnung nach St. Pölten. Nach dem „Anschluss" 1938 wurde die Bezirkshauptmannschaft wieder eingerichtet. Nach Kriegsende erhielt Lilienfeld aber nur eine Expositur. Es dauerte bis 1953, bis Lilienfeld wieder Sitz einer eigenständigen Bezirksverwaltung wurde – und dies bis heute blieb.

Die heutige Stadtgemeinde Lilienfeld war lange Zeit nur ein sogenannter Bezirksvorort.

DER LANDTAG VON NIEDERÖSTERREICH hat über einstimmigen Beschluß des Gemeinderates der Marktgemeinde Lilienfeld vom 30. November 1973 und über Ansuchen des Bürgermeisters in seiner Sitzung vom 25. April 1974 die Marktgemeinde

LILIENFELD

zur

STADTGEMEINDE

erhoben.

Die Erhebung zur Stadtgemeinde erfolgte im Hinblick auf die zentrale Bedeutung des Ortes als Sitz einer Bezirkshauptmannschaft sowie in Anerkennung und Würdigung des Auf- und Ausbaues der kommunalen Verwaltung und Einrichtungen nach Beendigung des Zweiten Weltkrieges. Desgleichen wird der neuen Stadtgemeinde das Recht verliehen, das 1967 der Marktgemeinde verliehene und nachstehend eingezeichnete und beschriebene Marktwappen als Stadtwappen zu führen.

In einem roten Feld ein geschweifter silberner Sparren, der von drei goldenen Lilien, zwei zu eins gestellt, begleitet wird.

Die aus diesem Stadtwappen abgeleiteten Farben der Stadtfahne sind Rot-Weiß-Gelb. Zum bleibenden Gedächtnis wurde diese Urkunde ausgestellt und mit dem Siegel des Landes Niederösterreich bekräftigt.

GEGEBEN IM LANDHAUSE ZU WIEN AM 8. SEPTEMBER 1974

LANDESHAUPTMANN

LANDESHAUPTMANN-STELLVERTRETER

Diese Urkunde bezeugt die Ernennung von Lilienfeld zur Stadtgemeinde.

DIE STADTERHEBUNG

Lilienfeld ist – mit den erwähnten Unterbrechungen – seit 1868 Sitz einer Bezirkshauptmannschaft, war aber bis weit in die Nachkriegszeit hinein keine Stadtgemeinde. Dies führte zu der aus heutiger Sicht kurios wirkenden Situation, dass Lilienfeld lange Zeit nur ein „Bezirksvorort" war. Dieser stand wörtlich genommen allen Gemeinden des Bezirks vor; eine „Bezirkshauptstadt" war Lilienfeld aber nicht. Der damalige niederösterreichische Landeshauptmann Andreas Maurer brachte in seinem Vorwort für die Festschrift „Stadterhebung Lilienfeld 8. September 1974" die aus heutiger Sicht eigenartig wirkende Situation auf den Punkt: „Offensichtlich können sich die meisten Landsleute nicht vorstellen, daß eine Gemeinde, die seit 1868 Sitz einer Bezirkshauptmannschaft ist und in der sich seit dem beginnenden 13. Jahrhundert eine der größten und berühmtesten Zisterzienserabteien

Mitteleuropas befindet, nicht Stadtrecht haben sollte. Nicht zuletzt waren es diese beiden Überlegungen, die auch Landesregierung und Landtag dazu veranlaßten, nachzuholen, was offensichtlich durch Jahrhunderte versäumt wurde." Die Verleihung des Stadtrechtes für Lilienfeld bedeute „daher eigentlich nichts anderes als die Korrektur eines Versäumnisses früherer Generationen. Der letzte niederösterreichische Bezirksvorort ohne Stadtrecht erhält nun die gleichen Privilegien wie alle anderen Bezirksstädte Niederösterreichs; wenn die Privilegien auch in unseren Tagen mit keinerlei materiellen Vorteilen verbunden sind."

Die rechtliche Grundlage hatte der niederösterreichische Landtag mit seinem Beschluss vom 25. April 1974 gelegt. Ausgegangen war die Initiative vom Lilienfelder Gemeinderat. Die Mitglieder dieses Gremiums beantragten am 30. November 1973 per

Landeshauptmann Andreas Maurer (links) übergibt am 8. September 1974 die Ernennungsurkunde an Bürgermeister Sepp Ganner.

einstimmigem Beschluss, dass die Landesregierung dem Landtag einen Gesetzesentwurf zuleiten möge, in dem die Marktgemeinde zur Stadtgemeinde erhoben wird. Man begründete dies mit dem Argument, dass Lilienfeld ein zentraler Ort und kultureller Mittelpunkt des Bezirks sowie Sitz sämtlicher Bezirksbehörden und Bezirksstellen verschiedener Vertretungskörperschaften (vor allem der Arbeiterkammer, Bauernkammer sowie Handels- und Gewerbekammer) und somit ein Verwaltungszentrum für die Gemeinden des Traisen- und Gölsentals sei. Des Weiteren befänden sich das Bezirksgericht, das Finanzamt, das Arbeitsamt, das Bezirkskommando der Gendarmerie, mehrere Schulen und das Bezirkskrankenhaus in der Marktgemeinde.

Mit der Übergabe der Ernennungsurkunde an den Lilienfelder Bürgermeister Sepp Ganner durch Landeshauptmann Andreas Maurer am 8. September 1974 besaß die „vorstehende" Marktgemeinde nun das Stadtrecht. Mit diesem Formalakt war auch eine weitere Veränderung verbunden: die des Gemeindewappens. Mit Beschluss der

niederösterreichischen Landesregierung verlieh man Lilienfeld ein neues Wappen. Statt den drei naturalistischen Lilien zeigt das noch heute gültige Wappen ein rotes Feld mit einem geschweiften silbernen Sparren, der von drei goldenen Lilien – zwei oben, eine unten – umgeben ist.

DIE GEMEINDE WÄCHST

Die Anzahl der Häuser in Lilienfeld änderte sich über die Jahrhunderte deutlich. Im Häuserverzeichnis des Urbars aus dem Jahr 1536, in dem unter anderem die Besitzrechte der Grundherrschaft aufgelistet werden, sind in der Katastralgemeinde Dörfl 13, in Klostereben 34, in Jungherrnthal 10, in Stangenthal 12, in Schrambach ebenfalls 12, in Zögersbach 11 und in Marktl 22 Häuser angeführt; in Summe also 114 Gebäude. Im Jahr 1796 dürfte die Zahl an Häusern 153 betragen haben; im Jahr 1830 finden wir die Zahl 169. Während die Zahl an Häusern in den Jahren 1536 bis 1830 somit moderat stieg, kam es in der zweiten Hälfte des 19. Jahrhunderts geradezu zu einem

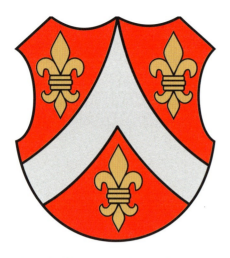

Das aktuell verwendete Gemeindewappen

Lilienfeld, Stangenthal, Jungherrnthal, Vordereben und Hintereben, zweitens Marktl und drittens Schrambach mit den Katastralgemeinden Schrambach und Zögersbach.

Gemeinsam bedecken sie eine Fläche von 5.396 Hektar, wobei Hintereben mit 1.729 Hektar die größte Katastralgemeinde ist. Am meisten Menschen, nämlich 655, leben hingegen in der nur 186 Hektar großen Katastralgemeinde Stangenthal (Stand 2023).

Weil wir gerade bei Flächenangaben sind: Der Bezirk Lilienfeld ist der waldreichste Bezirk Österreichs. Mit in Summe 76.000 Hektar sind 81 Prozent der Gesamtfläche mit Wald bedeckt. Betrachtet man nur die Stadtgemeinde Lilienfeld, sind es immer noch beachtliche 79 Prozent Waldanteil, wobei die Katastralgemeinde Zögersbach mit 91 Prozent auf der einen Seite und die Katastralgemeinde Vordereben mit 58 Prozent auf der anderen Seite hervorstechen. Größter Waldbesitzer im Bezirk ist mit rund 11.300 Hektar das Stift Lilienfeld, wobei sich rund 2.400 Hektar in der Stadtgemeinde Lilienfeld befinden.

VON KINDERGÄRTEN UND DEM SCHULSTANDORT

Ab Mitte des 19. Jahrhunderts entstanden immer mehr Kindergärten im deutschsprachigen Raum. In Lilienfeld gibt es seit dem Jahr 1888 zumindest einen Kindergarten in der Gemeinde; nicht in Dörfl oder in der Klosterrotte, sondern in Marktl. Der damals noch private Betreiber war die Firma Fried. v. Neuman, welche die Einrichtung für die Kinder ihrer Arbeiter und Angestellten vorsah. Untergebracht war der Kindergarten zuerst im Haus Nr. 33. Erst im April 1904 wurde er zu einem öffentlichen Kindergarten in Landesverwaltung erklärt. Die Bildungseinrichtung ist als Landeskindergarten noch heute in Betrieb; seit der

Bauboom: Zählte man im Jahr 1854 noch 176 Häuser, waren es im Jahr 1880 schon 256 Häuser und Ende 1910 in Summe 325 Häuser. Ein Jahr vor der Erhebung zur Stadtgemeinde (1973) wies Lilienfeld 596 Häuser auf, acht Jahre später jedoch schon 821; ein rasanter Anstieg. Im Jahr 2023 gab die Statistik Austria den Bestand an Häusern in Lilienfeld mit 1.157 an, wobei 764 als Wohngebäude ausgewiesen wurden. Die allermeisten dieser Häuser sind Teil einer inzwischen fast komplett zusammenhängenden Siedlungskette entlang der Traisen, von Marktl bis Schrambach.

Über viele Jahrzehnte stieg mit der Zahl der Häuser auch die Zahl der Einwohner. Waren es im Jahr 1830 in Summe 1.777, zählte man im Jahr 1910 beachtliche 3.432 Einwohnerinnen und Einwohner. Unabhängig davon, dass sich die Zählweise und die Datengrundlage über die Zeit verändert haben, lässt sich die Entwicklung in den letzten 100 Jahren grob umschreiben: Ab den späten 1930er-Jahren pendelte sich die Zahl bei rund 3.100 Menschen ein; seit Beginn des 21. Jahrhunderts sinkt sie hingegen und lag Anfang 2023 bei 2.630 Einwohnerinnen und Einwohnern.

Zu beachten ist dabei, dass nicht alle Katastralgemeinden dieselbe Entwicklung nahmen. So sank die Einwohnerzahl abseits des Traisentals nach dem Zweiten Weltkrieg deutlich, nämlich in den bäuerlich geprägten Katastralgemeinden Vordereben, Hintereben und Zögersbach. Apropos Katastralgemeinden: Die Stadtgemeinde Lilienfeld besteht aus insgesamt neun davon. Neben den eben genannten sind dies Dörfl, Jungherrnthal, Stangenthal, Lilienfeld, Schrambach und Marktl. Siedlungsgeographisch lassen sie sich zu drei „Ortschaften" zusammenfassen: erstens Lilienfeld mit den Katastralgemeinden Dörfl,

Einst befand sich im Haus Klosterrotte Nr. 4 die Volksschule. Aufnahme um 1928

Die im Jahr 1929 eingeweihte Hauptschule beherbergte einst auch die Volksschule.

Übersiedlung im Jahr 1985 mit der neuen Adresse Marktlerstraße Nr. 35.

Der zweitälteste Kindergarten der Gemeinde ist der im November 1960 eingeweihte Pfarr-Caritas-Kindergarten auf einem Teil des Stiftsparkgeländes, der über die letzten Jahrzehnte auf Kosten der Parkfläche mehrmals erweitert wurde und heute ebenfalls ein Landeskindergarten ist. Als letzter Kindergarten, 1969/1970 errichtet, öffnete jener in Schrambach die Pforten; er wird inzwischen ebenfalls vom Land Niederösterreich betrieben.

Deutlich früher gab es Schulen in Lilienfeld, wobei die Ursprünge heute nicht mehr genau geklärt werden können. Es dürften bereits im 17. Jahrhundert eine vom Stift verwaltete Schule für Sängerknaben, welche dem großen Brand 1810 zum Opfer fiel, und eine Grundschule existiert haben. Bei der Revision 1782 zählte man einen Schulmeister und einen Schulgehilfen. Von den schulfähigen Kindern (61 Mädchen und 73 Buben) gingen damals jedoch nur 36 in die Schule. Im Schuljahr 1824/1825 wurde die „Pfarrschule" schon von

124 Kindern besucht. Im Jahr 1840 errichtete das Stift auf eigenem Grund gegenüber dem westlichen Stiftsportal ein neues Schulgebäude (Klosterrotte Nr. 4), welches 1864 der Gemeinde übergeben wurde. Wies diese Schule bis 1869 nur zwei Klassen auf, erhöhte sich deren Anzahl im Laufe der Zeit stetig, und so gab es ab dem Jahr 1906 sechs Klassen. Bald war das Raumangebot zu klein. Daher beschloss der Lilienfelder Gemeinderat im März 1912 den Bau eines neuen Schulgebäudes. In diesem sollte auch eine Bürgerschule untergebracht werden; doch der Erste Weltkrieg verhinderte den Neubau.

Im Jahr 1925 begannen neue Überlegungen zum Bau einer privaten Bürgerschule, deren Umsetzung aufgrund geänderter gesetzlicher Grundlagen unterblieb. Unabhängig von der prekären räumlichen Frage wurde 1927 provisorisch eine Hauptschule für Knaben mit Zulassung von Mädchen eingerichtet. Erst 1928 beschloss der Ortsschulrat den Bau einer gemeinsamen Volks- und Hauptschule. Die Gemeinde und das Stift kamen dabei überein, dass das alte Schulgebäude in der Klosterrotte an das Stift zurückfallen sollte.

Noch immer ein markantes Gebäude in Lilienfeld: die von Rudolf Fraß entworfene Hauptschule

Am Sonntag den 3. November 1929 war es so weit: Die neue Volks- und Hauptschule mit jeweils vier Klassen wurde unweit des Berghofs (Katastralgemeinde Dörfl) bei regnerischem Wetter feierlich eröffnet. Der Entwurf für den Bau stammte vom in St. Pölten geborenen und in Wien selbstständig arbeitenden Architekten Rudolf Fraß, die beeindruckenden Bildhauerarbeiten von seinem Bruder Wilhelm. Laut der *Zeitschrift des österreichischen Ingenieur-Vereines* führte die Bestrebung, eine möglichst lange Ostfassade zu ermöglichen, zu dem noch heute auffallenden bogenförmigen Grundriss des unter Denkmalschutz stehenden Gebäudes.

30 Jahre nach der Eröffnung platzte das Schulgebäude sprichwörtlich aus allen Nähten. Aus Platzmangel musste 1960 eine Volksschulklasse und 1963 eine weitere im Stiftskonvent untergebracht werden. Das Problem konnte 1972 mit der Eröffnung eines neuen, eigenen Volksschulgebäudes – gleich neben dem „1929er-Bau" – behoben werden. Das „alte" Schulgebäude diente nunmehr ausschließlich der Hauptschule. In den Jahren 1994 bis 1996 wurde es generalsaniert und mit einem Zubau

versehen, der unter anderem einen großen Turnsaal beherbergt. 1997 folgte die thermische Sanierung der Volksschule, in der auch die Musikschule Lilienfeld untergebracht ist.

Neben der Volksschule in Dörfl gibt es auch in Schrambach eine Volksschule, deren Geschichte im Jahr 1878 beginnt. Damals beschloss der Gemeinderat von Lilienfeld, den Landesbehörden den Bau einer solchen Schule in Schrambach vorzuschlagen. Der Bergwerksbesitzer Ferdinand Fruwirth schenkte der Gemeinde zu diesem Zweck das ehemalige Steigerhaus, das sich zu jener Zeit in seinem Besitz befand. Die Schule mit nur einer Klasse wurde im Juli 1882 eröffnet. Doch bereits im Jahr 1908 begann man mit dem Bau eines neuen Schulhauses, das im Jänner 1909 als „Kaiser Franz Josef-Jubiläums-Volksschule" eröffnet wurde.

Eine besondere Bildungseinrichtung ist die heute nach der ehemaligen Schülerin Michaela Dorfmeister benannte Ski-Mittelschule. Sie geht auf den im Dezember 1969 begonnenen Schulversuch „Förderung von niederösterreichischen Skitalenten" an der Hauptschule Lilienfeld zurück. Während der ersten drei Jahre waren die „Skizügler" noch in den Normalklassen der Hauptschule integriert. Ab dem Schuljahr 1972/1973 kam es zur Einführung eigener Skihauptschulklassen. Der Schulversuch ging September 1985 zu Ende und die Skihauptschule in den Regelbetrieb über, wobei 2009 die gesamte Hauptschule in eine „Neue Mittelschule" umgewandelt wurde. Nimmt man Medaillen bei Olympischen Spielen als Maßstab, so war und ist die Skihauptschule erfolgreich, wie die Beispiele zweier ehemaliger Schülerinnen, nämlich Michaela Dorfmeister und Katharina Gallhuber, zeigen.

Neben der Haupt- und Volksschule existiert in Lilienfeld auch ein Bundesrealgymnasium (BRG), das erst in mehreren Schritten zu einer für die gesamte Region wichtigen Bildungseinrichtung geworden ist. Man startete im Schuljahr 1967/1968 ganz klein mit einer dislozierten Klasse des BRG St. Pölten und schaffte 1971 den „Aufstieg" in Form einer Expositur dieses St. Pöltner Gymnasiums. Seit 1. Jänner 1976 ist die Expositur eine eigenständige Schule. Geplant war für diese zuerst ein Neubau: Das Meierhof-Areal sollte um einen Anerkennungspreis vom Stift an die Gemeinde abgetreten werden. Doch es kam anders: Das Gymnasium zog in den Kaisertrakt ein und konnte wenig später zusätzliche Räume im Portengebäude am Platzl nutzen.

VON NOTSPITÄLERN ZUM BEZIRKSKRANKENHAUS

Über Jahrhunderte waren kranke Menschen oft sich selbst überlassen. Auch die sogenannten gemeindeeigenen Notspitäler in der zweiten Hälfte des 19. Jahrhunderts reichten nicht aus, um bei Epidemien oder Unfällen (beispielsweise in Fabriken oder im Wald) alle Kranken und Verletzten aufzunehmen. Bei Seuchen wurden in Lilienfeld eigene Anstalten eingerichtet; beispielsweise richtete das Stift Lilienfeld als Grundherr bei der Cholera-Epidemie 1831 ein provisorisches Spital auf eigene Kosten ein.

Ende des 19. Jahrhunderts kam im Bezirk Lilienfeld Bewegung in die Diskussion über eine bessere Krankenversorgung. Den ersten Impuls zu einem Krankenhausverband mehrerer Gemeinden gab der seit 1897 amtierende Bezirksarzt Dr. Franz Schönbauer. Nun diskutierten Vertreter der Gemeinden Lilienfeld, Traisen, Eschenau, St. Veit an der Gölsen und Türnitz über die Errichtung eines gemeinsamen, neuen Spitals. Mit Erlass vom 23. April 1900 wurden die betreffenden Gemeinden von der bisherigen Verpflichtung, Notspitäler zu erbauen und auch zu erhalten, entbunden. Doch nun musste geklärt werden, wo

Das damals noch kleine Krankenhaus Lilienfeld. Aufnahme aus 1931

das Krankenhaus errichtet werden könnte. Zwei Grundstücke kamen infrage: eine Plateaufläche in Marktl nahe der Fabrik der Firma Fried. v. Neuman und eine Fläche in der Katastralgemeinde Lilienfeld oberhalb des Kalvarienbergs, welche dem Stift Lilienfeld gehörte und weit genug entfernt von den Fabriken lag. Abt Justin Panschab als oberster Eigentümervertreter stellte nach dem am 26. März 1902 erfolgten Beschluss des Stiftskapitels – sozusagen der Generalversammlung aller Lilienfelder Mönche – aus Anlass des 700-jährigen Stiftsjubiläums diesen Grund kostenlos zur Verfügung. Nach weiteren kleineren Schenkungen umfasste das Gelände für das zu errichtende Krankenhaus eine Fläche von 1,7 Hektar. Das Grundkapital stellten die fünf Gemeinden sowie einige Industrielle aus der Gegend, darunter Arthur Krupp, Alexander Diamantidi, Caroline Fruwirth und die Eigentümer der St. Egyder Eisen- und Stahlindustrie Gesellschaft.

Die Bauarbeiten am für das damals noch recht kleine Krankenhaus – mit 32 Betten im Haupttrakt und einer Isolierstation – gingen rasch voran, und so konnte es am 31. Oktober 1903 durch den damaligen niederösterreichischen Statthalter Erich Graf von Kielmansegg offiziell an den Leiter der Krankenanstalt, den einstigen Bezirksarzt Dr. Franz Schönbauer, übergeben und von Abt Justin Panschab eingeweiht werden. Im darauffolgenden Februar erhielt die Krankenanstalt das Öffentlichkeitsrecht; es galt jetzt als öffentliches Krankenhaus. Zur Pflege der Patienten wurden die Barmherzigen Schwestern des Ordens Hl. Vinzenz von Paul aus Wien-Gumpendorf berufen. Zwei einfache Sanitätswagen standen zur Verfügung, wobei mehrere Fuhrwerksbesitzer die Pferde für diese speziellen Kutschen stellten.

Das Landeskrankenhaus Lilienfeld beim Stillen Tal

Kaum war das Krankenhaus in Betrieb, dachte man über Erweiterungen nach. Schon 1908 wurde ein weiteres Gebäude errichtet, nämlich das mit dem Haupttrakt verbundene Wirtschaftsgebäude. Es konnte unter anderem durch den Beitritt Hainfelds zum Krankenhausverband finanziert werden. Zu jener Zeit kamen nur 40 Prozent der Patientinnen und Patienten aus dem Bezirk selbst, der große Rest aus der österreichisch-ungarischen Monarchie und anderen europäischen Ländern.

Im Jahr 1927 stockte man den Isolierpavillon auf und errichtete eine offene Liegehalle, um Menschen mit Infektionskrankheiten – vor allem Tuberkulose – wirkungsvoller heilen zu können. Die Bettenzahl erhöhte sich damals von 40 auf 100.

Hohen Besuch konnte man im Herbst 1927 begrüßen. Auf seiner Tour durch den Bezirk Lilienfeld stattete der österreichische Bundespräsident Michael Hainisch am 19. Oktober auch dem Krankenhaus einen Besuch ab, der von Willi Wagner, dem Lilienfelder Photographen, würdevoll festgehalten wurde. Im darauffolgenden Jahr

1928 wurde die Beteiligung auf alle Gemeinden des Bezirks ausgeweitet und damit inoffiziell ein „Bezirkskrankenhaus" geschaffen.

Im Laufe der folgenden Jahrzehnte erfolgten zahlreiche Erweiterungs- und Umbauten. Ein erster Zubau wurde im Herbst 1929 eröffnet. Während der letzten Tage des Zweiten Weltkriegs evakuierte man das Krankenhaus in das weit entfernte Wohnhaus der Pappenfabrik in Dickenau (Türnitz). Von 1955 bis 1959 kam es zu einem weiteren Neubau (Nordtrakt). Zu dieser Zeit endete der Einsatz der Ordensschwestern – aus Personalmangel. In die Jahre 1975 bis 1977 fiel die erste der drei Bauetappen des Großprojektes „Zu- und Umbau des Krankenhauses", die zweite in die Jahre 1978/1979. Der Neubau des Osttraktes und der Ausbau des Nordtraktes (Bettentraktes) folgten 1982 bis 1985.

Im November 2004 wurde die Übergabe der Rechtsträgerschaft vom aus 13 Gemeinden bestehenden Gemeindeverband an das Land Niederösterreich beschlossen und am 1. Jänner 2005 an dieses übergeben. In den

Einweihung eines Rettungsautos des Roten Kreuz Lilienfeld. Aufnahme um 1927

frühen 2020er-Jahren umfasste das Landesklinikum Lilienfeld – immerhin der zweitgrößte Arbeitgeber in der Stadtgemeinde Lilienfeld – über 160 Betten mit rund 370 Beschäftigten.

HYGIENE DURCH INFRASTRUKTUR

Sauberes und leicht zugängliches Trinkwasser ist lebensnotwendig. Nicht nur in Lilienfeld war ein solcher Zugang lange keine Selbstverständlichkeit. Bis zum Ende des 19. Jahrhunderts gab es in der Gemeinde keine zentrale Wasserversorgung. Eine Veränderung trat erst zur Jahrhundertwende ein. Längs des Lindenbrunnenbachs wurde 1899 unter Abt Justin Panschab eine Stiftswasserleitung errichtet. Sie versorgte auch Teile des Ortes und verfügte über acht Hydranten und drei öffentliche, permanent laufende Brunnen. Zwei dieser Brunnen befanden sich auf dem sogenannten Platzl in Klosterrotte, einer beim Bahnhof. Relativ rasch folgte die Gemeinde mit dem Bau von eigenen Wasserleitungen. Im Mai schrieb sie die „Herstellung einer Hochquellen-Wasserleitung für die Gemeindetheile Lilienfeld

und Marktl" aus, die innerhalb von drei Monaten erbaut werden konnte und bereits im Jahr 1901 in Betrieb ging. Die Leitung mit der Quelle im Rauhental und einem Reservoir oberhalb der Glaningersäge wies eine Gesamtlänge von 5.450 Meter auf. Eine weitere Leitung wurde von einer Quelle im Morigraben versorgt. Mit einer Gesamtlänge von 1.440 Meter lieferte sie ab 1903 Wasser in die Katastralgemeinde Schrambach. Gleichzeitig mit der Verlegung dieser zweiten Wasserleitung wurden dort zwei frei zugängliche Brunnen aufgestellt; einer an der Morigrabenstraße und einer in der Annagasse. Auch die privaten Wasserleitungen der Firma Fried. v. Neuman und jene beim Niederhof entstanden in jener Zeit. Heutzutage werden über 90 Prozent der Bewohnerinnen und Bewohner über das gemeindeeigene Wasserleitungssystem versorgt.

Das Jahr 1903 brachte eine weitere hygienische Maßnahme in der Gemeinde, nämlich die Errichtung einer einfachen Kläranlage (Großklärgrube). Im Jahr 1967 wurde in Marktl eine mechanische und biologische Abwasserreinigung errichtet und Mitte der 1970er-Jahre

Am Platzl beim Portengebäude befand sich einst einer von mehreren öffentlichen Brunnen. Aufnahme aus 1939

Das Sparkassengebäude in der Babenbergerstraße. Aufnahme aus 1957

ein neuer Hauptkanal in Lilienfeld gebaut. 1981 folgte ein Wasserhochbehälter auf der Portenwiese oberhalb des Stiftes. Mit der im Jahr 1990 erfolgten Fertigstellung des Anschlusskanals an den Traisenabwassersammelkanal und somit an die Kläranlage Traismauer änderte sich die Entsorgung verschmutzten Wassers grundlegend.

Ein Tipp: Wer eine Vorstellung von der Versorgung mit Wasser Anfang des 20. Jahrhunderts haben will, sucht am besten den Gastgarten der Stiftstaverne auf. Beim Eingang ins Lokal befindet sich noch heute ein vierstrahliger, öffentlich zugänglicher Brunnen mit Trinkwasser.

SPARKASSEN UND BANKEN

Bis weit ins 19. Jahrhundert hinein war es Menschen, die abseits von Großstädten lebten, kaum möglich, Geld ertragreich anzulegen beziehungsweise halbwegs günstig auszuleihen. Auch in kleineren Städten wurden erst Mitte des Jahrhunderts Sparkassen gegründet. In ländlichen Gebieten änderte sich die Situation meist zuletzt, sichtbar ab der Wende vom 19. zum 20. Jahrhundert, als auf genossenschaftlicher Basis „Kassen" gegründet wurden. Sie funktionierten als selbstverwaltete Vereine und wurden von gewählten, meist ehrenamtlich tätigen Ortsansässigen geleitet. Die Ein- und Auszahlungen erfolgten meist im Wirtshaus, wo auch die vereinsrechtlich vorgeschriebenen Versammlungen stattfanden. Diese waren gleichzeitig Teil des gesellschaftlichen Lebens.

In Lilienfeld war ab 1869 ein „Vorschuß- und Sparverein" tätig. Ende des Jahres 1873 zählte er

139 Mitglieder. Bei einer Kassenbewegung in der Höhe von 261.000 Gulden gewährte der Verein seinen Mitgliedern Kredite in der Höhe von 117.000 Gulden. Im März 1874 wurde der „Lilienfelder Vorschuß- und Sparverein" als registrierte Genossenschaft mit unbeschränkter Haftung beim Handelsgericht in St. Pölten in das Genossenschaftsregister eingetragen. Somit stand der Verein rechtlich auf deutlich sichereren Füßen. Anhand der drei Vorstandsmitglieder lässt sich erahnen, wer die Mitglieder in dieser Genossenschaft waren. Mit einem Sattlermeister, einem Schlossermeister und einem Glasermeister, alle in Dörfl ansässig, agierten ausschließlich Handwerker als Vorstände. Die Raiffeisenkasse Lilienfeld als „Spar- und Darlehenskassen-Verein Lilienfeld und Traisen" wurde hingegen unter der Patronanz des Stiftes Lilienfeld auf Anregung von Pater Matthäus Kurz im März 1892 gegründet.

Im Jahr 1902 bestand in Lilienfeld neben den beiden genannten „Geldinstituten" auch noch die Sparkasse der Marktgemeinde Lilienfeld. Sie war im Mai 1901 im Gemeindehaus Lilienfeld unter dem Vorsitz des Gründers, des Apothekers und Bürgermeisters Louis Grellepois, eröffnet worden.

Heute findet man in Lilienfeld zwei Bankinstitute: Einerseits die Raiffeisenbank in der Babenbergerstraße, die man während des Zweiten Weltkriegs in „Raiffeisenkasse Lilienfeld und Traisen" umbenannt hatte. An deren hundertjähriges Jubiläum erinnert noch heute ein Blumentrog aus Beton beim Torturm (Museum Lilienfeld). Die Sparkasse Lilienfeld hat hingegen ihre Räumlichkeiten seit 1956 in einem Neubau in der Babenbergerstraße, welcher 1969 erweitert wurde.

HILFE ZUR SELBSTHILFE

Nicht nur Sparkassen und Banken gründen auf selbstverwalteten Vereinen und Genossenschaften, sondern auch sogenannte Konsumvereine. Die ersten dieser auf Selbsthilfe ausgerichteten Vereinigungen entstanden in Österreich in den 1860er-Jahren, sowohl im bürgerlichen Milieu als auch in der Arbeiterschaft. Die als Genossenschaften agierenden Zusammenschlüsse von Einzelpersonen dienen noch heute dem gemeinschaftlichen und somit günstigen Einkauf und Verkauf von Lebensmitteln sowie anderen Waren des täglichen Bedarfs.

Der 1857 genehmigte Konsumverein in Teesdorf (Niederösterreich) und der 1862 gegründete „Erste Wiener Consumverein für Beamte" dürften die ersten Konsumgenossenschaften in Österreich gewesen sein. 1864 folgte die Gründung des „Ersten niederösterreichischen Arbeiter-Consumvereins". Kurz danach bildete sich auch in Lilienfeld ein von Arbeitern getragener Konsumverein. Um die behördliche Genehmigung der Statuten suchte man im Herbst 1866 an. Es dürfte sich hier um jenen Verein handeln, der Jahrzehnte später, nämlich Ende 1897, als „Arbeiter-Consum-Verein für Lilienfeld und Umgebung" in das Genossenschaftsregister beim Handelsgericht St. Pölten eingetragen wurde. Dem damals geltenden Statut ist der Zweck des Vereins zu entnehmen: die „Beschaffung unverfälschter, guter und billiger Nahrungsmittel und sonstiger, für den persönlichen und Haushaltungsbedarf ihrer Mitglieder bestimmten Waren". Für den Fall, dass ein Überschuss erzielt werden sollte, wurde dieser mittels „verhältnissmäßiger Dividenden" unter den Mitgliedern verteilt oder es wurden hilfsbedürftige Mitglieder unterstützt. Lange bestand diese Genossenschaft jedoch nicht. Im Sommer 1906 vermeldete man den Konkurs des Arbeiter-Konsumvereins Lilienfeld (Genossenschaft mit beschränkter Haftung) mit seiner Zweigniederlassung in Traisen.

Auch wenn im 21. Jahrhundert Konsumvereine unter diesem Namen kaum mehr bekannt sind, werden sich so manche Bewohnerinnen und Bewohner von Lilienfeld an ihren „Konsum"-Supermarkt erinnern können, der in den 1980er-Jahren in der Babenbergerstraße eröffnet und in Folge der Insolvenz von „Konsum Österreich" (1995) geschlossen wurde.

DIE GEMEINDE ALS GELDDRUCKER

Nach dem Ersten Weltkrieg führte vor allem der Mangel an Münzmetall zur Ausgabe von Notgeldscheinen, die von der jeweiligen Gemeinde ausgegeben wurden. Auch die Gemeindeverwaltung von Lilienfeld unternahm

diesen Schritt: Mit Gemeinderatsbeschluss vom 30. April 1920 trat die Notgeldverordnung in Kraft. Die Gemeinde legte nun drei Werte in vier Ausgaben, das Kelleramt des Stiftes einen Wert in neun Ausgaben, der Konsumverein drei Ausgaben und der Schützenverein einen Wert in einer Ausgabe auf. Wie lange die Scheine gültig und in Umlauf blieben, lässt sich heute nicht mehr sagen.

Mit der Einführung der neuen Währung „Schilling" im Jahr 1925 glaubte man die wirtschaftliche Situation in Österreich im Griff zu haben. Doch Inflation und Deflation führten zu einer Hochschaubahnfahrt bei der Geldwertigkeit. Diese Situation begünstigte die Umsetzung alternativer Konzepte. Berühmtestes Beispiel wurde das 1932 in der Tiroler Gemeinde Wörgl eingeführte „Schwundgeld", das den Geldkreislauf und die Wirtschaftätigkeit vor Ort wiederbelebte. Aufgrund einer im Jänner 1933 getroffenen Entscheidung der Tiroler Landesregierung und eines Erkenntnisses des

Gutschein über 50 Heller, ausgestellt vom Stiftskelleramt Lilienfeld 1920

Beflaggung mit Hakenkreuzfahnen in Marktl anlässlich der Abstimmung über den „Anschluss" Österreichs an das Deutsche Reich. Aufnahme aus 1938

Verwaltungsgerichtshofs aus dem November 1933 wurde die Ausgabe des Schwundgelds verboten, da laut Gericht nur die Österreichische Nationalbank Geldnoten ausgeben oder in Umlauf setzen dürfe.

Die Lilienfelder Gemeindeverwaltung dürfte dieses Experiment in Tirol mit Interesse mitverfolgt haben. Wie das *Triestingtaler und Piestingtaler Wochen-Blatt* und andere österreichische Zeitungen im Herbst 1933 berichteten, hatte die Gemeinde im Sommer für 10.000 Schilling Schwundgeld ausgegeben und plante weitere 30.000 Schilling in Umlauf zu bringen. Da das Wörgler Schwundgeld bereits verboten worden war, wurde das Schwundgeld jedoch nicht als solches gekennzeichnet. Lilienfeld fand eine andere Art der Geldausgabe: in Form von Einkaufsbriefen. Die Gemeindeverwaltung setzte auf eine Selbsthilfeaktion mittels einer Genossenschaft mit beschränkter Haftung. Diese gab „Handelseinkaufsbriefe" heraus, die nur im Gemeindegebiet als Bargeld angenommen wurden. Wie auch beim Wörgler Beispiel verlor das „Geld" jeden

Monat einen Prozent an Wert, um den Geldkreislauf zu beschleunigen. Wie das Lilienfelder Schwundgeld-Experiment ausging, ist leider nicht überliefert. Anzunehmen ist, dass spätestens mit der Ausschaltung der Demokratie durch die Vaterländische Front im Frühjahr 1934 dieses freiwirtschaftliche Experiment eingestellt wurde.

DIE NSDAP IM STIFT

Mit dem „Anschluss" Österreichs an das Deutsche Reich 1938 änderte sich im wahrsten Sinne des Wortes das Bild von Lilienfeld. Schon vor der Scheinabstimmung über den „Anschluss" wurden die großen Straßenzüge in der Klosterrotte, in Dörfl und Marktl von den neuen Machthabern der NSDAP mit hunderten Hakenkreuzfahnen versehen. Vor allem der bereits ab 1933 der Nationalsozialistischen Deutschen Arbeiterpartei (NSDAP) angehörende Buchdruckereibesitzer und Herausgeber der Wochenzeitung *Lilienfelder Bote*, Ferdinand Wurst, tat sich als Bezirksleiter dieser Partei hervor; als Ortsleiter der NSDAP fungierte

Am Platzl. Mit Stift und dem Kaufhaus K. Engel. Aufnahme um 1939

der neben dem alten Schulhaus in der Klosterrotte ansässige Cafetier Sepp Fürst.

Die NSDAP hatte im März 1938 die Gemeindeverwaltung von Lilienfeld übernommen. Der Gemeindearzt – gleichzeitig Primarius des Krankenhauses Lilienfeld – wurde Bürgermeister. Bereits im Juni 1938 benannte die Gemeindeverwaltung den Platz beim Kriegerdenkmal nahe dem

westlichen Stiftsportal – „der schönste Platz Lilienfelds", so der *St. Pöltner Bote* im Juni 1938 – in „Adolf-Hitler-Platz" um. Es war jene Fläche, die im Juli 1934 zum „Dollfußplatz" geworden war.

Die Kreisleitung der NSDAP Lilienfeld übernahm im Jahr 1939 Parterreräume des Stiftes als neuen Sitz der Dienststelle, nur das Kreispresseamt blieb weiterhin im stiftseigenen Portengebäude. Im Februar 1941 wurde das Konventgebäude zum „Kreishaus der NSDAP" umgestaltet. Im ersten Stock befanden sich nun die Kreisleitung und die Deutsche Arbeitsfront (DAF). Der Partei war dieser anscheinend symbolträchtige Bürostandort so wichtig, dass im August 1941 der Reichsleiter der NSDAP, Robert Ley, bei seinem Besuch in der sogenannten Ostmark gemeinsam mit dem Gauleiter des Reichsgaues Niederdonau, Hugo Jury, dieses neue Kreishaus besuchte. Übrigens: Beide begingen nach Ende des Zweiten Weltkriegs Selbstmord und entzogen sich so einer irdischen Strafe.

KÄMPFE IN LILIENFELD UND DIE ZEIT DANACH

Der Zweite Weltkrieg machte sich in Lilienfeld vor allem durch die Einberufung zahlreicher Männer zur Wehrmacht und die Nachricht von ihrem Tod bemerkbar. Lange Zeit war das Gemeindegebiet von Kriegshandlungen verschont geblieben. Nur im Advent 1943 wurde man aufgeschreckt, als an einem Mittag ein deutsches Eindecker-Flugzeug zwischen Dörfl und Marktl in einen Werkskanal stürzte, sich dort überschlug und zertrümmert auf einem Acker liegen blieb. Der Pilot, ein in Marktl lebender Gefreiter der Luftwaffe, verstarb am selben Tag im Krankenhaus.

Im April 1945 änderte sich die Lage in Lilienfeld, denn die Front rückte immer näher und näher. Zahlreiche Gebäude wurden durch Beschuss zerstört oder stark in Mitleidenschaft gezogen, so beispielsweise am 7. Mai die Kaiserzimmer des Stiftes, der Kirchenchor, die Orgel und der Kirchturm. In der darauffolgenden Nacht zog sich die Wehrmacht zurück und die ersten Soldaten der sowjetischen Armee betraten Lilienfelder Boden.

Nach Kriegsende zog man Bilanz: 120 Häuser und sämtliche Brücken und Stege waren zerstört oder schwer beschädigt, wie die Tageszeitung *Neues Österreich* Anfang Juni 1945 berichtete. Wichtig war zunächst, die Infrastruktureinrichtungen wiederherzustellen. Dies betraf auf der einen Seite den Bahnverkehr, der in Folge der Zerstörung der Eisenbahnbrücke in Wilhelmsburg lahmgelegt war, auf der anderen Seite den Straßenverkehr. Um den Verkehr Richtung Mariazell respektive St. Pölten provisorisch aufnehmen zu können, errichtete man einen Notsteg neben der 1868 eröffneten und nun zerstörten steinernen Hahnwirtbrücke über die Traisen, die Dörfl mit der Klosterrotte sowie – großräumig gesehen – Niederösterreich mit der Steiermark verband. Erst Ende 1948 konnte die wiedererrichtete Brücke für den Verkehr freigegeben werden.

Schäden im Stift nach dem Ende des Zweiten Weltkriegs. Aufnahme aus 1945

9.000 KM ENTFERNT

Die meisten Gemeinden in Österreich pflegen mit ausländischen Gemeinden eine Partnerschaft. Dies ist auch bei Lilienfeld der Fall. Hier gibt es gleich drei Partnerschaften.

Die älteste führt uns geographisch gesehen in weite Ferne, nämlich in die rund 9.000 Kilometer Luftlinie entfernte Stadt Jōetsu. Unterzeichnet wurde die Städtepartnerschaft zwischen Lilienfeld und jener in der japanischen Präfektur Niigata liegenden Stadt am 7. Oktober 1981. Ausschlaggebend für diese Verschwisterung war der k. u. k. Generalstabsoffizier Theodor Edler von Lerch (1869–1945), der die Jahre 1911 und 1912 in der Funktion eines Militärattachés als Austauschoffizier bei der kaiserlich-japanischen Armee verbrachte. 1911 gelang ihm die erste Skibesteigung des Fuji; im selben Jahr förderte er in den Bergen nahe Jōetsu das Skifahren, indem er japanischen Soldaten und anderen interessierten Menschen in Kursen das Skifahren mit

Die Entfernung Lilienfelds zu den Partnerstädten wird am Klösterpunkt beim Muckenkogel angezeigt.

Der Fall des Eisernen Vorhangs machte es möglich, dass im Jahr 1991 eine weitere Städtepartnerschaft eingegangen werden konnte. Im Vergleich zu Jōetsu lag die neue „Schwester" deutlich näher: Die Luftlinie zwischen der mährischen Stadt Třebíč (deutsch: Trebitsch) und Lilienfeld beträgt nur rund 130 Kilometer. Auch in diesem Fall spielt Mathias Zdarsky eine Rolle, denn er wurde 1856 im Ort Kožichovice geboren, der 1991 noch zu Třebíč gehörte. Anlässlich der Gedenkfeiern rund um den 50. Todestag von Mathias Zdarsky im Jahr 1990 kam es zu ersten Kontakten zwischen Vertretern der Stadt Lilienfeld und den tschechischen Gästen aus Třebíč. Nach mehreren Gesprächen und gegenseitigen Besuchen wurde die Partnerschaft mit dem Tausch der Städtewappen und der Unterzeichnung der Urkunde am 26. Oktober 1991 besiegelt. Da Zdarskys Heimatort Kožichovice im Jahr 1993 verwaltungstechnisch von Třebíč abgespalten und als Gemeinde selbstständig wurde, kam es am 9. September 2017 zu einer weiteren Partnerschaft, diesmal mit Kožichovice, dem Geburtsort Zdarskys.

SO EIN THEATER!

Um ein großes Theater sehen zu können, musste man als Lilienfelder früher nicht unbedingt zu den Salzburger Festspielen oder nach Wien fahren. Ein Welttheater wurde nämlich auch in Lilienfeld geboten, und dies im wahrsten Sinne des Wortes. Denn Ende Mai 1932 führten Laiendarsteller am Ende der Fronleichnamsprozession im Hof vor der Stiftskirche „Das große Welttheater", ein Mysterienspiel von Pedro Calderón de la Barca in der Bearbeitung von Richard Kralik, auf. Aufführungen von Laien gab es jedoch schon viel früher. Immerhin muss es bereits in den 1830er-Jahren in Lilienfeld eine einfache Theaterbühne im Stift gegeben haben. Im Juli 1897 wurden an einem nicht näher bekannten Ort von Laien das Lustspiel „Eine vollkommene Frau" und die Posse „Der Mord in der Kohlmessergasse" aufgeführt. Im Sommer 1894 brachte der Lilienfelder Geselligkeitsverein im Lokal „Dufek Bahnhofsveranda" gegenüber dem Bahnhof die beiden Einakter „Wenn Frauen weinen" von Paul Siraudin und „Eingeschlossen" von Karl Niemann zur Aufführung. Mit dabei war der Apotheker und spätere Bürgermeister Louis Grellepois. Ein Jahr später bot Franz Reiß in Lilienfeld das Burgtheater-Lustspiel „Der Bibliothekar" von Gustav von Moser an. Im Februar 1904 wurden drei kleine Stücke durch die Ortsgruppe Lilienfeld des christlichen Arbeiter-Bildungsvereins im Gasthaus Neumeister aufgeführt, im Februar 1924 bot der Lilienfelder christliche Arbeiterverein seinen Mitgliedern zwei Mal Lustspiele an, die von zwei Zisterziensermönchen geleitet wurden.

„Alpen-Skiern" beibrachte. Er konnte auf die Vorarbeiten Egon Edler von Kratzers aufbauen, der bereits ab Dezember 1909 in Japan lebte, seit 1910 Skikurse in Japan durchführte und der bei der erwähnten Skitour auf den Fuji mit von der Partie war.

Aufgrund der Tätigkeiten Lerchs gilt Jōetsu als der Geburtsort des Skifahrens in Japan. Was hat aber dieser Offizier mit Lilienfeld zu tun? Die Frage ist leicht zu beantworten: Lerch hatte 1904 beim in Lilienfeld lebenden Mathias Zdarsky, der sein Wissen ebenfalls über viele Jahre in zahlreichen Kursen weitergab – so auch an Soldaten der k. u. k. Armee –, das Skifahren gelernt.

Obwohl bereits 1956 eine kleine Delegation aus Japan die Wahlheimat Zdarskys und dessen Grab besucht hatte und schon damals der Gedanke einer Städtepartnerschaft aufgekommen war, konnte die Verschwisterung aufgrund von Städtezusammenlegungen in Japan erst am 7. Oktober 1981 in Jōetsu offiziell besiegelt werden.

Aufführung von „Das große Welttheater" durch Laienschauspieler vor der Stiftskirche. Aufnahme aus dem Juni 1932

Nach dem Zweiten Weltkrieg kam es relativ rasch wieder zu Theateraufführungen, abermals vor dem mächtigen Portal der Stiftskirche. Laienschauspieler der Katholischen Jugend traten am 26. Oktober 1947 im Stück „Christkönigspiel" des österreichischen Dichters Georg Rendl auf. „Großes Kino" wurde drei Jahre später geboten: Das Stiftskirchenportal diente als zentraler Bühnenbildteil bei der Aufführung von Hugo von Hofmannsthals Mysterienspiel „Jedermann", das den Untertitel „Das Spiel vom Sterben des reichen Mannes" trägt und seit 1920 Fixpunkt bei den Salzburger Festspielen ist. Im Gegensatz zu Salzburg, wo immer bekannte Schauspielerinnen und Schauspieler auf der Bühne stehen, traten in Lilienfeld am 9. und 10. September 1950 ausschließlich Laien der Katholischen Jugend Lilienfeld auf. Die Wochenzeitung *St. Pöltner Bote* berichtete vom Erfolg der beiden Aufführungen und rühmte den „einzigartigen Rahmen". Besonders hob man hervor, dass am Ende des Spiels die Kirchentür geöffnet und so der Blick auf den Hochaltar

freigegeben wurde. Mindestens einmal wurde die Aufführung später nochmals am selben Ort wiederholt, nämlich 1955.

Aufführung von „Jedermann" durch Laienschauspieler vor der Stiftskirche. Aufnahme aus 1955

Ausstellung „1000 Jahre Babenberger in Österreich" im Stift Lilienfeld. Aufnahme vom 7. Juni 1976

DER ABSTURZ EINES ERZHERZOGS

Ein etwas anderes „Theater" wurde 1911 in Lilienfeld geboten: Kein Geringerer als Joseph Ferdinand von Österreich-Toskana (1872–1942) stürzte hier ab; nicht bei einer Wanderung, sondern mit einem mit Leuchtgas gefüllten Ballon. Am 16. Februar vormittags war der Erzherzog von seinem Wohnort in Linz mit seinem Ballon namens Salzburg gestartet. Nach zweieinhalb Stunden erreichte man – über das Pielachtal kommend – das Traisental, wo der Ballon bei Marktl ungeplant und plötzlich aus beträchtlicher Höhe entlang einer steilen Felswand niederging. Fast wären die dortige, dem Stift gehörende elektrische Hochspannungsleitung und die Fabriksgebäude dem prominenten Ballonfahrer und seinem Begleiter, Generalmajor Freiherr von Lüdgendorf, zum Verhängnis geworden. Die beiden konnten nur mit knapper Not ausweichen und unversehrt landen. So ging die 56. Ballonfahrt des Erzherzogs ohne grobe Schäden und Verletzungen in Lilienfeld zu Ende.

DIE BABENBERGER ZIEHEN DIE MASSEN AN

Ein Spektakel ganz anderer Art brachte Lilienfeld 1976 einen Rekord, der nach wie vor hält: den größten Ansturm von Menschen in der Geschichte der Gemeinde. Grund für den Andrang war die niederösterreichische Landesausstellung im Stift zum Thema „1000 Jahre Babenberger in Österreich". Enger konnte eine Verbindung zwischen einem Ort und diesem Herrschergeschlecht kaum sein. Denn der vorletzte Herzog der Babenberger, Leopold VI., hatte das hiesige Kloster gestiftet. Ob ohne diese Schenkung Anfang des 13. Jahrhunderts Lilienfeld als eigenständige Ortsgemeinde je entstanden wäre? Jedenfalls war Lilienfeld der perfekte Ort für das Thema der Landesausstellung.

Am 14. Mai 1976 fand die Eröffnung statt und am nächsten Tag strömten die ersten Besucherinnen und Besucher ins Kloster. Bereits am 18. Juni konnte man den 100.000 Besucher begrüßen. Selbst im Herbst war das Interesse noch so groß, dass die Ausstellung um zwei

Großer Andrang bei der Ausstellung „1000 Jahre Babenberger in Österreich". Aufnahme vom 26. September 1976

Wochen verlängert wurde. Mit dem letzten Öffnungstag, dem 14. November 1976, waren in Summe unglaubliche 465.841 Besucherinnen und Besucher gezählt worden. Der festliche Abschluss am 15. November 1976 endete mit einem Gottesdienst, in dessen Verlauf die Stiftskirche zur „Basilica minor" erhoben wurde; ein ehrenhalber verliehener Titel durch den damaligen römisch-katholischen Papst Paul VI.

An Ausstellungsräumlichkeiten für die Darstellung der Zeit Leopolds VI. hatte man im Stift den Kreuzgang, den Kapitelsaal und das Cellarium herangezogen. Im Prälatursaal und in einigen Räumen aus der Barockzeit, darunter der Bibliothek, ging es um die Zeit nach dem Aussterben des Herrschergeschlechtes.

Nur sehr selten wurde in der bisherigen Geschichte der niederösterreichischen Landesausstellungen eine

Veranstaltung wie diese ein derart großer Publikumsmagnet. Daher dachten die Verantwortlichen 1994 an eine neuerliche Landesausstellung in Lilienfeld, diesmal unter dem Motto „Musik im Mittelalter – Musik heute". Sie hätte im Jahr 2002 stattfinden sollen. Stattdessen gab es eine besondere, wenn auch deutlich kleinere Ausstellung: Die „Cisto" widmete sich dem Kloster Lilienfeld an sich; Anlass war dessen „800. Geburtstag".

Abseits klassischer Ausstellungen hat sich ein anderes kulturelles Ereignis in der Stadtgemeinde etabliert: die „Sommerakademie Lilienfeld" (SAL). Die Idee dafür ging von der seit 1975 in Lilienfeld wirkenden Stiftsorganistin Karen De Pastel aus. Von 4. bis 18. Juli 1982 fand die erste SAL mit 70 Schülerinnen und Schülern verschiedenen Alters statt. Bei den immer in den ersten beiden Sommerferienwochen im Juli abgehaltenen Kursen im Stift lernen die Teilnehmerinnen und

Teilnehmer von Musikprofis aus den Bereichen Tasteninstrumente, Blasinstrumente, Streichinstrumente und Gesang. Bei öffentlichen Konzerten während der SAL zeigen beide Gruppen ihr Können. Über die Jahrzehnte hat sich die SAL einen sehr guten Ruf erarbeitet. Die Zahl von mehr als 8.000 Teilnehmerinnen und Teilnehmern aus Europa, den USA, Südamerika, Afrika und Asien im Zeitraum 1982 bis 2023 spricht für sich.

VON DER BÜCHEREI ZUM MUSEUM

Das heutige Lilienfelder Museum geht – genau genommen – auf eine Bücherei und dessen Leiter zurück. Der Obmann des „Zweig Lilienfeld des Allg. n.-ö. Volksbildungsvereines" Emil Wutti, der bereits seit 20 Jahren die kleine Lilienfelder Volksbücherei geleitet hatte, fasste 1929 seine Gedanken für die Zukunft in einer kleinen Broschüre zusammen. Er verwies darauf, dass im September 1921 die Lilienfelder Zweigstelle des Vereins für Landeskunde von Niederösterreich eine Ausstellung „für Heimatkunde und Heimatforschung" veranstaltet hatte. Das Interesse wäre so groß gewesen, dass der Wunsch geäußert wurde, eine ständige Ausstellung in Form eines Heimatmuseums einzurichten. Vor allem „Bilder und Ansichten von Örtlichkeiten, Baudenkmalen älteren und neueren Ursprunges sowie Urkunden von heimatgeschichtlichem Interesse" sollten Aufnahme in das zukünftige Heimatmuseum finden. Doch fehlende Zeitkapazitäten und die erfolglose Suche nach einem Lokal hätten bisher eine Umsetzung verhindert. Nun würde „in nicht allzuferner Zukunft" der Wunsch durch die Zuweisung von Räumen im Eichamtsgebäude von Seiten der Gemeinde Lilienfeld eine Verwirklichung finden. Doch erst Ende 1931 konnten zwei Räume als Lokal bezogen werden, allerdings nicht im vorgesehenen Gebäude, sondern im alten Schulgebäude in der Klosterrotte.

Es dauerte viel länger als gedacht, bis tatsächlich ein Museum im heutigen Sinne des Wortes eingerichtet werden konnte. Im Februar 1956 gründeten mehrere Personen den Verein „Heimatmuseum Lilienfeld", dessen erster Obmann der Marktler Industrielle Fritz von Neuman war. Zuerst konnte ein Zimmer im ersten Stock des dem Stift zugehörigen Torturms in Dörfl bezogen werden. Dieser Raum wurde am 15. Juli 1960 als Lilienfelder Museum eröffnet. Als im selben Jahr sämtliche Gemeinden des Bezirks dem Verein beitraten, erfolgte die Namensänderung der Einrichtung auf „Bezirksheimatmuseum Lilienfeld".

Der Torturm passte mit seiner besonderen Geschichte gut zu einem Heimatmuseum, denn es handelt sich um einen

Die Silhouette von Mathias Zdarsky am Torturm weist auf einen Schwerpunkt des Museums Lilienfeld hin.

ehemaligen Wachturm am linken Ufer des Traisenflusses. Dieser Sperrturm war einst Teil der mittelalterlichen Befestigungsanlage des Stiftes. Reste von Durchlässen für Fallgitter-Seilzüge und Schießscharten zeugen von der Vergangenheit als Wehrturm, der bis 1789 als Durchlass diente: Die Hauptstraße durch das Traisental führte bis dahin nur durch dieses Tor zum Stift und weiter nach Mariazell.

Aufgrund des Freiwerdens von Wohnräumen im denkmalgeschützten Turm und des im November 1979 unterzeichneten Vertrags, mit dem das Stift das historische Gebäude der Stadtgemeinde schenkte, veränderten sich die räumliche Voraussetzungen. Unter der Auflage, die Räume nur für Zwecke eines Bezirksheimatmuseums zu verwenden, gestaltete man das Museum aus und um. Im Zuge dessen ließ die Stadtgemeinde im Winter 1979/1980 den bisher vermauerten alten Durchgang wieder öffnen.

Der Torturm mit dem Museum Lilienfeld

Das Biomasse-Heizwerk im Höllbachtal

Am 1. Juni 1982 wurde das neue Bezirksheimatmuseum eröffnet. Nun umfasste es fünf Schauräume mit einem eigens dem Skipionier Mathias Zdarsky gewidmeten Raum. In den oberen Räumlichkeiten wurde 1996 das erste Skimuseum Niederösterreichs eingerichtet.

Über die Jahrzehnte hat sich nicht nur die Ausstattung des ehrenamtlich geführten Museums mit nunmehr acht Schauräumen auf drei Stockwerken geändert, sondern auch die Museumspädagogik. Was vor mehr als 40 Jahren als moderne Ausstellung betrachtet wurde, gilt heute als veraltet. Aus diesem Grund wird seit den 2020er-Jahren an einem neuen Museumskonzept gearbeitet, das den heutigen Ansprüchen gerecht wird. Der neue Schwung spiegelt sich auch im neuen Namen wider: Das Bezirksheimat- und Skimuseum heißt nun schlicht und einfach „Museum Lilienfeld".

Nicht nur im Museum, sondern auch in anderen Bereichen vollzogen sich in den letzten drei Jahrzehnten Neuerungen. Nachdem 1993 ein Sozialzentrum auf dem einstigen Areal des Domcalor-Werks errichtet wurde, folgte im Jahr 2009 die Eröffnung von zwei weiteren großen Bauprojekten: des neuen Gebäudes für die Polizei und jenes für das Arbeitsmarktservice. Bereits ein Jahr zuvor war das Biomasse-Heizwerk in Betrieb gegangen. Dieses von der im steirischen Köflach ansässigen Firma „Bio Energie" betriebene Nahwärmewerk der Stadtgemeinde Lilienfeld mit einem rund vier Kilometer langen Leitungsnetz konnte durch Abschluss eines Baurechtsvertrags auf einem stiftseigenen Grundstück südlich des Meierhofes verwirklicht werden.

9

AM WEG UND
AM ZIEL

Lilienfeld an der
Via Sacra

Das Stift Lilienfeld ist Ziel und zugleich
Zwischenstation für Pilger und Wallfahrer.

Seit Jahrhunderten ein religiöses Ziel: die Basilika von Mariazell

Mit Verwunderung nimmt man zur Kenntnis, dass die erste Nennung Lilienfelds in einer österreichischen Zeitung nicht in deutscher Sprache, sondern auf Italienisch erfolgte. Die italienischsprachige Zeitung *Il Corriere ordinario* wurde ab 1670 vom in Wien lebenden Drucker Johann von Ghelen herausgegeben und hatte von 1671 bis 1721 Bestand. In der Ausgabe vom 4. Juli 1688 wird von einer besonderen Wallfahrt berichtet, wobei das Wort „Fahrt" in diesem Fall wörtlich zu nehmen ist. Es war kein Geringerer als „Maestà Cesaree" auf dem Weg nach „Zell", also Kaiser Leopold I. (1640–1705) auf dem Weg zur später Magna Mater Austriae genannten „großen Mutter Österreichs" im steirischen Mariazell. Die Kutschenreise des Kaisers begann an einem Mittwoch vor 6 Uhr früh. Mit von der Partie waren unter anderem zwei Postillions, ein Postbeamter in einer Kutsche, eine weitere Kutsche mit dem Oberst-Hoffalkenmeister Graf Franz Karl von Cavriani sowie zahlreiche Postbeamte des Generalpostmeisters Graf Joseph Ignaz von Paar. Begleitet wurde der Monarch zusätzlich noch vom Oberststallmeister Graf Ferdinand Bonaventura von Harrach, Graf Karl

Ferdinand von Waldstein und zwei Trompetern. Der Kaiser fuhr dabei in seiner eigenen, von vier Pferden gezogenen Kutsche. Für das leibliche Wohl im weiten Sinne des Wortes sorgten ein Chirurg, ein Hofarzt, zwei Beichtväter und mehrere Köche. Falls es einen Bruch der Wagenachse oder Ähnliches geben sollte, begleitete eine Reservekutsche den Tross. Die Route verlief von Wien über Mariabrunn, Sieghartskirchen, St. Pölten nach Lilienfeld, wo im Stift in den Kaiserzimmern übernachtet wurde. Diese im Westflügel des Stiftes eingerichteten Zimmer waren zwischen 1630 und 1665 für die nach Mariazell reisenden Mitglieder des Kaiserhauses eingerichtet worden.

Am nächsten Tag dauerte es vier Stunden bis zur Ankunft in Annaberg. Nach dem Mittagessen hatte man nach weiteren vier Stunden Mariazell erreicht. Der Freitag war der Mariazeller Marienstatue samt Festivitäten gewidmet. Am folgenden Tag ging es mit den Kutschen zurück, wobei man das Mittagessen in Pottenbrunn einnahm; am Abend war der Tross wieder in Wien. Viele Jahrzehnte später hielt Pater Ambros Becziczka (Abt von 1825 bis 1861) fest, dass die Reise eine Dankeswallfahrt war; der Kaiser sei nach Mariazell gefahren, „um Gott für den Segen seiner Waffen zu danken".

Die hier kurz beschriebene Reise war nicht die erste von Kaiser Leopold I. zum steirischen Wallfahrtsort. Bereits im August 1665 – also 23 Jahre zuvor – hatte man auf dem Weg von Wien nach Mariazell in Lilienfeld Halt gemacht. Genächtigt wurde damals jedoch noch in Wilhelmsburg. Am Vormittag des Folgetags gab Abt Matthäus Kolweiß (Abt von 1650 bis 1695) im Stift Lilienfeld einen Empfang, lud den Kaiser zum Mittagstisch und begleitete den Monarchen auf einem Pferd Richtung Mariazell. Übrigens: Während seiner langen Regentschaft besuchte Kaiser Leopold I. zumindest neunmal den Wallfahrtsort Mariazell.

Sein Sohn Kaiser Karl VI. (1685–1740) kam zumindest einmal nach Lilienfeld. Gemeinsam mit seiner Ehefrau Elisabeth Christine und dem Trierer Kurfürsten Karl III. Joseph von Lothringen begab er sich im Juni 1715 von Laxenburg über Lilienfeld, wo sie das Abendessen einnahmen und mit hoher Wahrscheinlichkeit auch übernachteten, nach Mariazell. Dieser Ort war zu jener Zeit zum bedeutendsten Wallfahrtsziel des regierenden Hauses Habsburg geworden. Die von der kaiserlichen Familie unterstützte Verehrung der Marienstatue und die Förderung von Wallfahrten nach Mariazell waren Teil der Gegenreformation, welche die „Bekehrung" der Protestanten zum Ziel hatte. Vor allem unter Karls Tochter Maria Theresia waren die Bestrebungen nach einer Rekatholisierung der Protestanten stark ausgeprägt. Beinahe jedes Jahr besuchte sie Mariazell. Egal ob sie mit kleinem oder großem Gefolge reiste: Der Aufwand für die am Wiener Hof arbeitenden Menschen war enorm. Die Regentin machte am Weg nach Mariazell zumeist im Stift Lilienfeld Station, das – wie seit den Zeiten Leopolds I. – die Kosten für die Übernachtung samt Verpflegung übernehmen musste. Im März 1745 reiste Maria Theresia beispielsweise mit einem relativ kleinen Gefolge, das aus ihrer Obersthofmeisterin Gräfin Karoline von Fuchs-Mollard, dem ältesten Kammerfräulein, dem Oberststallmeister und einem Kammerherrn bestand, zum Nachtquartier in Lilienfeld. Ihr Ehemann, Kaiser Franz Stephan, und dessen Geschwister reisten separat und langten bereits an jenem Abend in Mariazell ein. Bei der Rückreise nahm man in Lilienfeld nur das Mittagessen ein.

Im August 1747 brachen Kaiser Franz Stephan und sein Bruder Karl Alexander von Lothringen in Begleitung des Obrist-Stallmeisters Fürst Heinrich Joseph von Auersperg sowie zahlreicher Kammerherren mit Hof-Postkutschen in

der Früh um 5 Uhr von Schönbrunn nach Mariazell auf. Laut *Wienerischem Diarium* kamen sie fünf Stunden später in Lilienfeld an, wo ihnen der Abt im Stift ein Frühstück servieren ließ. Bis nach Türnitz ging es mit den Kutschen weiter. Dort stiegen die Herrschaften auf bereitgestellte Bauernpferde um, welchen man aus Wien mitgeführte kaiserliche Hof-Sättel auflegte. Um 17 Uhr zog der Pferdetross unter „Abfeurung deren Pöllern, Läutung deren Glocken, und Paradirung der mit klingendem Spiel und fliegenden Fahnen dasiger in Parade gestandenen Burgerschaft" in Mariazell ein.

Im Jahr 1757 feierten die Monarchen eine „große Hofwallfahrt" nach Mariazell; immerhin stand das 600-Jahr-Jubiläum von Mariazell an. Maria Theresia und Franz Stephan reisten mit ihren drei ältesten Söhnen (Joseph, Karl, Peter Leopold) sowie den fünf ältesten Töchtern an. Und wieder wurde das Nachtlager im Stift Lilienfeld aufgeschlagen, wobei der Aufwand für die Gastgeber enorm gewesen sein muss, denn die kaiserliche Familie war bei dieser Wallfahrt zahlreich vertreten und benötigte ein großes Gefolge. Am

Maria Theresia (1717–1780).
Ölgemälde von Martin van Meytens aus 1752

Die heilige Familie über dem Stiftskirchenportal mit dem für die „Lilienfelder Erzbruderschaft des Hl. Josef" namensgebenden Vater von Jesus

14. September 1757 ging es von Lilienfeld gemeinsam weiter; die Rückkehr erfolgte auf verschiedenen Routen getrennt, wobei Franz Stephan hoch zu Ross über Lilienfeld nach Wien zurückkehrte. Im August 1767 reiste Franz Stephan anscheinend nur mit seiner Tochter Maria Josepha nach Mariazell, wobei sie während der Rückreise nach Schönbrunn im Stift Lilienfeld übernachteten.

KINDER UNTERWEGS

Im Gegensatz zu diesen „Familienreisen" stehen jene Wallfahrten, die Maria Theresia ihren jungen Kindern verordnete. Im Jahr 1748 beschloss sie, ihren sieben Jahre alten Sohn Joseph und ihre neunjährige Tochter Maria Anna sowie die sechs Jahre alte Tochter Maria Christina nach Mariazell zu schicken. Mit 15 Kutschen brach der Tross am 24. Mai 1748 um 7 Uhr in der Früh von Schönbrunn nach Mariazell auf. Am ersten Tag übernachtete man in St. Pölten. Am darauffolgenden Tag gab es einen feierlichen Empfang in Lilienfeld. Vor dem Stiftskirchenportal begrüßte sie der Abt und der gesamte Konvent. Nun

hatten die drei Kinder das große Kreuzpartikel zu küssen, welches seit spätestens 1230 im Stift verehrt wird. Sodann begaben sich alle in die „St. Josephi Kappellen", wo die „Lauretanische Litaney" und der „Segen des Allerheiligsten Altars-Sacrament andächtigst" abzuwarten war, wie das *Wienerische Diarium* berichtete. Nach der Übernachtung im Kloster verfolgten die Kinder nach dem Frühstück die heilige Messe beim Heiligen-Kreuz-Altar und reisten danach Richtung Annaberg weiter. Der spätere Kaiser Joseph II. kam zumindest noch zwei Mal während einer Wallfahrt nach Lilienfeld: im Jahr 1761 mit seiner Ehefrau Isabella von Bourbon-Parma und im Oktober 1786 als mehrfacher Witwer.

Eine wichtige Rolle bei der Förderung von Wallfahrten nach Mariazell nahm eine in Lilienfeld ansässige Organisation ein: die „Lilienfelder Erzbruderschaft des Hl. Josef". Sie wurde im Jahr 1653 im Zisterzienserstift Lilienfeld unter Abt Matthäus Kolweiß gegründet und hatte sich zum Ziel gesetzt, die Jugend zu einem tugendlichen Leben zu erziehen und anzuhalten. Bis zu ihrer aufgrund

Gebetsbuch *Wahlfarts-Ordnung auf den Berg Chalvaria nächst Lilienfeld* aus 1865

eines Erlasses Kaiser Joseph II. erfolgten Aufhebung im Jahr 1783 traten anscheinend über 300.000 Frauen und Männer dieser Organisation bei, die ihren Sitz im Stift und somit direkt an einem zentralen Punkt des Wallfahrtswegs von Wien und Mähren nach Mariazell hatte; ein Umstand, der – neben der Mitgliedschaft von Angehörigen der kaiserlichen Familie – sicher zu dieser hohen Mitgliederzahl beitrug. Die Lilienfelder Josephsbruderschaft unternahm nicht nur jährlich am Bittsonntag (Rogate) und am Geburtstag von Johannes dem Täufer eine kurze Wallfahrt von Lilienfeld zur St.-Johannes-Kirche in Traisen, an die noch heute mehrere Kapellen an der alten Straße nach Traisen erinnern. Zusätzlich organisierte man in der Karwoche eine Prozession zum Kalvarienberg nahe Stangenthal und ein Mal im Jahr eine große und mehrtägige Wallfahrt nach Mariazell. So zog beispielsweise am 21. Mai 1712 eine Gruppe der Bruderschaft, aus 980 Personen bestehend, im steirischen Wallfahrtsort ein.

Auch wenn Kaiser Joseph II. im Laufe seiner Regentschaft stark in das religiöse Leben und die kirchlichen Strukturen

eingriff, blieb Mariazell und somit auch Lilienfeld ein Ziel der nachfolgenden Kaiser und deren Familien. So besuchte Kaiser Franz I. (1768–1835) im August 1814 auf seiner Reise durch die Steiermark auch Mariazell und danach Lilienfeld, nachdem er schon 1790 und 1811 im steirischen Wallfahrtsort gewesen war.

Sein Sohn, Kaiser Ferdinand (1793–1875) und dessen Ehefrau Maria Anna von Savoyen machten im September 1837 bei ihrer Rückreise aus Mariazell eine Mittagsrast in Lilienfeld. „Feyerlicher Klang der Glocken, das Krachen der Pöllerschüsse, und der begeisterte Jubelruf der Ortsbewohner verkündeten überall die ersehnte Ankunft des erhabenen Herrscherpaares", berichtete die *Wiener Zeitung*. Eigens wurden im Hof vor der Stiftskirche eine antik anmutende Ehrenpforte und eine Reihe von grünen Triumphbögen, die einen Laubengang bis zum Kirchenportal bildeten, errichtet. Nach dem Mittagessen besichtigte das Kaiserpaar „den an Alpengewächsen so reichen, durch sorgfältige Cultur, wie durch seine mahlerische Lage ausgezeichneten Stiftsgarten". Nach der Segnung durch den Abt ging es weiter Richtung St. Pölten. Ein ähnlicher Aufwand wurde auch im September 1841 betrieben, als das kaiserliche Ehepaar auf seiner Rückreise von Mariazell nach Wien ebenfalls nach Lilienfeld kam. Es wurden die Glocken geläutet, Pöller abgefeuert und die Gäste durch einen zierlichen, mit dem kaiserlichen Adler und Fahnen geschmückten Triumphbogen geführt. Über die mit Teppichen und Blumen geschmückte Stiege ging es in die Kaiserzimmer. Bei der Mittagstafel spielte das „Stifts-Orchester" die Volkshymne.

Ein äußerst eifriger Besucher von Mariazell war Erzherzog Franz Carl (1802–1878), der Vater von Kaiser Franz Josef. Er besuchte den Marienwallfahrtsort spätestens ab 1851 fast jedes Jahr im Sommer. Oft war er ohne Familie unterwegs, manchmal mit seiner Ehefrau Sophie von Bayern oder seinem Sohn Ludwig Viktor. In Lilienfeld nahm Franz Carl meist das Mittagessen im Stift ein oder übernachtete dort in den Kaiserzimmern. Im Oktober 1851 wurden zu seinen Ehren zahlreiche Pöller bei den Fabriken in Marktl abgefeuert und beim Stift eine Ehrenpforte errichtet. Der damalige Abt Ambros Becziczka und der Dichter Ignaz Franz Castelli saßen mit dem Erzherzog gemeinsam beim Mittagstisch. Danach spazierte er kurz durch den Stiftspark, bevor am nächsten Morgen – nach Anhörung der heiligen Messe – „die fromme Wallfahrtsreise über Türnitz und Annaberg nach Mariazell" weiterging, wie die *Wiener Zeitung* meldete.

Nicht nur Erzherzog Franz Carl hatte eine langjährige Beziehung zu Lilienfeld und Mariazell, sondern auch sein ältester Sohn Franz Josef, der von 1848 bis 1916 das Land regierte. Bereits im Alter von neun Jahren war er zum ersten Mal im Stift Lilienfeld zu Gast. Diese Erkenntnis verdanken wir unter anderem dem Besucherverzeichnis der Stiftsbibliothek. Sein Name ist Ende September 1839 eingetragen. Der Aufenthalt Franz Josefs im Stift war Teil einer Reise in die Bergwelt Niederösterreichs, die gemeinsam mit seinem jüngeren Bruder Ferdinand Maximilian und ihren beiden Erziehern unternommen wurde. Am 29. September 1839 kam die Gruppe aus Heiligenkreuz in Lilienfeld an, „wo wir mit Pöllerschüssen vom Abt empfangen und auf unser Zimmer geführt wurden", wie der spätere Kaiser in seinem Tagebuch vermerkte. Am folgenden Tag ritten sie um 9 Uhr auf die Klosteralm und brauchten drei Stunden bis zu einer „kleinen, am Gipfel des Berges stehenden Sennerhütte". Da Nebel die Aussicht stark beeinträchtigte, genoss man stattdessen nur „etwas Milch, Butter und Brot". Zurück ging es über den Lindenbrunner Wasserfall zum Stiftspark. Nach dem Essen im Kloster, bei dem „sehr gute Forellen aufgetischt wurden", besichtigte die Gruppe das Kloster samt der Kirche. Ausdrücklich erwähnt Franz Josef in seinem Tagebuch auch die Bibliothek. Seinen Abschluss fand dieser Tag mit der Besichtigung der „Gewehrfabrik des Herrn Oesterlein, wo wir Gewehrläufe machen sahen".

Sechs Jahre später war Franz Josef, diesmal mit seinen Brüdern Ferdinand Maximilian und Carl Ludwig, wieder in Lilienfeld. Die drei Brüder besuchten auf der Rückreise aus Italien den Brandhof ihres Verwandten Erzherzog Johann sowie die Ortschaften Mariazell und Lilienfeld, wo sie im Stift übernachteten. Am nächsten Tag nahmen alle um 5 Uhr in der Früh an der heiligen Messe mit Abt Ambros Becziczka in der Stiftskirche teil, um bereits um 6 Uhr über Altenmarkt, durch die Brühl nach Mödling und weiter nach Schönbrunn zu reisen.

All diese Besuche in Lilienfeld unternahm Franz Josef als Erzherzog und nicht als Kaiser. Als er im Juni 1853 wieder einmal die Gemeinde und das Stift – wenn auch nur kurz – besuchte, war er bereits Monarch. In dieser Funktion hatte er nie mehr ausreichend Zeit für längere Besichtigungen, alles musste schnell gehen. So auch bei seinem nächsten und gleichzeitig letzten Besuch im September 1910. Auf der Rückfahrt von Mariazell, die ab Kernhof mit dem Hofzug und somit per Eisenbahn erfolgte, begrüßten Abordnungen den Kaiser am Bahnhof. Nur zehn Minuten später fuhr der Zug weiter.

EINFACHE WALLFAHRER IN LILIENFELD

Wenn ein Kaiser oder Mitglieder der kaiserlichen Familie per Kutsche oder auf dem Pferd nach Mariazell wallfahrteten, war dies ein gesellschaftliches Ereignis, von dem in Zeitungen berichtet wurde. Über kleine Wallfahrergruppen wissen wir heute hingegen kaum Bescheid, da sie sehr

Lilienfeld besitzt eine Straße mit dem Namen „Wallfahrerweg".

Wallfahrer auf der Via Sacra Richtung Mariazell

Pilger auf der Via Sacra besuchen das Stift Lilienfeld.

Pilger im Herbst auf dem Weg zwischen Kaumberg und Lilienfeld

selten einen Widerhall in Zeitungen oder Büchern fanden. Immerhin ist bekannt, dass es spätestens seit dem Jahr 1587 Wallfahrten in Gruppen von Wien nach Mariazell gibt. Die erste dokumentierte Gruppenwallfahrt zu Fuß verantwortete der damalige Dompropst von St. Stephan in Wien. Sie war bewusst als Mittel der Gegenreformation initiiert worden. Ab 1617 organisierte die „Erzbruderschaft des heiligen Rosenkranzes", welche bei den Dominikanern angesiedelt war, regelmäßig eine Wallfahrt von Wien aus.

Auch wenn die meisten Wallfahrten in Gruppen und zu Fuß unternommen wurden, nutzten so manche Wallfahrer Kutschen und Pferde auf dem Weg über Lilienfeld nach Mariazell. In seinem 1785 erschienenen Büchlein *Reise nach Mariazell in Steyermark* riet der anonyme Autor jedoch, auf Schusters Rappen unterwegs zu sein: „Die meisten, welche die Reise auf diese Art [nämlich

im Kutschenwagen] machen, kennen vom ganzen Wege nichts als die Gastwirthe und die Gegend vom Gasthause. Die Reise zu Pferd wäre allerdings angenehm; die beste und angenehmste Art aber für Leute, die Gesundheit und Kräfte haben, ist, zu Fuß zu gehen." Das Zufußgehen habe eine bildende Funktion: „Wer also nichts als Essen, Trinken, An- und Zurückkommen will, der kann sich eines Fuhrwerks bedienen; wer aber Kenntniße hat, diese noch vermehren und auf dem Weg sich angenehm unterhalten will, der wandere zu Fuß."

Für die Wallfahrer und Pilger war und ist Lilienfeld mit der Stiftskirche bis in unsere Tage eine wichtige Station auf ihrem Weg nach Mariazell. Auf den wirtschaftlichen Faktor dieser Personengruppe verwies bereits Pater Ambros Becziczka im Jahr 1825: „Der Einfluß der Wallfahrt auf die ganze Strecke, von Lilienfeld bis Maria-Zell ist so folgereich, daß davon der Wohlstand der ganzen

Gegend abhängt, und daß sie für die Bewohner insgesammt, vorzüglich aber für die überhäuften Wirthshäuser, die Basis aller ökonomischen Berechnungen ausmacht." Eines dieser Nachtquartiere und Wirtshäuser war der noch heute bestehende „Portenbau" am Platzl, der einst zugleich als Herberge und Spital für Pilger diente und noch heute dem Stift gehört. Auch der stattliche, unter Denkmalschutz stehende ehemalige Gasthof „Am Steg" in Schrambach diente den Wallfahrern und Pilgern als Nachtquartier.

Was man heutzutage vor allem mit Mariazell verbindet, gab es einst ebenfalls in Lilienfeld: die „Standln" mit Devotionalien. In der Klosterrotte und somit nahe bei der Stiftskirche standen anscheinend ab dem frühen 18. Jahrhundert einfache Holzhütten als Läden, in denen vor allem Rosenkränze, Kerzen und Heiligenbilder angeboten wurden. Ferdinand Freiherr von Augustin schrieb 1840 in seinen *Streifzügen durch die norischen Alpen* über Lilienfeld: „Ueberall erblickt man Kramläden voll Heiligenbildern, Rosenkränzen und Wanderstäben für den frommen Gebrauch jener Pilger, die während den Sommermonathen fast täglich in Zügen von mehreren Hunderten hier erscheinen."

Nicht nur die Standler lebten von den Wallfahrern und Pilgern, sondern ebenso die Fuhrwerksunternehmer. Ambros Becziczka sah die Bauern mit ihren Zugtieren dabei als Gewinner: Deren Vieh – Saumrösser und Vorspanntiere – könne man als Kapital mit hohen Zinsen betrachten.

Pfeilerbildstock in der Zdarskystraße

VERSETZUNGEN DER ANDEREN ART

Trotz der Tatsache, dass bereits im 17. Jahrhundert der jeweilige Kaiser und sein Gefolge die Wallfahrerroute über Lilienfeld nach Mariazell nutzten, kam es erst im ersten Viertel des 19. Jahrhunderts zum Bau einer passablen Straße, für welche die Grundherrschaft, also das Stift Lilienfeld, zuständig war. Abt Malachias Schmeger (Abt von 1819 bis 1825) und der damalige Waldmeister Pater Sigismund Litschauer ließen die existierende Poststraße nach Mariazell in den Jahren 1823 und 1824 zu einer „chausseemäßig gebauten Straße" ausbauen. Es erfolgte damals durch den Einsatz von mehr als 300 Arbeitern eine Aufschotterung, die Erweiterung bei engen und die Errichtung von Geländern an gefährlichen Stellen. Bei manchen Straßenabschnitten wurde auch der Verlauf verändert und Brücken wurden errichtet. Schmegers Nachfolger Ambros Becziczka ließ zwischen 1838 und 1846 die Straße über Annaberg nach Mariazell neu errichten, wobei der Abt das fertige Werk im September 1846 begutachtete.

Im Laufe der Jahrzehnte wurde diese Hauptstraße ins Steirische nicht nur öfters ausgebessert und erweitert, sondern auch an manchen Stellen begradigt. Dies führte einerseits zu höheren Fahrgeschwindigkeiten der Automobilisten, wie eine Wäscherin im März 1909 hautnah miterleben musste. Laut *Österreichischer Land-Zeitung* zertrümmerte ein Autofahrer aus Krems ihren Handwagen. „Wäre diese [d. h. die Wäscherin] nicht schnell zur Seite gesprungen, wäre sie überführt worden." Andererseits hatte der Straßenausbau die Versetzung so mancher religiösen Kleindenkmals zur Folge, das den Kutschern und später den Autofahrern „im Weg stand". Eine merkwürdige Translozierung fand Anfang des 20. Jahrhunderts statt, über die 1903 das *Club-Organ des Oesterreichischen Touring-Club* berichtete. Demnach wurde der damals zwischen Bankett und Straße knapp vor der Bahnübersetzung beim heutigen Magdalenensteig über die Traisen stehende Pfeilerbildstock entfernt, nachdem man von der k. k. Zentralkommission für Kunst und historische Denkmale die Bewilligung

Pilger im Spätfrühling auf dem Weg von Lilienfeld nach Mariazell

dafür erhalten hatte. „Damit", so die Zeitschrift, sei „ein Weghindernis entfernt, das vielfach Radlerstürze verursachte." Es handelt sich bei diesem religiösen Kleindenkmal um jenen Pfeilerbildstock mit einer Inschrift aus dem Jahr 1655, der später nochmals weichen musste, nämlich dem ab 1962 ausgeführten Bau der Bundesstraße B 20. Heute steht er daher einige Meter höher als einst auf einem Hang bei jenem Haus, an dem die Zdarskystraße in die B 20 (seit 2002 eine Landesstraße) einmündet. Der Pfeilerbildstock ist ein Beispiel für jene Kleindenkmäler, die im Laufe der Zeit für den Straßenbau versetzt wurden und daher heute nicht mehr direkt an einer Straße oder einem einstigen Fußweg stehen.

Der Bau der sogenannten Mariazeller Straße hatte weitere Auswirkungen größeren Ausmaßes. Im Zuge des Bundesstraßenbauprogramms 1951 verlegte man diesen Verkehrsweg bei den Porten und schuf eine Umfahrungsstraße. Bis zu jener Zeit fuhren nämlich sämtliche Fahrzeuge beim Torturm über die Traisenbrücke zum sogenannten Platzl und dann durch den Torbogen des Portengebäudes. Obwohl die Umfahrungsstraße fertiggestellt worden war, durfte sie vorerst nicht benützt werden, weil sich „die Eisenbahnverwaltung bisher nicht entschließen konnte, bei der Bahnüberführung die notwendigen Warnungszeichen (Blinkzeichen) anbringen zu lassen", wie der *St. Pöltner Bote* im Dezember 1951 berichtete.

Im Jahr 1963 verlegte man unterhalb der Traisenbrücke die Bahntrasse Richtung Stift, um Platz für den neuen Teil der Bundesstraße entlang der Eisenbahntrasse zu schaffen – und schüttete für diesen Zweck Teile des Stiftsteichs zu. Gleichzeitig wurde der Flusslauf der Traisen bei der Gaisleiten begradigt.

Über die Jahrhunderte zogen die Wallfahrer und Pilger durch das Portengebäude (Mitte) Richtung Mariazell.

SPOTT UND KRITIK

Kommen wir zum Pilgern und Wallfahren zurück, wo nicht immer alles eitel Wonne gewesen sein dürfte. In der bissigen Sartire-Zeitschrift *Jörgel Briefe* ätzte man 1857 über überteuerte Preise: „I bekomm von Maria-Zeller-Wallfahrern eine Klag nach der andern über den Wirth beim ‚weißen Hahn' in Lilienfeld, der in Speis und Trank eine Theurung entwickelt, die allen Glauben übersteigt. Ferner laßt er sich für ein ganz uncomfortables Zimmer zwei Gulden, sage 2 fl. zahlen. In Wien bekommt man in jedem Hotel um 1 fl. ein sehr anständiges Zimmer, und um 2 fl. kriegt man schon was Extra-Ordinäres." Auch der Wahl-Lilienfelder Ignaz Franz Castelli kritisierte den Wallfahrtsbetrieb, jedoch aus einem anderen Grund. Im dritten Teil seiner Memoiren, 1861 erschienen, liest man von seiner Skepsis: „Wenn einzelne Fromme, oder kleinere Häufleins, z. B. Bewohner eines Dorfes mit einander zu einem Gnadenbild, das sie für wunderthätig halten, wallfahrten, so ist wohl dagegen nichts einzuwenden. Aber ob auch große Prozessionen von mehr als Tausend, wie z. B. jene von Wien, von Graz u. s. w. geduldet werden sollen, ist eine andere Frage. Ich glaube, daß dieß weder in Sanitäts- noch in Sittlichkeitsrücksicht zulässig ist." Auf der einen Seite hatte Castelli ein wenig Mitleid mit so manchen Wallfahrern, wenn er schreibt: „Man muß sie sehen, wenn sie bei Regen und Hitze gewandelt sind und von der Wallfahrt zurück kehren, wie erbärmlich sie aussehen, man muß sich überzeugen, wie viele schon auf der Straße krank werden und man wird sagen, die Frömmigkeit darf nicht über die Sorge für sich selbst die Oberhand gewinnen." Gleichzeitig glaubte der Dichter zu wissen, dass „ein großer Theil der aus Städten kommenden Wallfahrer die Wallfahrt nicht aus religiösem Trieb, sondern aus Unterhaltung, aus Begierde einen Ausflug auf das Land zu machen, ja sogar zum Spaß mitmachen. Ich weiß Frauen, welche nach Mariazell wallfahrteten, um mit ihren Geliebten die Reise unternehmen zu können."

ABLAUF EINER WALLFAHRT

Wie darf man sich eine große Gruppenwallfahrt von Wien nach Mariazell vorstellen? Zu der Zeit, als die Eisenbahn bereits nach St. Pölten fuhr, startete man in Wien entweder vom Stephansdom, der Pfarrkirche in Hietzing, der Karlskirche oder von der Kirche Mariahilf, so zum Beispiel im Juli 1865. Um 4.45 Uhr früh war dort Treffpunkt, und um 5 Uhr zog man aus der Kirche aus. Mit dem Zug ging es nach St. Pölten und dann weiter zu Fuß über Lilienfeld nach Mariazell. Wer es sich leisten konnte, fuhr mit dem Stellwagen von St. Pölten in den Wallfahrtsort. Mit dem Bau der Eisenbahnstrecke von St. Pölten nach Lilienfeld reduzierte sich die Dauer der Wallfahrt und betrug nun fünf Tage. Betrachten wir dazu eine um 1890 durchgeführte Wallfahrt des „Wiener Maria-Zeller-Prozessions-Vereins", die fünf Tage dauerte, Ende Juni startete und von Geistlichen begleitet wurde. Punkt 4 Uhr in der Früh begann die Segensmesse im Wiener Stephansdom. Danach ging es zu Fuß zum Westbahnhof und mit einem „Separatzug" um 7.25 Uhr nach Lilienfeld, wo man um 11 Uhr ankam. Nun versammelten sich am Bahnhof alle beim mitgeführten Wallfahrerkreuz. Es ertönten die Stiftsglocken, und man

zog in die Stiftskirche ein. Es folgten eine heilige Messe und das Mittagessen. Die Fußwallfahrer brachen um 14.30 Uhr auf; jene, die eine Kutsche nach Annaberg bestellt hatten, folgten später nach. Am Fuß des Kalvarienbergs nahe Stangenthal wurde „zu Ehren des bittern Leidens und Sterbens das Fastenlied gesungen". Danach folgten der sogenannte schmerzhafte Rosenkranz und eine kurze Rast. Nach dieser Pause beteten alle die Lauretanische Litanei, sangen ein Marienlied und beteten anschließend mehrere „Vater unser". Über Lehenrotte ging es nach Türnitz, wo die zu Fuß gehenden Wallfahrer übernachteten. Am nächsten Tag brach man bereits um 2.30 Uhr früh nach Annaberg auf; von dort ging es noch am selben Tag nach Mitterbach und weiter bis nach Mariazell. Am Zielort wurde eine eigene Vereinsmesse abgehalten; am Nachmittag folgte die Prozession zum oberhalb der Basilika gelegenen Kalvarienberg und zum sogenannten Bründl. Der noch heute abgehaltene Lichterumzug fand um 17.30 Uhr statt. Die Rückreise traten die Wallfahrer am folgenden Tag um 4 Uhr in der Früh an. Über Mitterbach und Annaberg ging es nach Türnitz, wo man wieder übernachtete. Um 3 Uhr früh startete man nach Lilienfeld, wo eine Messe in der Stiftskirche gelesen wurde. Mit dem Zug fuhr die Gruppe zurück nach Wien, wo man um 14 Uhr ankam. Zu Fuß ging es zum Stephansdom. Dort endete die Wallfahrt mit einem Segen. Am darauffolgenden Tag hielt man ein Dankesfest im Stephansdom ab, um die gesunde Rückkehr zu feiern.

Die Via Sacra als Backware

Pilger auf der Via Sacra

Nicht nur von Wien aus gab es im 19. Jahrhundert organisierte Gruppenwallfahrten nach Mariazell, deren Route über Lilienfeld führte. Im August 1882 ist eine Wallfahrt von Baden verbürgt, bei der man zu Fuß bis Altenmarkt ging und von dort mit dem Zug bis Schrambach fuhr. Erst bei der Rückreise machte die Gruppe Halt in Lilienfeld, wo in der Stiftskirche eine Messe gefeiert wurde. Mit der Bahn ging es bis nach Altenmarkt und dann zu Fuß bis Baden zurück. Fast zur selben Zeit waren Wallfahrer aus dem mährischen Brünn unterwegs zum Marienheiligtum in Mariazell. Mit dem Zug gelangte die Gruppe bis Lilienfeld, wo man übernachtete. Nach der Messe in der Stiftskirche um 5 Uhr in der Früh brachen die Wallfahrer Richtung Steiermark auf. Die Rückreise erfolgte nicht über Lilienfeld, sondern über Scheibbs. Auf der Donau ging es per Schiff nach Wien und mit der Bahn nach Hause.

Nur in seltenen Fällen wissen wir, wie viele Leute bei einer großen Wallfahrt unterwegs waren. Meist werden nur ungefähre Zahlen genannt. Für 1862 wird die „Wiener Prozession" mit zirka 2.500 Personen angegeben; bei der vom Wiener Wallfahrtsverein im Juni 1880 organisierten Wallfahrt zählte man hingegen exakt 1.365 Teilnehmer. Übrigens: Um Terminkollisionen zu vermeiden und alles rechtzeitig organisieren zu können, wurden sogenannte Wallfahrtsordnungen veröffentlicht, bei denen auch genau angegeben wurde, wo und wann entsprechende Lieder gesungen werden sowie gebetet wird.

EINE BESONDERE STIEGE

Stellen wir uns vor, wir lebten vor rund 200 Jahren und würden zu Fuß vom Stift Lilienfeld nach Mariazell „wallen", also eine Wallfahrt unternehmen. Nach rund 20 Minuten kämen wir auf dem einfach ausgebauten Weg an der Traisen zu einem links von uns liegenden Felsenhang. Staunen und Ehrfurcht würden sich bei uns breitmachen, denn vor uns erstreckt sich der im Jahr 1677 eingeweihte Kalvarienberg am Beginn des sogenannten Stillen Tals.

Das im Vergleich zu vielen anderen österreichischen Kalvarienbergen mächtige und beeindruckende religiöse „Ausrufungszeichen" in der Katastralgemeinde Lilienfeld besticht aufgrund seiner gut gewählten Lage an einem natürlichen Felsen und durch die drei Ebenen, welche durch Stiegen miteinander verbunden sind. Hier wird – wie bei allen großen Kalvarienbergen – die Via Dolorosa in Jerusalem räumlich verkürzt wiedergegeben. Auf diesem „Weg der Schmerzen" können die Gläubigen die Leidensstationen des Jesus von Nazareth im Gehen nachvollziehen. Mit der „Kopie" an der Wallfahrtsstraße nach Mariazell war es einerseits möglich, jenen Menschen, die nicht lesen konnten, die Leidensgeschichte Jesu näherzubringen. Andererseits ermöglichte man es Christen, Jesus nahe zu sein, ohne den weiten, gefährlichen und anstrengenden Weg nach Jerusalem auf sich nehmen zu müssen. Die vom Amtssitz des römischen Statthalters Pontius Pilatus durch die Altstadt von Jerusalem führende Via Dolorosa, auf dem Jesus von Nazareth nach der Urteilsverkündung zur Kreuzigungsstätte auf dem Hügel Golgota geführt worden sein soll, konnten und können noch heute die Wallfahrer und Pilger hier in Lilienfeld „en miniature", tausende Kilometer entfernt vom Originalschauplatz, nachgehen.

Namensgebend für alle Kalvarienberge ist die lateinische Wortkombination „calvariae locus", also „Ort des Schädels", welche auf den aramäischen Namen Golgota im Neuen Testament zurückgeht. Obwohl Golgota mit großer Wahrscheinlichkeit ein Steinbruch war, hat sich der Begriff „Berg" im deutschen Sprachgebrauch durchgesetzt. Wie das Lilienfelder Beispiel deutlich macht, nahm man das Wort „Berg" wörtlich. Noch heute können wir, als Pilger oder Wallfahrer auf der Via Sacra oder bei einem Spaziergang, die sakrale Anlage mit in Summe 20 Figuren im wahrsten Sinne des Wortes besteigen.

Eine zentrale mittlere Stiege und zwei flankierende Außenstiegen führen von der untersten Ebene zu einer in den Felsen geschlagenen Nische. In dieser wird, wie auch die Inschrift mit einem Bibelzitat erläutert, dargestellt, wie der Leichnam von Jesus von zwei Männern in Leinwand gewickelt und sinnbildlich in ein Grab gelegt wird. Links und rechts vom Grab befinden sich zwei weitere, deutlich kleinere Nischen. In der linken kniet Maria Magdalena mit einem Totenkopf in der Hand, in der rechten jener römische Centurio namens Longinus, der Jesus nach dessen Tod einen Speer (die „Heilige Lanze") in die Seite gestochen und damit die Gottessohnschaft Jesu bezeugt haben soll. Zwei ganz außen liegende Stiegen führen auf die obere Ebene, welche von der Kreuzigungsszene geprägt wird. Im Zentrum steht das Kreuz, an das Jesus genagelt

ist; flankiert wird er von zwei ebenfalls zum Tod am Kreuz Verurteilten, die – historisch korrekt – ans Kreuz gefesselt sind. Unterhalb von Jesus stehen seine trauende Mutter Maria und sein sogenannter Lieblingsjünger, dessen Identität bis heute nicht geklärt ist. Die beiden Statuen sind wie alle anderen Skulpturen des Kalvarienbergs aus Zogelsdorfer Kalksandstein gearbeitet, welcher in der Gegend von Eggenburg (Weinviertel) gebrochen wurde.

Die über die ganze Anlage verteilten Statuen beziehen sich alle auf die letzten Tage im Leben Jesu und ermöglichten einst den Priestern, Analphabeten mittels einer Bildergeschichte die Geschehnisse näherzubringen. So finden wir beispielsweise den Hahn, der drei Mal krähte, als Petrus seinen Meister Jesus verleugnete.

Die Initiative für die Errichtung des hiesigen Kalvarienbergs kam von der bereits erwähnten „Lilienfelder Erzbruderschaft des Hl. Josef". Die Bauarbeiten dürften im Jahr 1674 begonnen worden sein. Am 21. September 1677, dem Fest des Apostels Matthäus und somit am Namenstag des damaligen Abtes, weihte dieser die Anlage ein, für deren Erhaltung nun die Bruderschaft sorgte. Eine wenige Jahre später geplante Erweiterung durch zusätzliche Statuen und einen Springbrunnen sowie die Errichtung von sieben kleinen Kapellen auf dem Weg vom Kloster zum Kalvarienberg wurden aufgrund der unruhigen Zeiten nicht umgesetzt. Nach der Auflösung der Bruderschaft dürfte der Kalvarienberg kaum noch instandgehalten worden sein. Pater Ambros Becziczka hielt dementsprechend im Jahr 1825 fest: „Schade! daß die Zeit auch schon an dieses fromme Werk ihre verwüstende Hand legt; die Josephs-Bruderschaft, die den Fond zur Erhaltung desselben hergab, ist erloschen, und das Nothwendige nimmt alle übrigen Quellen in Anspruch."

Im Gegensatz zu manchem Pendant in Österreich weist der Lilienfelder Kalvarienberg gleich mehrere Stiegen auf. Sie haben einen inhaltlichen Bezug zur „Scala Santa" nahe der Lateranbasilika in Rom. Jene „heilige Treppe" soll einer Legende zufolge aus dem Palast des bereits erwähnten Pilatus stammen und von Jesus betreten worden sein. Später habe die heilige Helena (Mutter des römischen Kaisers Konstantin) die Treppenanlage nach Rom bringen lassen. Ob die Wallfahrer und Pilger in Lilienfeld – wie in Rom auf der Scala Santa noch heute üblich – auf Knien die Stufen hinaufrutschten, ist nicht nachgewiesen. Dass der Lilienfelder Kalvarienberg jedoch einst eine bedeutende Rolle im römisch-katholischen Leben spielte, wird an einem Datum deutlich: Am 28. Juli 1736 gewährte der damals amtierende Papst Clemens XII. allen Besuchern der Anlage einen Ablass auf alle Sünden.

Der Lilienfelder Kalvarienberg

Kreuzigungsszene des Lilienfelder Kalvarienbergs

Beim Pilgern und Wandern nimmt man auch kleine besondere Dinge in Lilienfeld wahr.

Kein Zufall ist, dass die ersten österreichischen Kalvarienberge in der Regierungszeit von Kaiser Leopold I. (reg. 1658–1705) errichtet wurden. Immerhin war der Habsburger ein aktiver Förderer der Gegenreformation, die gegen die „Lutheraner" gerichtet war. Kalvarienberge waren Zeichen und Mittel dieser Bewegung, welche die Rückkehr der religiösen Abweichler zum römisch-katholischen Glauben zum Ziel hatte.

Beinahe wäre der unter Denkmalschutz stehende Lilienfelder Kalvarienberg im Zweiten Weltkrieg zerstört worden: Am 13. Februar 1945 fiel eine Bombe auf die Straße beim Kalvarienberg. Die Schäden konnten jedoch behoben werden. Nach Restaurierungsmaßnahmen in den Jahren 1969 bis 1971 wurden einzelne Skulpturen peu à peu durch das Bundesdenkmalamt saniert. Trotz dieser kleineren Maßnahmen verschlechterte sich die Bausubstanz über die Jahrzehnte. Mit einem finanziellen Kraftakt startete 2017 eine große Restaurierungsaktion, die am 14. Oktober 2023 mit der Segnung durch den Nuntius in Österreich abgeschlossen werden konnte. Nun erstrahlt der Kalvarienberg mit dem Nachbau der Scala Santa in neuem Glanz.

VIA SACRA

Jahrhundertelang war der Wallfahrerweg über Lilienfeld nach Mariazell als „Mariazellerweg" oder „Wiener Weg" bekannt. Dass man ihn heute als „Via Sacra" kennt, hängt vor allem mit dem Wiener Ernst Karl Winter (1895–1958) zusammen. Er war im Juli 1923 mit seiner Frau erstmals auf dieser alten Route zu Fuß unterwegs. Im Folgejahr ging er mit drei Bekannten und ein Jahr später alleine über Lilienfeld nach Mariazell. Im Jahr 1926 veröffentlichte der Soziologe und spätere Wiener Vizebürgermeister ein kleines Buch mit dem Titel *Die heilige Straße. Der Pilgerweg von Wien nach Maria Zell*, in dem er seine Erfahrungen niederschrieb und mit dem er „zur Fußpilgerfahrt anregen" wollte; wie er es formulierte. Für Winter war zu Fuß pilgern ein Mittel, seine „Lebensstraße" zu finden, ein Symbol für die Rückkehr zum „einfachen, bescheidenen, stillen Lebenszuschnitt" und ein Protest „gegen die maßlose Überschätzung des Technischen". Gleichzeitig zeigte er sich enttäuscht, dass seit Einführung der „neuen" Verkehrsmittel Eisenbahn und Automobil die „Schönheit des alten Pilgerwegs" immer mehr in Vergessenheit geraten sei. Trotzdem war dem Autor etwas gelungen: Über die Jahrzehnte setzte sich nämlich der

Schilder weisen den Weg auf der Via Sacra von Wien über Lilienfeld nach Mariazell.

Name „Heilige Straße" für den alten Wallfahrer- und Pilgerweg von Wien nach Mariazell durch, wobei die deutsche Bezeichnung im Laufe der Zeit immer öfter der latinisierten Form wich. Aus dem „Wiener Weg" war die „Via Sacra" geworden; eine Bezeichnung, welche bereits Winter in seinem Büchlein verwendet hatte. Unter diesem Namen ist einer der wichtigsten Wallfahrts- und Pilgerwege Österreichs heute noch immer bekannt. Er führt von Wien über Heiligenkreuz nach Lilienfeld und weiter über Annaberg nach Mariazell. Lilienfeld mit seinem Stift liegt streckenmäßig gesehen fast mitten auf diesem „heiligen Weg", den Wallfahrer und Pilger gemeinsam benützen. Doch wo liegt der Unterschied zwischen einer Wallfahrt und einer Pilgertour?

Bei der Wallfahrt – das Zeitwort „wallen" bedeutet so viel wie in eine bestimmte Richtung unterwegs sein – stehen der besuchte Ort und das religiöse Erlebnis im Vordergrund, der Weg an sich ist zweitrangig. Aus diesem Grund können Wallfahrten zu Fuß oder mit Verkehrsmitteln unternommen werden, wie das Beispiel der Buswallfahrten zeigt. Wallfahrten finden meist in einer größeren Gruppe in einem religiösen Rahmen statt und werden in der Regel von einer kirchlichen Instanz organisiert. Eine Wallfahrt dauert oft nur einen Tag und selten länger als eine Woche.

Das Wort Pilgern leitet sich vom lateinischen „peregrinus" ab – zurückgehend auf „per agrum" („über das römische Gebiet hinaus") – und bezeichnet somit einen reisenden Fremden. Seit vielen Jahrhunderten wird ein Pilger mit einem Menschen gleichgesetzt, der zu Fuß an einen heiligen Ort reist. Grundlage für dieses Unterwegssein ist die Vorstellung, dass man Gottheiten an bestimmten Orten besonders nahe sein kann und an diesen Orten Gebete besser erhört werden. Im Gegensatz zum Wallfahren steht beim Pilgern – alleine oder in kleinen Gruppen – nicht das Ziel, sondern der Weg dorthin im Mittelpunkt. Beim tage- bis monatelangen Gehen suchen die Menschen nach dem Sinn des Lebens, nach Antworten auf Lebensfragen oder Erkenntnissen über „Gott und die Welt".

AUF DEM WEG NACH ROM

Heute ist Lilienfeld nicht nur wieder eine bedeutende Etappe der Via Sacra, sondern auch eine Station auf einem

Das Ziel der Pilgerroute Romea Strata ist der Petersdom.

Pilgerweg, der nach Rom führt: Die „Romea Strata" ist eine europäische Pilgerroute; sie folgt den Wegen, auf denen Menschen von Nordosteuropa nach Rom pilgerten. Von der Ostsee kommend, durchquert man Estland, Lettland, Litauen, Polen, die Tschechische Republik und Österreich, um bei Tarvis die italienische Grenze zu überqueren.

In Österreich verläuft die Romea Strata auf bekannten Pilgerwegen: von Drasenhofen bis Stockerau auf dem Jakobsweg Weinviertel, von Stockerau nach Wien auf dem Martinusweg, durch Wien auf dem Jakobsweg Wien, von dort über Lilienfeld nach Mariazell auf der Via Sacra, von Mariazell nach St. Lambrecht auf dem Mariazeller Gründerweg und dann weiter auf dem Hemmaweg, dem Benediktweg und den Kärntner Marienpilgerwegen zur italienischen Grenze.

Nicht nur Pilger nutzten einst diesen Weg: Auch Händler waren hier unterwegs und transportierten unter anderem Bernstein, Salz, Eisen und Seide. Bezeichnend für die geschichtliche und kulturelle Vielfalt entlang der Route ist der Name Romea Strata. „Strata" bedeutet im Italienischen nicht nur „Straße", sondern auch „Schicht". Somit steht der Name auch für das Faktum, dass sich auf diesem Weg im Laufe der Jahrhunderte zahlreiche Kultur- und Lebensschichten übereinandergelegt haben.

Um diese alte Route durch Europa wiederzubeleben, wurde im Jahr 2018 der Europäische Verein „Associazione Europea Romea Strata" gegründet, dem mittlerweile mehr als 50 private und staatliche Institutionen aus den sieben erwähnten Ländern als Mitglied angehören. Ziel des Vereins ist es, die von Glauben und Kultur geprägte alte Pilgerroute, die über mehr als 4.000 Kilometer von der Ostsee nach Rom führt, wiederzubeleben. Pilgern, Wanderern, Radfahrern und Kulturinteressierten soll eine gut begehbare und attraktive Strecke quer durch Europa geboten werden. Gleichzeitig will man die Aufmerksamkeit auf das kulturelle Erbe entlang des Weges lenken und dabei die im Laufe der Jahrhunderte gezogenen Grenzen überwinden. Da Lilienfeld mit seinem Kloster Teil dieses Projektes ist, kann man nun auch in der Stadtgemeinde zu Recht das Sprichwort anwenden, dass alle Wege nach Rom führen.

ANHANG

PERSONENREGISTER

LITERATURVERZEICHNIS

- Adler, Joseph: Der Begleiter auf der Wallfahrt nach Maria Zell. Wien [um 1817]
- Aigner, Thomas: Mariazell in Österreich. Eine Klostergemeinschaft zwischen Reformation und Aufklärung. St. Pölten 1998
- Allgemeines öffentliches Krankenhaus Lilienfeld (Hrsg.): 75 Jahre Allgemeines öffentliches Krankenhaus Lilienfeld. Lilienfeld [1979]
- Allgemeines öffentliches Krankenhaus Lilienfeld (Hrsg.): Festschrift 100 Jahre A. ö. Krankenhaus Lilienfeld 1903–2003. Lilienfeld 2003
- Alpen-Skiverein (Hrsg.): Skisport. Gesammelte Aufsätze von Mathias Zdarsky. 2. Auflage. Wien 1915
- Alpen-Ski-Verein (Hrsg.): Wettfahr-Urkunde ausgestellt für die Wettfahrer, Starter, Wegrichter und Zielrichter, welche sich an dem Ski-Wettfahren in Lilienfeld am 19. März 1905 beteiligten. Nachdruck, herausgegeben vom Bezirksmuseum Lilienfeld u. a. Lilienfeld 2000
- Amstädter, Rainer: Der Alpinismus. Kultur – Organisation – Politik. Wien 1996
- Amt der NÖ Landesregierung (Hrsg.): 1000 Jahre Babenberger in Österreich. Niederösterreichische Jubiläumsausstellung. Stift Lilienfeld. Ausstellungskatalog. 2., verbesserte Auflage. Wien 1976
- Amt der NÖ Landesregierung, Abteilung Forstwirtschaft/Landesforstdirektion und Bezirksforstinspektion Lilienfeld: Waldentwicklungsplan. Teilplan über den Bereich des politischen Bezirkes Lilienfeld (2. Revision). St. Pölten 2015
- Amt der NÖ Landesregierung (Hrsg.): Niederösterreich. Eine Spurensuche. Wien 2017
- Amt der NÖ Landesregierung (Hrsg.): Denkmalpflege in Niederösterreich, Band 68. St. Pölten 2023
- Andraschek-Holzer, Ralph, Steininger, Hermann: Die Bezirke Lilienfeld und Scheibbs. Alte Ansichten und Bücher. Eine Ausstellung aus den Sammlungen der NÖ Landesbibliothek. Amt der NÖ Landesregierung (Hrsg.). St. Pölten 2001
- Andraschek-Holzer, Ralph: Niederösterreich in alten Ansichten. Das Mostviertel. Wien 2007
- Arnold, [unbekannter Vorname]: Reise nach Mariazell in Steyermark. Wien 1785
- Bätzing, Werner: Kleines Alpen-Lexikon. Umwelt – Wirtschaft – Kultur. München 1997
- Baumgartner, Bernhard: Lilienfeld und die Voralpen. Wien 1981
- Becziczka, Ambros: Historische und topographische Darstellung von Lilienfeld und seiner Umgegend; mit besonderer Rücksicht auf Pfarren, Stifte, Klöster, milde Stiftungen und Denkmähler des Erzherzogthums Oesterreich unter der Enns. Sechster Band. Wien 1825
- Bellak, Kurt: 250 Jahre Post in Lilienfeld 1743–1993. Eine philatelistisch-heimatkundliche Betrachtung. St. Veit/Gölsen 1992
- Bezirks-Heimatmuseum (Hrsg.): Heimatkunde des Bezirkes Lilienfeld. Band I. 2. Auflage. Lilienfeld 1971
- Bezirks-Heimatmuseum (Hrsg.): Heimatkunde des Bezirkes Lilienfeld. Band II. 1. Auflage. Lilienfeld 1963 sowie 2. Auflage. Lilienfeld 1976
- Bezirks-Heimatmuseum (Hrsg.): Heimatkunde des Bezirkes Lilienfeld. Band III. 2. Auflage. Lilienfeld 1981
- Bezirks-Heimatmuseum Lilienfeld (Hrsg.): Heimatkunde des Bezirkes Lilienfeld, Band IV. Lilienfeld 1965
- Bezirksheimatmuseum Lilienfeld (Hrsg.): Festschrift zur 30. Wiederkehr des Tages der Eröffnung des Bezirksheimatmuseums Lilienfeld am 15. Juli 1960. Lilienfeld 1990
- Bezirksheimatmuseum Lilienfeld, Zdarsky-Archiv (Hrsg.): Heimatkunde des Bezirkes Lilienfeld, Band V (Mathias Zdarsky. Der Mann und sein Werk. Beitrag zur Geschichte des alpinen Skifahrens von den Anfängen bis zur Jetztzeit). 2., erweiterte Auflage. Lilienfeld 2003
- Blumauer-Montenave, Liselotte: Gäste des Wallfahrtsortes Mariazell. Eine Dokumentation. Wiener Katholische Akademie, Arbeitskreis für Kirchliche Zeit- und Wiener Diözesangeschichte (Hrsg.). Miscellanea, Reihe 3, Nr. 208. Wien 1996
- Brandl, Petra: Kontinuität und Wandel der Ansichten Mathias Zdarskys im Spiegel seines Lehrbuches. Diplomarbeit Universität Wien. Wien 1994
- Brazda, Johann: Die Entwicklung der Konsumgenossenschaften bis 1918 – vom Konsumverein zum genossenschaftlichen Netzwerk. In: 150 Jahre Konsumgenossenschaften in Österreich. Johann Brazda, Siegfried Rom (Hrsg.). Wien 2006, S. 19–84
- Budischowsky, Jens: Zur Familie des Skipioniers Mathias Zdarsky (1856–1940). In: Adler. Zeitschrift für Genealogie und Heraldik. 22. Band (2004), Heft 7, S. 229–247
- Busch, Eduard u. a.: Lilienfelder Heimatkunde. Geschichts-, Landschafts- und Lebensbilder aus dem oberen Traisengebiete und seiner Nachbarschaft. Lilienfeld 1912
- Castelli, Ignaz Franz: Schilderung der hier abgebildeten und zum Verkaufe angebotenen Besitzung des Dr. J. F. Castelli, genannt: Der Berghof in Lilienfeld. Wien 1853
- Castelli, Ignaz Franz: Memoiren meines Lebens. Gefundenes und Empfundenes, Erlebtes und Erstrebtes. Zweiter Band. Wien 1861
- Cerny, Heimo (Hrsg.): Die Jugend-Tagebücher Franz Josephs (1843–1848). Ungekürzte und kommentierte Textedition. Wien 2003
- Dobersberger, Roland: Johann Ladislaus Pyrker. Dichter und Kirchenfürst. St. Pölten 1997
- Dressler, Heinrich: Lebenselixier Wasser. Am Beispiel der Wasserwirtschaft in Lilienfeld. Österreichische Vereinigung für das Gas- und Wasserfach (Hrsg.). Wien 2000
- Eckerstorfer, Bernhard A.: Momentaufnahmen. Gedanken und Begegnungen eines Benediktiners. Innsbruck 2023

- Edelbauer, Alfred: Führer durch Lilienfeld und Umgebung. Lilienfeld 1902
- Fafl, Waltraud: Wirtschaft und Sozialstruktur des oberen Traisentales. Eine kulturgeographische Untersuchung. Dissertation Universität Wien. Wien 1966
- Festkomitee 100 Jahre Traisen–Schrambach (Hrsg.): 100 Jahre Traisen–Schrambach, 85 Jahre Schrambach–Kernhof, 70 Jahre Freiland–Türnitz. St. Pölten 1978
- Gendarmerieposten Lilienfeld (Hrsg.): 150 Jahre Gendarmerieposten Lilienfeld. Lilienfeld 2000
- Gierse, Julia: Bildprogramme barocker Klostersakristeien in Österreich. Marburg 2010
- Gröger, Hugo: Ein Sommer im Habernreither Graben. In: Der Schnee. Zeitschrift des Alpen-Skivereines. 21. Jahrgang, Nr. 5 (12. März 1926), S. 68–70
- Gstöttner, Gabriela Amalia: Mathias Zdarsky (1856–1940). Persönlichkeit – Erfinder – Original. Diplomarbeit Universität Wien. Wien 1988
- Hanak, Bernhard, Weißmann, Johann: Am Himmel. Lehenrotte [2021]
- Hanak, Bernhard, Weißmann, Johann: Muckenkogel. 60 Jahre Bergbahn. Lehenrotte 2024
- Handl, Hans: Die Volks- und Hauptschulen in den Schulbezirken St. Pölten-Stadt und St. Pölten-Land, ihre Entwicklung und ihr heutiger Stand. In: Der Traisengau. Beiträge zur Heimatkunde. St. Pöltner Lehrerschaft (Hrsg.), 2. Jg. (1936), Heft 1, S. 1–20
- Haslinger, Ingrid: Kloster Kulinarium. Aus der Stiftsküche der Lilienfelder Zisterzienser. Wien 2011
- Heinersdorff, Richard: Zug fährt ab! Reisen mit Österreichs Bahnen. Wien 1991
- Heistinger, Ludwig, Kickinger, Ferdinand, Pusch, Walter: Es begann mit dem Gstettenhammer. Von der Zeugschmiede zur Spitzentechnologie am Industriestandort Marktl/Lilienfeld. Wien 2008
- Hlavac, Christian, Englinger, Christa: La bella Austria. Auf italienischen Spuren in Österreich. Wien 2019
- Hlavac, Christian: Die Geschichte des Stiftsparks von Lilienfeld. In: Jahrbuch für Landeskunde von Niederösterreich. Neue Folge 86. Verein für Landeskunde von Niederösterreich (Hrsg.). St. Pölten 2021, S. 127–148
- Hlavac, Christian: Hebung eines Schatzes. Das Archiv der Lilienfelder Fotografenfamilie Wagner. In: Jahrbuch für Landeskunde von Niederösterreich. Neue Folge 88. Verein für Landeskunde von Niederösterreich (Hrsg.). St. Pölten 2023, S. 399–407
- Hofecker, Christa: Lilienfeld. Eine sozialgeographische Analyse der Stadtgemeinde im Spiegel des Konzeptes der Daseinsgrundfunktionen. Diplomarbeit Universität Wien. Wien 1998
- Hofmann, Johann: Der Pilger nach Maria-Zell. Ein Taschenbuch für Freunde der Naturschönheiten [...]. Wien 1821
- Kaiser, Anna: Johann Remmelin. Catoptrum Microcosmicum – ein anatomisches Tafelwerk mit aufklappbaren Figuren aus dem 17. Jahrhundert in der Bayerischen Staatsbibliothek München. Bachelor's Thesis. Technische Universität München. München 2015
- Kastner, Richard H.: Magna Mater Austriae. Mariazell und die Habsburger. Wien 2012
- Keeß, Stephan von (Hrsg.): Darstellung des Fabriks- und Gewerbswesens im österreichischen Kaiserstaate. Zweyter Theil, zweyter Band. Wien 1823
- Kickinger, Ferdinand, Pusch, Walter: Vom Achsenhammer zum Fließpress-Technologieführer. 80 Jahre Fließpresstechnik in Marktl. Die Geschichte des Fließpresswerks der Firma Fried. v. Neuman in Marktl. Marktl 2017
- Klinger, Willi, Vocelka, Karl (Hrsg.): Wein in Österreich. Die Geschichte. Wien 2019
- Knapp, Ulrich: Die Zisterzienser und das Wasser. Unter besonderer Berücksichtigung der Abteien Bebenhausen, Maulbronn und Salem. Staatliche Schlösser und Gärten Baden-Württemberg (Hrsg.). Petersberg 2020
- Kommando der Freiwilligen Feuerwehr Lilienfeld (Hrsg.): 100 Jahre Freiwillige Feuerwehr Lilienfeld. Lilienfeld [1976]
- Krug, Wolfgang: Malerische Wallfahrt nach Mariazell in Aquarellen von Eduard Gurk. St. Pölten 2014
- Kubelka, Claudia, Hoffert-Hösl, Hannes: Annaberg. Die ersten 800 Jahre. Landschaft, Geschichte, Kultur, Mensch. Weitra 2017
- Lampl, Josef, Schmid, Harald, Pusch, Walter: Kohlebergbau im Bezirk Lilienfeld 19. und 20. Jhdt. Heimatkunde des Bezirkes Lilienfeld, Band 8. Lilienfeld 2013
- Landesberufsschule für Bau, Raumausstattung und Lederverarbeitung mit Schülerheim der Wirtschaftskammer NÖ (Hrsg.): Landesberufsschule Lilienfeld. Festschrift zum Jubiläum 50 Jahre LBS Lilienfeld und zur Eröffnung der umgebauten Lehrwerkstätte für Maler. Lilienfeld [2000]
- Lange, Fritz: Vom Dachstein zur Rax. Auf den Spuren von Georg Hubmer. Erfurt 2007
- Legler, Rolf: Mittelalterliche Kreuzgänge in Europa. Petersberg 2007
- Liebenwein, J. C.: Führer in Lilienfeld und Umgebung. Wien 1879
- Lilienfelder Fremdenverkehrsverein (Hrsg.): Lilienfelder Rundgang. Lilienfeld 2010
- Lukan, Karl, Lukan, Fritzi: Via sacra. Der alte Pilgerweg nach Mariazell. Mythos und Kult. Wien 2006
- Marktgemeinde Lilienfeld (Hrsg.): Führer Lilienfeld und seine Umgebung. Lilienfeld [1962]
- Matschik, Martin, Fitz, Justin, Hauptmann, Othmar, Mussbacher, Norbert, Oettinger, Karl: Stift Lilienfeld 1202–1952. Wien 1952
- MD Ski & Golf Lilienfeld (Hrsg.): 50 Jahre Skihauptschule Lilienfeld. Lilienfeld 2019
- Mehl, Erwin: Zdarsky. Festschrift zum 80. Geburtstag des Begründers der alpinen Skifahrweise 25. Februar 1936. Wien 1936
- Mehl, Erwin: Ein Denkmal für Mathias Zdarsky. Sonderdruck aus: Österreichische Bergsteigerzeitung, 15. April und 15. Juli 1958
- Moosbrugger, Lena: Der Meierhof – Stift Lilienfeld. Denkmalpflegerisches Gesamtkonzept für den ehemaligen Stiftsmeierhof in Lilienfeld mit besonderem Augenmerk auf den Südhof. Diplomarbeit Technische Universität Wien. Wien 2021
- Muhar, Susanna, Muhar, Andreas, Egger, Gregory, Siegrist, Dominik (Hrsg.): Flüsse der Alpen. Vielfalt in Natur und Kultur. Bern 2019

- Mühlbauer, Martina: Konzept eines virtuellen Museums am Beispiel von Leben und Werk von Mathias Zdarsky. Diplomarbeit Universität Wien. Wien 2012
- Müller, Eugen: Geschichtlicher Abriß des Stiftes Lilienfeld seit 1700. Mit besonderer Berücksichtigung äußerer Einflüsse auf das Leben im Konvent. Lilienfeld 1979
- Müller, Eugen: Profeßbuch des Zisterzienserstiftes Lilienfeld. St. Ottilien 1996
- Mussbacher, Norbert: Abt Matthäus Kolweiß von Lilienfeld (1620–1695). Sonderdruck aus der Analecta Cisterciensia 31. Editiones Cistercienses. Rom 1975, S. 3–148
- Mussbacher, Norbert: Das Stift Lilienfeld. Wien 1976
- Obholzer, Anton: Geschichte des Schilaufs mit besonderer Berücksichtigung Mitteleuropas. Wien 1935
- O. V.: Neueste Geschichten und Beschreibungen der merkwürdigsten Gotteshäuser, Stifte und Klöster, Wallfahrtskirchen, Gnadenörter, Calvarienberge, Grabmähler und Gottesäcker in der österreichischen Monarchie. Brünn 1821
- O. V.: Beiträge zur Geschichte der Cistercienser-Stifte […]. Beiträge zur Geschichte der Cistercienser-Klöster der österreichisch-ungarischen Ordens-Provinz. Wien 1891
- O. V.: Festschrift anlässlich der 30-Jahr-Feier der Schihauptschule Lilienfeld. Lilienfeld [1999]
- Polizeiinspektion/Bezirkspolizeikommando Lilienfeld (Hrsg.): Eröffnung der neuen Polizeiinspektion Lilienfeld 7. Mai 2009. Lilienfeld 2009
- Ponstingl, Michael: Mathias Zdarskys „Posen des Wissens". Zu einer fotografischen Kodierung des Skifahrens. In: Skilauf – Volkssport – Medienzirkus. Skisport als Kulturphänomen. Irseer Dialoge, Band 11. Markwart Herzog (Hrsg.). Stuttgart 2005
- Prinz, Friedrich: Die Bedeutung Zdarsky's für die Entwicklung des alpinen Schilaufs. Dissertation Universität Wien. Wien 1944
- Prossinagg, Hermann: Der Bezirk Lilienfeld und seine Wälder. Heimatkunde des Bezirkes Lilienfeld, Band VI. Bezirks-Heimatmuseum (Hrsg.). Lilienfeld 1995
- Puff, Rudolph: Der Wanderer von Maria Zell nach Wien, oder Erinnerung an Maria Zell […]. Grätz [= Graz] 1840
- Pusch, Walter, Heistinger, Ludwig, Kickinger, Ferdinand, Lampl, Heidemarie: Erzbergbau und Metallhüttenwesen in der Schmelz 1700–1821. Heimatkunde des Bezirkes Lilienfeld, Band 7. Bezirks-Heimatmuseum (Hrsg.). Lilienfeld 2013
- Pyrker, Johann Ladislaus: Lieder der Sehnsucht nach den Alpen. Stuttgart/Tübingen 1845
- Rabl [König], Irene: Das Zisterzienserstift Lilienfeld in Niederösterreich und sein Urkundenbestand. In: Die virtuelle Urkundenlandschaft der Diözese Passau. Adelheid Krah, Herbert W. Wurster (Hrsg.). Veröffentlichungen des Instituts für Kulturraumforschung Ostbaierns und der Nachbarregionen, Band 62. Passau 2011, S. 149–163
- Rabl [König], Irene: Hl. Joseph (Lilienfeld) und Hl. Dreifaltigkeit (Sonntagberg) – zwei niederösterreichische Bruderschaften in der sakralen Landschaft. In: Sakralisierung der Landschaft. Inbesitznahme, Gestaltung und Verwendung im Zeichen der Gegenreformation in Mitteleuropa. Werner Telesko, Thomas Aigner (Hrsg.): Beiträge zur Kirchengeschichte Niederösterreichs, Band 21. St. Pölten 2019, S. 311–322
- Rabl [König], Irene: Notverkäufe und versuchte Verkäufe von Kunstgegenständen, Handschriften, Inkunabeln und Büchern des Zisterzienserstiftes Lilienfeld in der Zwischenkriegszeit. In: „dass die Codices finanziell unproduktiv im Archiv des Stiftes liegen." Bücherverkäufe österreichischer Klöster in der Zwischenkriegszeit. Katharina Kaska, Christoph Egger (Hrsg.). Veröffentlichungen des Instituts für Österreichische Geschichtsforschung, Band 77. Wien 2022, S. 133–142
- Rabl, Josef: Das Traisenthal und das Pielachthal. Ein Führer auf den Linien: St. Pölten–Scheiblmühl, Scheiblmühl–Hainfeld und Scheiblmühl–Schrambach der k. k. Niederösterreichischen Staatsbahnen. Wien 1884
- Reisinger, Josef: Programm der jährlichen Wallfahrt des Wiener Maria-Zeller-Prozessions-Vereines […] in der Zeit vom 30. Juni bis 4. Juli […]. Wien [um 1890]
- Rohatsch, Andreas: Die schwarzen Dekorgesteine der Stiftskirche von Lilienfeld. In: Die Via sacra. Denkmalpflege in Niederösterreich, Band 23. St. Pölten 2000, S. 38–39
- Rosenthal, Malachias: Perlin Mutter / Oder Sanct Anna / Mutter Mariae […]. Wien 1650
- Schmid, Harald (Hrsg.): Zisterzienserstift Lilienfeld. Lilienfeld 2002
- Schmid, Harald: Die Diamantidis. Eine Familiengeschichte aus dem Traisental. Kultur.Region.Niederösterreich GmbH (Hrsg.). Lilienfeld 2017
- Schmidl, Adolf: Der Schneeberg in Unteröstreich mit seinen Umgebungen von Wien bis Mariazell. Wien 1831
- Schönbauer, Franz: Die C. M. Frank-Kinderspitals-Stiftung. Filiale des k. k. Wilhelminen-Spitales zur Ergänzung und Ausgestaltung der in diesem Spitale bestehenden Krankenfürsorgeeinrichtung für Kinder. In: Wiener klinische Wochenschrift. 27. Jg. (1914), Nr. 16, S. 470–475
- Schöner, Otmar (Hrsg.): Mathias Zdarsky und die Bahnbrecher im alpinen Schnee. Reichenau an der Rax 2015
- Schulgemeinschaft des BRG Lilienfeld (Hrsg.): Festschrift anläßlich der 10jährigen Verselbständigung des Bundesrealgymnasiums Lilienfeld 1976–1986. Lilienfeld 1986
- Schweickhardt, Franz Xaver: Darstellung des Erzherzogthums Oesterreich unter der Ens […]. Fünfter Band. Viertel Ober-Wienerwald. Wien 1836
- Seeger, Ulrike: Zisterzienser und Gotikrezeption. Die Bautätigkeit des Babenbergers Leopold VI. in Lilienfeld und Klosterneuburg. Kunstwissenschaftliche Studien, Band 69. München 1997
- Sparkasse Lilienfeld (Hrsg.): 75 Jahre Sparkasse Lilienfeld. Lilienfeld [1976]
- Stadler, Gerhard A.: Das industrielle Erbe Niederösterreichs. Geschichte – Technik – Architektur. Wien 2006
- Stadtgemeinde Lilienfeld (Hrsg.): Stadterhebung Lilienfeld 8. September 1974. Lilienfeld 1974
- Stadtgemeinde Lilienfeld (Hrsg.): 40 Jahre Stadtgemeinde Lilienfeld 1974–2014. Lilienfeld 2014
- Stift Lilienfeld (Hrsg.): Rundbrief des Zisterzienserstiftes Lilienfeld. Nr. 30. Jahresbericht 2022. Lilienfeld 2022

- Thalhammer, Hans: Heimatkundliche Wanderungen Lilienfeld. In: Heimatkundliche Wanderungen, Folge 78. Wien [um 1935]
- Tiwald, Horst: Vom Schlangenschwung zum Skicurven. Hamburg 1996
- Tobner, Paul: Lilienfeld vor 200 Jahren, oder: Leben und Wirken des heldenmüthigen Abtes Matthäus III. Kolweiß. 2. Auflage. Lilienfeld 1883
- Tobner, Paul: Alberich Heidmann. Abt des Cistercienser-Stiftes Lilienfeld in N.-Oest. und zu Marienberg in Ungarn. Ein Lebensbild. Bregenz 1898
- Tobner, Paul: Lilienfeld 1202–1902. Zur Erinnerung an die Feier des 700jährigen Jubiläums des Cistercienserstiftes. Wien 1902
- Tobner, Paul: Die Grabsteine und Grabdenkmale in der Kirche und im Kreuzgange des Cistercienser-Stiftes Lilienfeld in Nieder-Österreich. Lilienfeld 1905
- Verein für Landeskunde von Niederösterreich (Hrsg.): Topographie von Niederösterreich. Alphabetische Reihenfolge und Schilderung der Ortschaften in Niederösterreich. Vierter Band (K und L mit Register). Wien 1903
- Verein LebensRaum Niederhof (Hrsg.): Zeitenblicke – Niederhofschule sucht Niederhof. Lilienfeld 2009
- Vicenzi, Otto: Die Inschriften am Johannes Nepomuk-Denkmal zu Lilienfeld. In: Unsere Heimat. Monatsblatt des Vereines für Landeskunde von Niederösterreich und Wien. Jg. 38, Heft 1/3. Wien 1967, S. 41–46
- Vicenzi, Otto: Neues zum Lilienfelder Nepomuk-Denkmal. In: Unsere Heimat. Zeitschrift des Vereines für Landeskunde von Niederösterreich und Wien. Jg. 43, Heft 1. Wien 1972, S. 25–28
- Vogler, Hans: Die Eisenverarbeitung an der oberen Traisen und Gölsen (1790–1870). Dissertation Universität Wien. Wien 1970
- Vongrey, Felix: Archivalische Vorarbeiten zur Österreichischen Kunsttopographie. Stift Lilienfeld. Band I Personalia. Institut für Österreichische Kunstforschung des Bundesdenkmalamtes (Hrsg.). Wien 1969
- Walter, Karl: Das Obere Traisental 1775–2005. Wirtschaftsentwicklung, Wanderungsbewegung und Bevölkerungsentwicklung. Studien und Forschungen aus dem Niederösterreichischen Institut für Landeskunde, Band 52. St. Pölten 2012
- Weidmann, Franz Carl: Reise von Wien nach Maria-Zell in Steyermark, und dessen Umgebung. Ein belehrender Reisegefährte für Fußgänger und Fahrende. Wien 1830
- Weninger, Joachim, Arnberger, Heinz: Sowjetische Kriegsgräberanlagen. In: Gedenken und Mahnen in Niederösterreich. Erinnerungszeichen zu Widerstand, Verfolgung, Exil und Befreiung. Heinz Arnberger, Claudia Kuretsidis-Haider (Hrsg.). Wien 2011, S. 587–635
- Wessely, Reinhold: Die Oesterleins. Eine Familiensaga. Verein für Marktler Industriegeschichte (Hrsg.). Lilienfeld 2022
- Wiesbauer, Heinz: Die Traisen. Rückblick – Ausblick. Wien 2019
- Wiesflecker, Peter: Kirchen, Klöster und Klausur. Geistliche Niederlassungen als Stationen höfischer Reisen. In: Habsburger unterwegs. Vom barocken Pomp bis zur smarten Businesstour. Renate Zedinger, Marlies Raffler, Harald Heppner (Hrsg.). Graz 2017, S. 87–109
- Winner, Gerhard: Die Urkunden des Zisterzienserstiftes Lilienfeld 1111–1892. Österreichische Akademie der Wissenschaften (Hrsg.). Wien 1974
- Winner, Gerhard: Babenberger-Fragmente aus Stift Lilienfeld. In: Jahrbuch für Landeskunde von Niederösterreich. Neue Folge 42. Wien 1976, S. 316–322
- Winter, Ernst Karl: Die heilige Straße (Der Pilgerweg von Wien nach Maria Zell). Wien 1926
- Wutti, Emil: Unsere Heimatbücherei. Eine Erläuterung ihres Zweckes und Zieles, Vorschläge zu ihrer Ausgestaltung und zur Gründung eines Heimatmuseums. Lilienfeld 1929
- Zdarsky-Gesellschaft (Hrsg.): Zdarsky-Blätter. Wien/Lilienfeld. Verschiedene Jahrgänge
- Zdarsky, Mathias: Die Lilienfelder Skilauf-Technik. Eine Einleitung für Jedermann, in einigen Wochen den Ski vollkommen zu beherrschen. Hamburg 1897
- Zdarsky, Mathias: Alpine (Lilienfelder) Skifahr-Technik. Eine Anleitung zum Selbstunterricht. Siebente, methodisch umgearbeitete Auflage. Berlin [1911/1912]
- Zdarsky, Mathias: Sport und Sportbetrieb. Ein Beitrag zur nationalen Erziehung. Berlin 1912
- Zdarsky, Mathias: Das Wandern im Gebirge. Berlin 1925
- Zdarsky, Mathias: Beiträge zur Lawinenkunde. Alpen-Skiverein Wien (Hrsg.). Wien [1929]
- Zdarsky, Mathias: Falsche Lebensgewohnheiten. Ein Beitrag zur Besserung der Volksgesundheit. Wien 1937

VERWENDETE ARCHIVE:

Archiv Bauamt der Stadtgemeinde Lilienfeld

Archiv Bundesdenkmalamt (Wien)

Archiv Gemeindeamt Lilienfeld

Fachbereichsbibliothek Zeitgeschichte, Universität Wien, Sondersammlung „Mikroverfilmte Archivalien"

Museum Lilienfeld

Niederösterreichisches Landesarchiv

Photoarchiv Wagner (Lilienfeld)

Stiftsarchiv Lilienfeld

Wiener Stadt- und Landesarchiv

Zeitungs- und Zeitschriftenarchiv der Österreichischen Nationalbibliothek

VERWENDETE WEBSEITEN:

https://www.marterl.at/index.php?id=23&no_cache=1&oid=14314

https://www.wachauer-klosterhoefe.at

https://www.waldinventur.at

BILDNACHWEIS

Leonhard Hilzensauer: Seite 4, 6, 8/9, 10, 12, 13 u., 15, 17 l., 17 r., 19, 21, 23, 24, 29, 30, 31, 32, 34, 36, 39, 40/41, 46, 47 r., 49, 51, 52 o., 55, 56, 72, 73, 80/81, 83, 85, 86 l., 88, 89, 90 u., 99, 103, 109, 110, 111, 114/115, 118 o., 121, 122, 123, 124/125, 133, 147, 149, 150, 151, 152/153, 154, 155, 156, 157, 158, 161, 162, 164, 176, 177, 178/179, 193, 194, 195, 198/199

Christian Hlavac: Seite 11, 14, 16, 26, 37, 44, 47 l., 48, 50, 61 o., 62, 69 l., 82, 86 r., 87, 96, 100, 101, 113, 116, 127, 128, 135 r., 136, 137, 142, 146, 148, 167 (NÖ Landesarchiv), 171, 175, 180, 182, 183 (NÖ Landesarchiv), 184 l., 184 r., 185, 187, 188, 190, 191, 196, 197

Archiv Foto Wagner/Stadtgemeinde Lilienfeld (Reproduktion: Christian Hlavac): Seite 13 o., 20, 25, 27, 33, 43, 45, 52 u., 53, 54, 57, 58/59, 60, 61 u., 64 l., 68, 69 r., 70, 71, 74, 75 o., 75 u., 76, 77, 78, 79, 90 o., 91, 95, 97, 98, 102, 104, 105, 106, 107, 112, 117, 118 u., 119, 120 o., 120 u., 131, 132, 134, 135 l., 138, 139, 140, 141, 143, 144/145, 159, 160 u., 163, 165, 166 l., 166 r., 168, 169, 170, 172 o., 172 u., 173, 174, 189

Sammlung Christian Hlavac: Seite 42

Österreichische Nationalbibliothek/ANNO: Seite 63, 64 r.

Museum Lilienfeld: Seite 66

Bundesamt für Eich- und Vermessungswesen in Wien (Freigabe N2024/0023663): Seite 84, 94, Vor- und Nachsatz

Landessammlungen NÖ: Seite 92/93

Wien Museum: Seite 126, 129, 130

brandstaetter images/Austrian Archives: Seite 181

Christa Englinger: Seite 186

DANK DES AUTORS

Für inhaltliche Hilfestellungen und Hinweise auf Quellen ergeht ein Dank an folgende Personen in alphabetischer Reihenfolge:

Christa Englinger, Heinz Eppensteiner, Johannes Etz, Bernhard Hanak, Irene König, Klaus Kratzer, Martin Krickl, Wolfgang Labenbacher, P. Pius Maurer, Bettina Rametsteiner, Anneliese Schallmeiner, Andreas Scheikl, Harald Schmid, Katharina Schubert, Hannes Weissenböck

Liebe Leser*innen,

bleiben wir in Verbindung!
Wir freuen uns auf Ihre Anregungen, Kritik und Wünsche.

leserbrief@brandstaetterverlag.com

Christian Brandstätter Verlag GmbH & Co KG
Wickenburggasse 26, 1080 Wien
Tel: +43 1 512154320

Viele weitere Leseinspirationen und Geschenkideen finden
Sie unter

www.brandstaetterverlag.com

IMPRESSUM

1. Auflage, 2024
Copyright © 2024 by Christian Brandstätter Verlag, Wien
Alle Rechte vorbehalten

Gedruckt mit Unterstützung der Stadtgemeinde Lilienfeld

ISBN: 978-3-7106-0704-2

Graphik: Burghard List
Lektorat: Astrid Göttche
Projektleitung Brandstätter Verlag: Maren Wetcke

Papier: Magno Volume 150 g, 1,1fach Vol. (PEFC-zertifiziert)
Druck: FINIDR, Český Těšín (Tschechische Republik)

Die Vervielfältigung des Werks gemäß § 42h UrhG für den
eigenen Gebrauch, um damit Texte und Daten in digitaler
Form automatisiert auszuwerten und Informationen unter
anderem über Muster, Trends und Korrelationen zu gewinnen
(„Text- und Data-Mining"), ist untersagt.

Wir tragen Verantwortung

Aus diesem Grund haben wir uns auf den Weg gemacht, um
unseren Einfluss auf das Klima und auf den Planeten zu mini-
mieren. Anstelle von Kompensationszahlungen, und über die
üblichen Umweltlabel hinausgehend, haben wir uns das Ziel
gesteckt, den CO_2-Ausstoß auf allen Ebenen signifikant zu
verringern – entlang der gesamten Wertschöpfungskette von
der Idee bis zum Buch in Ihren Händen. Mehr Informationen
finden Sie unter

www.brandstaetterverlag.com/nachhaltigkeit

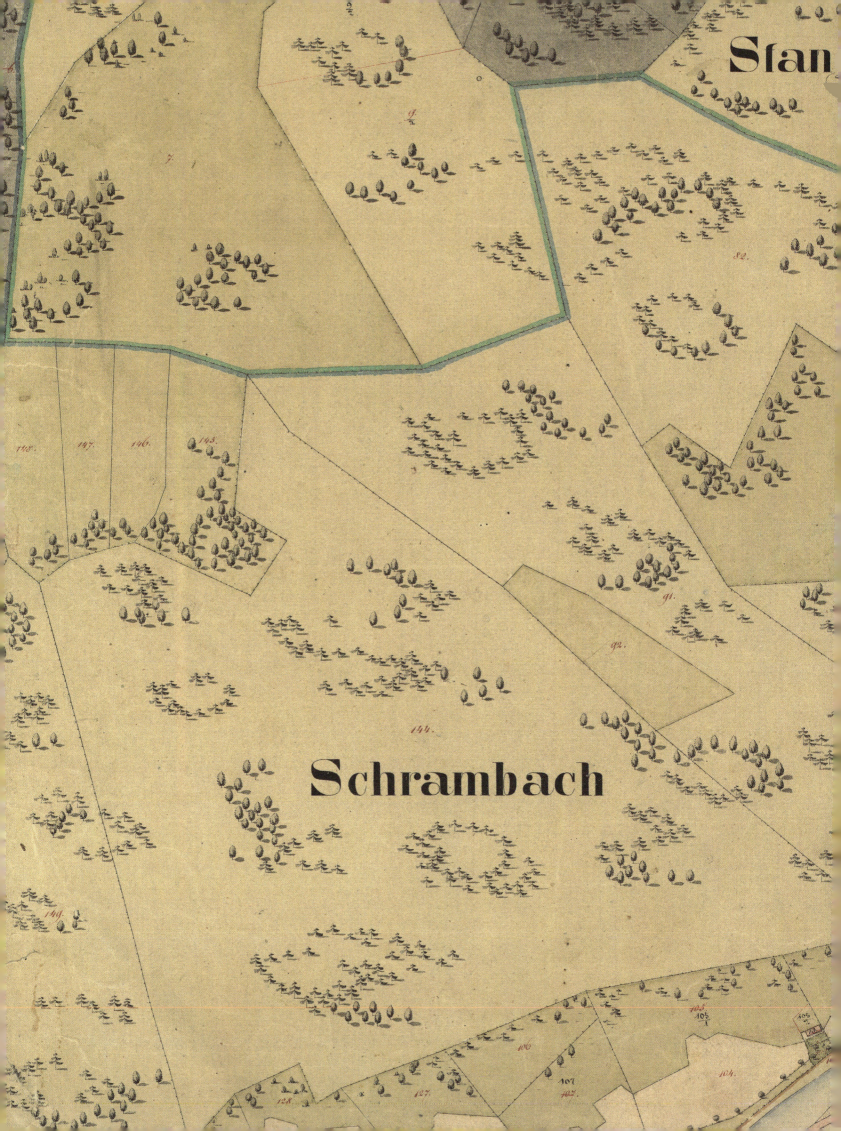

Stan

Schrambach